中国法理学发展史

『湖北文化名人基金』资助项目成果

李龙 著

WUHAN UNIVERSITY PRESS
武汉大学出版社

图书在版编目(CIP)数据

中国法理学发展史/李龙著.—武汉：武汉大学出版社,2019.6
(2020.5 重印)
ISBN 978-7-307-20953-4

Ⅰ.中… Ⅱ.李… Ⅲ.法理学—法学史—中国 Ⅳ.D909.2

中国版本图书馆 CIP 数据核字(2019)第 100064 号

责任编辑:胡 荣 责任校对:李孟潇 版式设计:马 佳

出版发行:**武汉大学出版社** (430072 武昌 珞珈山)
(电子邮箱:cbs22@whu.edu.cn 网址:www.wdp.com.cn)
印刷:湖北恒泰印务有限公司
开本:720×1000 1/16 印张:20.5 字数:333 千字 插页:4
版次:2019 年 6 月第 1 版 2020 年 5 月第 2 次印刷
ISBN 978-7-307-20953-4 定价:88.00 元

作者简介

李龙，生于1937年，湖南祁阳人。武汉大学人文社会科学资深教授、博士生导师，武汉大学人权研究院院长，2012年获评中国法学会"全国杰出资深法学家"。2018年被评为"湖北文化名人"和"荆楚社科名家"。

曾任国际法律哲学与社会哲学协会中国分会副会长，教育部法学教育教学指导委员会副主任、顾问，中国法学会学术委员会委员，中国法学会常务理事，中国法学会法理研究会副会长、顾问，中国法学会法学教育研究会副会长、顾问，教育部"马工程"重点教材审议委员会委员，浙江大学法学院院长，国家"2011协同创新中心"认定工作专家。曾作为中国法学会代表团团长出访阿根廷等国。

李龙教授的主要研究领域包括法理学、宪法学以及法学教育。出版专著、教材（主编）40余部，在《中国社会科学》《新华文摘》《法学研究》《中国法学》等核心刊物上发表学术论文200余篇，培养了127位博士，其中担任大学正副校长的有12人。获国家级教学优秀成果奖一等奖三项（1997年排名第三，2001年排名第一，2005年排名第三）；国家教委科研成果一等奖一项（1998年《人权的理论与实践》，任总执行主编）；教育部全国优秀教材奖一等奖两项（2002年的独著著作《宪法基础理论》和排名第二的《法理学》）；司法部优秀教材一等奖一项（主编的《良法论》）；湖北省人民政府科研成果一等奖两项（2004年的《依法治国方略实施问题研究》和2009年的《人本法律观研究》）。

目　　录

第一编　中国古代法理学

第二编　中国近代法理学的争斗

第十一章　1949—1978 年党和国家对马克思主义法学中国化的奠基与探索 …………………………………… 244

绪　　论

中国法理，源远流长；博大精深、民富国强；独树一帜、永铸辉煌。她积数千年法治文明之精华，集历代治国理政之大成，形成了"文景之治""贞观之治""康乾之治"的盛世，铸就了民族团结、国家统一的文明古国，引领了张骞通西域、郑和下西洋的壮举，培育了一代代民族英雄，造就了一个个治国英才。尽管因历史的局限和阶级的偏见，其中也夹杂着不少糟粕，但经过合理借鉴与科学转换，仍不失为珍贵的法治本土资源。现从理论与实践结合上，先从中国古代法理学引领的几则案例说起：

一、中国法理学引领的几则古代案例

（一）法海沉浮的齐桓公

齐桓公系春秋时期齐国的国君，姓姜，名小白，齐襄公之弟，公元前685—前643年在位，在齐襄公被杀后，通过武力回国即位。当即采纳鲍叔牙的建议，不计"一箭之仇"，任命管仲为相国，主持变法，从此便与管仲提出的"以法治国"结下了不解之缘。首先，他按照管仲提出的"以人为本"与"以法治国"的理念，在国内各个领域进行了改革：（1）"通货积财"，兴渔盐之利。齐国面临东海，盐业与渔业极为丰富。齐桓公按照管仲的意见，设立盐官和铁官，鼓励渔业与铁矿贸易，积累国财。（2）改革农业的税赋制度，实行"相地而衰征"，鼓励农业的发展。(3)改革行政组织，富国强兵。(4)推行赎刑制度，加强司法改革。(5)任用贤才，"匹夫有善，可得而举"①。(6)依法办事，一切依照改革后的法律办事。

---

① 《国语·齐语》。

1

　　由于认真推行了"以法治国"，很快扭转了齐国的经济状况，从而缓和了国内的阶级矛盾，齐国日益富强，"九合诸侯，一匡天下"，齐桓公成为春秋时期第一个霸主。同时，齐国出现了良好的社会秩序，面貌也焕然一新，所以司马迁在《史记》里称赞齐国"仓廪实而知礼节，衣食足而知荣辱，上服度则六亲固"①的大好局面。

　　齐桓公以强盛的国力为基础，打着"尊王攘夷"的旗号，号召并帮助燕国打败北戎，营救邢、卫两国，制止了戎狄对中原的诸侯进攻蔡、楚，并和楚国会盟于召陵。同时，还平定了周王室的内乱，多次大会诸侯，订立盟约，成为春秋第一霸主。

　　齐桓公正是采纳了管仲"以人为本"和"以法治国"这两大法宝，才使得齐国强盛起来，成就了其春秋第一霸主的伟业，正所谓"法治兴，则国家兴；法治强，则国家强"。齐国的强盛，说明了一个道理：法治的确是治国之道。与此同时，齐国由强到弱，同样说明了"奉法者强，则国强；奉法者弱，则国弱"。公元前 645 年，管仲去世，齐国的改革就此终止，"以法治国"成为一句空话。齐桓公宣布废除改革措施，从此国内大乱，士大夫之间勾心斗角，国家大臣不理国事而争权夺利，最后因宫廷内乱，齐桓公落得个饿死于宫中的下场。

　　齐桓公法海沉浮的一生表明，法治是何等重要，法治对一个正在改革的国家来说，更是生死存亡的大事。这是因为：第一，法治是治国之道。改革，史称变法，这一科学的称谓充分表明法治与改革的内在联系。尽管当时齐桓公采用的管仲的"以法治国"与现代的法治有所区别，它只是形式法治，而非实质法治，其目的也在于维护王权，但当时的王权，是由奴隶制向封建制过渡的王权。从社会发展规律来说，应该说是符合时代要求的，何况它强调法律的权威，强调法律可以除暴安民和定分止争，这在当时是有进步意义的。第二，法治是社会之魂。法治是社会关系的调节器，有利于建立良好的社会秩序，保障社会的长治久安。更重要的是，"以法治国"强调对事不对人，主张"法后王"，要求"事断于法""法不阿贵"，强调法律是辨别是非的标准。更何况，管仲在提出"以法治国"的同时，要求注重道德的教化作用，提出了"国之四维"，即"礼义廉耻"。就

---

　　① 《史记·管晏列传》。

是说，他要求把法治与德治结合起来，这在当时甚至在当代，都具有重大意义。

在全面推进依法治国的新时代，我们总结齐桓公法海沉浮的一生，是一份有益的"法治本土资源"。其中有三点经验与教训值得总结：第一，改革与法治不可分。改革就是法律的立、改、废、释，改革就是要于法有据。尤其是社会主义制度自我完善的当今改革，必须在宪法和法律范围内进行。第二，法治必须与德治相结合，既要发挥法治的引领和规范作用，又要发挥道德的教化与促进作用。第三，把形式法治与实质法治结合起来，我们既要强调形式法治对事不对人的规则作用，更要注重实质法治是良法之治、是控权之治、是人权之治的文明作用。

（二）"约法三章"的汉高祖

汉高祖刘邦系农民出身，常说"乃公居马上得之（天下），安事《诗》《书》!"① 刘邦不重视文化，不重视法制，后来在军旅中获得转变。公元前209年，响应陈胜、吴广领导的"大泽乡起义"，自称沛公。初属项梁，后与项羽领导起义军同为反秦主力。前206年，率兵攻占咸阳。同年10月，当刘邦到达霸上时，"秦王子婴素车白马，系颈以组，封皇帝玺符节，降轵道旁。诸将或言诛秦王。沛公曰：'始怀王遣我，固以能宽容；且人已服降，又杀之，不祥。'乃以秦王属吏，遂西入咸阳"。② 就是说，沛公军队最先到达霸上，秦王子婴乘白车驾白马，用丝绳系在颈上，挂着皇帝的御玺和符节，在轵道旁投降。将领们有的说应该杀掉秦王，刘邦当场予以否定，并说："人已投降，杀了不祥瑞。"这两句简单的话，道出了深刻的道理，即瓦解敌军、减少阻力，争取支持的重要政策。这也是后来刘邦战胜项羽的法宝与威力所在。当然，更重要的还在于其入主咸阳后的"约法三章"。

当刘邦领导大军进入当年秦国首都咸阳后，因军队士兵大多来自农民，出现了"诸侯皆走金帛财物质府分之"，"沛公见秦宫室帷帐、狗马、重宝、妇女以千数，意欲留居之"的情况。樊哙谏曰："沛公欲有天下耶，将为富翁耶？凡此奢丽之物，皆秦所以亡也，沛公何用焉！愿急还霸上，无留宫中！沛公不听。"③

---

① 《史记·郦生陆贾列传》。
② 司马光：《资治通鉴》（第一册），岳麓书社1990年版，第97页。
③ 司马光：《资治通鉴》（第一册），岳麓书社1990年版，第93页。

樊哙是屠夫出身，说得正确。张良见刘邦不听，又急忙劝道："秦为无道，故沛公得至此。夫为天下除残去贼，宜缟素为资。今始入秦，即安其乐，此所谓助桀为虐。且忠言逆耳利于行，毒药苦口利于病，愿沛公听樊哙言。"① 张良不愧为军师谋臣，这段话说得很好！于是张良说动了刘邦，终于还军霸上。经过几天的思考，刘邦分析了利弊，在张良、萧何的协助下，在进驻咸阳时，正式宣布"约法三章"，即杀人者死，伤人及盗抵罪。

"约法三章"，言简意赅，影响极大。不仅秦民欢喜，当即送牛羊与酒食于军中，然沛公丝毫不取，大得民心。同时，这种做法弘扬了法的精神，为历代所效仿。据考证，唐高祖李渊在太原起兵时，就颁布了"约法十二条"，为夺取政权奠定了法制基础。刘邦"约法三章"对中国人民解放军百万雄兵过长江也有所启示，当时的中国人民军事委员会也颁布了"约法八条"，同样起到了安定民心的重大作用。由此可见，法律不在于多，而在于精，在于以民为本。同时，法的威力很大，良法则深得人民的拥护。

其实，"约法三章"不是刘邦的创造，而是我国法治文明的宝贵遗产。中国古代法理学早已有论述："法者，天下之程式也，万事之仪表也"，"法者，国之权衡也"。法不仅可除暴安良、定分止争；更重要的是，社会主义国家的法能体现人民的意志，保障人民的利益。正如毛泽东同志指出的那样："法令者，代谋幸福之具也。"② 当然，他所说的是良法，良法应具有以下四大特点：（1）人民性。即以人民为中心，体现人民的意志、保护人民的利益。（2）规律性。良法必须反映客观规律。法律具有两重性，即主观意志性、客观规律性，良法要符合国情。（3）时代性。即良法要符合时代潮流。（4）操作性。即良法要便于操作，付之实践，使人民看得懂、行得通，继而有利于执行。

（三）汉文帝大义灭亲

此事已有《汉书·文帝纪》记录在案。汉文帝刘恒是汉高祖刘邦的妃子薄姬所生。汉文帝继位后，薄姬尊为皇太后，她有一个弟弟薄昭，即汉文帝的舅舅。薄昭原是一位将军，后被文帝封为轵侯，他依仗皇亲国戚的身份，一贯横行霸

---

① 司马光：《资治通鉴》（第三册），岳麓书社 1990 年版，第 268 页。
② 《毛泽东早期文稿》（1912.6—1920.11），湖南出版社 1990 年版，第 1 页。

道，目无王法。文帝十年，朝廷遣使者通知薄昭一件事，因使者一时疏忽，在薄昭前失礼，薄昭顿时大怒，当即将使者杀了。

此事引起朝廷哗然，汉文帝知道后，便征求大臣意见，依照大臣们的多数意见，按法论处。可有个别人说："皇帝，薄昭是太后的亲弟弟，若杀了国舅大人，可是最大的不孝啊!"汉文帝听了不以为然，便说，正如多数卿家所说，这是只知其一，不知其二。杀舅伤母是为不孝，但是容忍这些藐视国法的权贵恣意妄为，刘家的天下就有倾覆的危险。杀了目无王法的薄昭，保住刘家的江山，太后还是太后，这才是最大的孝道! 文帝的诏令下达后，有人复奏说薄昭不肯就死。于是文帝便想了一个办法，下令大臣们穿上丧服，一起去薄昭府上哭丧，这一招果然有效，薄昭见大势已去，无奈之下便自杀了。

这个案例体现的执法平等思想，曾引起了广泛的议论。东汉著名学者王充有段评语："法乃天下名器也，法可宥焉，天子不得以私诛；法可诛焉，天子不得以私宥，故杀人者死，文帝之法乃受之高祖者也。（薄）昭杀汉使正坐此科；酿恶椒房，盗窃神器，悉此焉基之，斯时也，将欲全之以保母生，则上违高祖之成宪，固故不孝也；将欲杀之以保其宗社，则母或不食而死，亦不孝也；但诛昭以伤母，其不孝之罪小；废法以存昭，其不孝之罪大。世固未有变及乘舆，而母能独存者也? 则诛昭正所以存母耳。"① 宋代大儒司马光也有评语："愚以为法者天下之公器，惟善持法者，亲疏如一，无所不行，则人莫敢有所恃而犯之也。"②这段话，是非常深刻的，因为法是统治阶级的共同利益的体现，为了维护整个统治阶级的利益，是不允许个别人违法乱纪的，哪怕是统治阶级内的个别成员也是如此。用这个理论来看我们的反贪污腐败也是同样的道理。尽管有些贪污分子原来也是人民当中的一员，甚至是重要国家干部或领导人，他们一旦违反法律，同样要依法受到惩处。

（四）张释之公正执法

据《史记·张释之冯唐列传》记载：西汉初年，张释之在汉文帝时期出任廷尉一职。某日，当汉文帝打猎归来，路过中渭桥时，有个人戴着斗篷突然从桥下走出，其样貌赤黑，惊动了文帝的车驾。顿时，文帝大怒，下令把此人抓起来，

---

① 转引自杨鸿烈：《中国法律思想史》，中国政法大学出版社 2004 年版，第 173 页。
② 司马光：《资治通鉴》（第一册），岳麓书社 1990 年版，第 158 页。

交给张释之问罪。张释之审问说："你怎么不回避，惊了圣驾，差点把皇帝吓得摔到地上。"那人说："我听说皇帝要路过，便躲在桥下，过了一会，我以为皇帝已经过去了，我便走出来，谁知刚一出来就碰到皇帝的军队，惊动了圣驾。"张释之听罢后，便依照有关法律，判处该人缴纳一定罚金。文帝听说之后，心里很不高兴，便召张释之问道："你怎么处理那个惊动圣驾的人？幸亏朕的宝马性情温和，如果是其他的马，必定会摔伤朕不可！而你这个廷尉太宽大了，只判处罚金了事？"张释之连忙解释说："法者，天子所与天下公共也。今法如此而更重之，是法不信于民也。且方其时，上使立诛之则已。今既下廷尉，廷尉，天下之平也，一倾而天下用法皆为轻重，民安所措其手足？唯陛下察之。"① 这段话的意思是：皇上，法理乃天下之法，是天子与天下人跟你共同约定的，本朝法律对无意惊动车驾的人的规定是课处罚金。如果随意可以改动，那么法理在人们面前便失去了信义。方才圣上下诏将该人杀了，也算不了什么，但失去了法律的威严，特别是陛下已把他交给我处理，我作为廷尉必须依法处理，主持天下之公平。否则，老百姓怎么能安定地生活呢？执法用刑不能随心所欲，必须依照法理，请陛下三思！文帝听后，认为张释之的话很有道理，当场就说："廷尉，你做得对！"从此，张释之严格执法被传为佳话。

（五）唐太宗纳谏如流定国策

"贞观之治"的重要特点，就是太宗纳谏如流、慎重决策。封建社会是特权社会，尤其君主具有至高无上的权力，其中有暴君，也有明君，唐太宗就是魏征所赞美的明君。有人曾夸赞魏征为忠臣，魏征则回答道："我顶多是个良臣。"他认为只有在昏君底下才是忠臣，太宗是个明君，则他充其量只是个良臣。魏征这样说，他是有深刻体会的，因为他提出的谏言最多，几乎都被唐太宗采纳。但也有过激烈的争论，在贞观六年，太宗一看天下太平，想去泰山封禅，明说是向上天汇报情况，实际上是力图表明贞观时期的业绩。可当时遭到了魏征等人的反对，双方争论得非常激烈，使太宗震怒。太宗问曰："公不欲封禅者，以功未高耶？"魏征答曰："高矣！""德未厚耶？"曰："厚矣！""中国未安耶？"曰："安矣！""四夷未服矣耶？"曰："服矣！""年谷未丰耶？"曰："丰矣！""符端未至

---

① 《史记·张释之冯唐列传》。

耶?"曰："至矣!"继此,太宗再问："然则何为不可封禅?"魏征最后答曰："陛下虽有此六者,然承隋末大乱之后,户口未复,仓廪尚虚,而车驾东巡,千乘万骑,其供顿劳费,未易任也。且陛下封禅,则万国咸集,远夷君长,皆当扈从;今自伊、洛以东至于海、岱,烟火尚希,灌莽极目,此乃引戎狄入腹中,示之以虚弱也。况赏赉不赀,未厌远人之望;给复连年,不偿百姓之劳;崇虚名而受实害,陛下将焉用之!"① 最后,太宗经过认真思考,不仅接受了魏征等大臣的意见,还给予奖励。类似这种情况还有多次,太宗基本都采纳了谏官的建议和意见。当然,这样的谏言,不能称为民主,但对于君主集思广益是大有好处的。

唐太宗纳谏如流的史实,影响了历代有远见的君主和大臣,并从制度上加以确认。在历代官职中,除了御史外,还设有专门的谏官,法律规定对其谏言不追究责任,当然,只有少数帝王能够做到从谏如流。所以孙中山在总结中国古代制度时,对历代御史制度加以肯定,并提出了"五权宪法",在"三权分立"的基础上,又加了考试权和监察权,并新建考试院及监察院两个机构。中共中央在设计国家制度时,原先在行政机关内部设立两个监察部门,即监察与审计。2018年又通过了《国家监察法》,完善了国家机构,即在全国人民代表大会内设立国家监察委员会。也就是说全国人大辖一府(人民政府)、两委(国家军委、国家监委)、两院(最高人民法院和最高人民检察院),进一步巩固与完善了全国人民代表大会制度这个根本政治制度,在全面推进依法治国的道路上又迈出了坚实的一步。

(六) 李离枉杀主动请死,依法兑现"失死则死"

据《史记·循吏列传》记载,春秋晋文公当政时,有个叫李离的法官一贯忠于法律,强调慎刑,依法公断。可是,有一次他错误适用法律,出现了错判枉杀案件。事后,李离发现自己的判决有极大错误,枉杀了不该杀的人。他悔恨不已,主动要求按照晋国法律"失刑则刑,失死则死"的规定,引咎自裁。这种司法制度体现了晋国执法严明,受法律的影响深刻。这种司法责任制度被多数朝代沿袭,如秦律规定"出入人罪"的法官责任追究制;唐代的永徽律也明文规定"诸官司出入人罪者,若入全罪,以全罪论;以轻入罪,以所剩论……其出罪者

---

① 司马光:《资治通鉴》(第三册),岳麓书社1990年版,第532页。

各如之"，又规定"即断罪失于入者，各听减三等；失于出者，各减五等；若未决放，及放而还获；若囚自死，各听减一等"。① 总之，对法官判案，法律规定得非常严格。

这一事实说明：中国古代受法理学关于执法严格的思想影响很深。当然，在那个时代，"衙门八字开，有理无钱莫进来"，好法官和执法人员还是少数。但在五千年中华文明史中，法制观念在有些法官心中还是被牢记得很深。李离作为法官主动对枉杀承担法律责任的事例虽然不多，但还是时而有之，因此，严格执法这一重要的本土法治资源是值得今天合理借鉴的。当然，也要根据错判案件的主客观情节来确定对错案的责任追究。

（七）明太祖听众议，秉公执法

一日，明太祖朱元璋正在宫内与马皇后谈论国事，恰在这个时候，有两个宫内官员互相对骂并厮打起来，在皇帝面前如此放肆，严重失礼。朱元璋见状十分生气，即将发作。马皇后见状，怕引起严重后果，便假装发怒，并令左右将两个无礼之人关起来，交宫廷法司议罪。过了一会，朱元璋的怒气消了，便向皇后问道："你怎么不直接处理那两个打架的宫人，却要交给宫正司呢？"皇后答道："陛下，臣妾听说赏罚必须公正，只有公正才能服人。所以，既不能因为高兴而加赏，也不能因为发怒而加刑，而且他人也会借此议论其中利弊。臣妾之所以把他们交给宫正司，是因为宫正司会依法，按其情节轻重而处理。再说，陛下治理天下怎么能自行赏罚呢？罚罪量刑只能由司法官去做。"朱元璋听了皇后这番话后非常高兴，立刻命史官把皇后这番话记录下来，以警后世。朱元璋一向重视公正审判，他先后处理了几起判决不公和徇私枉法的案件。如处死了徇私枉法的刑部尚书杨靖；处理了老臣袁春出入人罪的案件，免其官职，永不录用。明太祖秉公断案，得到了老百姓的好评！

以上七个案例只是众多依法公断的几个典型而已，但就整个封建社会而言，中国封建等级制度是公开的，公开不平等是封建社会的特点。即使有几个公正的裁判，其目的也是为了维护封建统治者的政权。但我们也应当看到，中华法治文

---

① 《唐律·断狱》。

明中的法理思想的确影响了一些封建官吏，不少公正判案的佳话曾一度千古流传。诸如包公断案、海瑞申冤等。这里只是说明，中国法理学中的一些理念和判断，如"以法治国""以人为本""公正判案"等确实影响很大，深入人心。正如毛泽东同志指出的，从孔夫子到孙中山，有宝贵的文化遗产，要继承和发扬，要取其精华去其糟粕。

二、中国法理学的研究对象

法理学是法学知识体系中的基础学科，是法学的主干，专门研究法学中的规律性、普遍性和基础性的问题，其研究对象是法和法律现象及其发展规律。有学者把法理学称为法理之学，将法理学的研究对象概括为"法理"。朱熹从哲学的高度认为："事事物物，皆有至理。"① 汉宣帝从法学的深度出发，强调"政事，文学，法理之士"在治国中的特殊作用，甚至提出了具有中国法理学特征的"霸王道杂之"②，即儒法共治的理念。可见，"法理"极为重要。历史证明，法理包括两个不可分割的部分，即"法的原理"和"法的公理"。

其实，马克思早在《资本论》中论及资本家管理工厂的职能时，就引申出了政府以法管理国家的两种职能：政治统治与公共管理。恩格斯则进一步作了论证："政治统治到处都是以执行某种社会职能为基础，而且政治统治只有在它执行了它的这种社会职能时才能持续下去。"③ 我们把"法理"分为法的原理与法的公理两部分，这可以在经典著作中找到理论根据。因为法的原理在阶级对立的社会里，实质上是一种意识形态，具有阶级性。而法的公理则是人类在法律关系实践中形成的共识，其专属人类法治文明之列，反映了人类的共同愿望，具有明显的社会性。

1. 法的原理

法的原理包括法的本体、法的范畴、法的发展、法的运行、法的秩序、法的关系、法的遵守等。而这些原理具有下列特征：（1）规律性。这是马克思主义法

① 《朱子语类》。

② 《汉书·元帝纪》。

③ 《马克思恩格斯选集》（第三卷），人民出版社 1995 年版，第 523 页。

学的根本特点，认为法不是被发明的，而是被发现的。唯物史观表明：法具有两重性，一是主观意志性，法是上升为国家意志的统治阶级共同意志的体现；二是客观物质性，即法的内容在阶级对立社会里是由统治阶级的物质生活决定，而归根到底，就是客观规律的反映。(2) 基础性。法理学是整个法学体系中的基础学科，它所论述的不是概念、理念和范畴的罗列，而是有机联系的严密结构；不是杂乱无章的凭空说辞，而是井然有序的科学整体，为整个法学体系奠定了牢固的基础。(3) 宏观性。法理学讲的是法学之理，具有宏观指导性，对各部门法系具有引领、启示、促进和保障作用，正因为如此，法学专业首先就要研习法理学，过去曾称之为"法学 ABC"；但又远远不止 ABC，所以到了大学本科四年级和研究生阶段则开设了"法理学"的专题讲授。甚至各部门法学还要专设"部门法理学"，如"刑法法理学（或法哲学）"、"民法法理学"和"国际法法理学"等。正因为如此重要，在以往的法理学教材中，都把法理学概括为：其一，法学基础理论；其二，法的一般理论；其三，法的意识形态。鉴于第一个与第二个问题，在有关法理学教材中已经说得很详细、很清楚，就不再重复了。

这里仅就法的意识形态作说明。根据唯物史观原理，意识形态是建筑于一定经济基础之上的政治法律文化等制度以及与这些制度相适应的政治、法学等观点。法理学是意识形态的重要表现，具有强烈的阶级性，因此，人们把政治与法律联系在一起，称之为政法思想、政法部门。习近平总书记最近几年在有关讲话中反复强调法学的政治性，中央政法委也反复指出了法学的意识形态问题。习总书记明确指出："法治当中有政治，没有脱离政治的法治。西方法学家也认为公法只是一种复杂的政治话语形态，公法领域内的争论只是政治争论的延伸。每一种法治形态背后都有一套政治理论，每一种法治模式当中都有一种政治逻辑，每一条法治道路底下都有一种政治立场。我们要坚持的中国特色社会主义法治道路，本质上是中国特色社会主义道路在法治领域的具体体现。"①

2. 法的公理

法的公理包括两个方面，一方面是自然公理，如 2+2＝4 在法的适用中的使

---

① 　中共中央文献研究室编：《习近平关于全面依法治国论述摘编》，中央文献出版社2015 年版，第 34~35 页。

用；另一方面则是法学公理，即全人类公认的公理，如法治文明、公平正义、程序正义、以人为本等。

法的原理，是法的基础，是核心部分，是法理的主干。法的公理则是人们在运用法的原理的实践中，对法的共识的概括，是法理的精华。法的原理因理论基础的不同，在不同制度下有不同体系与观点，如马克思主义法学原理与资本主义法学原理便有本质的差异。而法的公理则是践行法理学某些既已达成的共识，如法治文明，便是人类的共识，人类一致认为法治是一种优秀的治国理念。无论是公元前 600 多年的中国法家先驱管仲，还是随后古希腊亚里士多德，都认为法治是一种好的治国方略。当然，中西在实施法治时因理论基础不同和阶级本质的差异，在实践中有着重大差别。因此，我们在全面依法治国的过程中，要坚持马克思主义法学的指导，坚持贯彻习近平新时代中国特色社会主义法治思想。这就是说，法治本身是人类的共识，是人类共同追求的治国之道。但在不同的国家运用法治的实践中时，则因主体的不同，而在性质上有所不同。但"法治"本身是人类共同追求的一种理念，具有明显的"共性"，是人类治理国家的精华。因此，在这个基础上，我们还必须继承和弘扬人类法治文明的精华，要合理借鉴中国古代法理学中的合理因素，充分利用本土法治资源。同时，也要合理借鉴外来法治资源，切实做到"古为今用""洋为中用"。从而，使中国法理学成为既有民族特点，又集法治文明之大成的学贯中西、理论深厚的学科。

中国法理学发展史，是中国法理学这个二级学科中的三级学科，其研究对象无疑是中国法理学产生与发展的历史过程、主要人物、基本理论及对它的评价。中国法理学发展的过程大致可以分为三个阶段：一是中国古代法理学；二是中国近代法理学，包括法理学的转型，基本上是引进西方的法理学；三是现代法理学，即从 1949 年 10 月中华人民共和国成立开始的法理学革命，也称马克思主义法理学，又称为中国特色社会主义法理学。中国法理学发展史是以唯物史观为理论基础，对中国历史上的法学理论进行评价，实际上是法学与史学的有机结合。因此，必须贯彻史论结合、以论为主的原则，即用马克思主义法学理论，去观察和分析中国法理学发展的史实，继而认真总结其中有利于人民、有利于社会、有利于法理学发展的积极因素。当然，中国法理学有着几千年发展的悠久历史，集二十几个朝代的经验教训之大成，无疑具有艰巨的任务，至今尚无这样的先例。

本书是我国第一本研究中国法理学发展史的著作，显然存在不少问题，本人以此抛砖引玉，盼望同行们共同来研究这一重要学科！

毫无疑问，中国法理学的任务是艰巨的，也是光荣的，更是我国法学界，特别是法理学界的历史责任。我们首先要发挥法理学在下列几个方面的作用：

第一，为构建中国特色社会主义法治理论提供理论支持。中国特色社会主义法治理论是中国特色社会主义理论体系的重要组成部分，是中国依法治国实践的科学总结与升华，是对中国共产党执政规律和对全面依法治国建设规律的深刻认识的重大成果。实践证明，中国共产党的领导是中国特色社会主义法治最本质的特征。偏离党的领导，我们的法治建设就会失去方向，甚至会走向邪路。我们必须对"党大还是法大"这个伪命题进行揭露与批判，我们必须对"权大还是法大"这个真命题加以科学的阐释。

就第一个问题而言，"党大还是法大"这个伪命题的提出有其政治目的，这个问题本来是清楚的，却有人故意提出该问题，显而易见是别有用心的。世上没有无政治的法治，尤其在当今世界，离开政治的法治根本不可能存在。这一点，连西方的法学家也不得不承认，法律领域的争论只不过是政治论争的延伸。国际斗争的历史证明，每一种法制形态背后都有一种政治逻辑，而每一种政治逻辑中都包含一种政治立场。我们坚持的中国特色社会主义法治道路，本质上就是中国特色社会主义政治道路在法治领域的具体体现。我们发展的中国特色社会主义法治理论，本质上就是中国特色社会主义理论体系在法治上的理论成果。我们所构建的社会主义法治体系，本质上就是中国特色社会主义制度的法理表现形式。因此，党法关系是一种相互联系、高度统一的关系，社会主义法律是党的主张和人民意志的统一，党领导人民制定法律，党同时遵守人民所普遍遵守的法律，党自身又必须在宪法与法律范围内活动。所以，党的领导与社会主义法律是一致的，不存在谁大的问题。所以说，这个问题实质上是个伪命题，提出者如果不是别有用心，至少是存在糊涂认识。法理学的任务就是阐释清楚这个重要问题。至于"权大还是法大"，确实是必须弄清楚的问题。一般来讲，公共权力是由宪法和法律确定的，不仅规定了实施权力的原则，而且规定了行使权力的方法与秩序。从这个意义上讲，法是比权大的，因此法治就是控权之治，就是要把权力关进制度的笼子里。当然，我们讲权力是指公权力，既要做到法无授权不可为，又要做到法定职权必须为。需要注意的是，国家主权不在这个范围内，因为法律是要依靠国家主权的强制力来保证它的实施的。

第二，法理学引领、规范、支持国家机关为人民政权行使权力，引领和保障公民的合法权利，特别是尊重与保障人权，使这一宪法原则切实得到实施。就是法律既要限权，限制国家机关及其工作人员滥用权力，又要保障他们依法正确行使职权和保障公民的合法权利，使国家生活既生动活泼、充分民主，又不至于陷入无政府状态，从而使社会主义民主具有强大生命力。

第三，法理学要积极服务大局，服务于"人民对美好生活的向往，就是我们的奋斗目标"这个根本性大局和宗旨。要坚持以人民为中心这个根本原则，坚持弘扬人民是法律的主体，人民是法律的动力和源泉。服务大局，就是坚持法的使命，坚持法的目的，这正是中国法理学与其他法理学的区别所在。当然，这个大局是顺应潮流，符合人民根本利益的大局，"不忘初心，方得始终"，实现中华民族伟大复兴，这是中国共产党的奋斗目标，也是全国人民的奋斗目标。

为此，我们要以习近平新时代中国特色社会主义思想为指导，坚持中国法理学的五个面向：其一，学理面向。即面向中国特色社会主义法治理论引领的法的原理、面向人类法治文明的法的公理、面向人是法律之本。其二，本土面向。即面向中华法治文明，面向改革开放 40 周年中国法学繁荣的方向。其三，大众面向。即面对以人民为主体，坚持"人民对美好生活的向往，就是我们的奋斗目标"。其四，实践面向。即面向实践经验的总结和升华。其五，世界面向。① 即面向世界潮流，面向构建人类命运共同体。

三、研究中国法理学发展史的意义

中华五千年文明，灿烂辉煌，曾使文人墨客称赞不已，也留下了不少史书。仅留有姓名的作者并流传至今的佳作，就有孔丘的《春秋》，以司马迁的《史记》、班固的《汉书》等为代表的二十四史等。但陈述和评论思想文化的单科史书，却为数不多。直至 20 世纪初，才有由中国人撰写的第一本中国文

---

① 参见徐显明：《中国法理学进步的阶梯》，载《中国社会科学》2018 年第 11 期。

学史问世，具体出版时间不详。此后，连续出版了好几本单科史书，如 1919 年的《中国哲学史大纲》（胡适著）。当然，在此之前，已有蔡元培先生主编的《中国伦理学史》于 1910 年出版。至于法学与法制史方面，则相对落后，时至 1929 年才有王振先撰写的《中国古代法理学》出版。诚然，早在 1904 年，梁启超先生就有《中国法理学发达史论》一文见刊。可见，有关法学的史书的确少而不精，故从这个意义上讲，个别学者才发出了"法学幼稚"的不当言论吧！

其实，中国古代早就有了法理学，而且对法理学研究的对象极为重视，如法学家孔稚珪在公元 400 多年，即 1500 多年前就明确指出："匠万物者，以绳墨为正；驭大国者，以法理为本。"而在此之前，东汉时期的汉宣帝在宣布其治国理念与方略时，就公开宣布："霸王道杂之。"他推行了儒家的仁政德礼治说饰于外，以法家刑名法术之学御于内的"共治"理念，其中特别提到要发挥法理的作用。可见，我国古代不仅重视儒法共治的治国理念，而且强调法理的引领和保障功能。因此，我国古代法理学的内容是极为丰富的，值得大书特书。

研究中国法理学发展史的重要意义，首先就是在增强我们爱国主义的深厚感情。中华五千年文明史，实质上就是中华儿女弘扬爱国主义的史诗史，多少仁人义士为了国家的富强而奔走呼号、自强不息。从诗人屈原到元帅岳飞，从史家司马迁到宰相文天祥，层出不穷的英雄令人敬仰。从孔夫子到孙中山，留下了多少永垂不朽的民族气节！同时，光辉的史册上也流传了为革命而斗争，为法制昌明而不懈努力甚至壮烈牺牲的商鞅、晁错、谭嗣同等烈士的千古赞歌。研究中国法理学发展史，可以清楚地再现他们的爱国主义精神和史实，无疑可以增强我们的爱国主义情感。

研究中国法理学发展史有助于我们践行"古为今用"原则，合理借鉴我国古代优秀的本土法治资源。应该说，我国古代的法理学是维护中华民族五千年史经久不衰的精神支柱，是"大一统"理念的重要基因，对于全面依法治国有重大的参考价值。何况，中国法理学发展史还包括中华人民共和国成立以来 70 年，特别是改革开放 40 年来的治国理政的历史经验，这更是一笔宝贵的财富，值得我们认真总结和升华，使马克思主义法学中国化、时代化、大众化有了更加坚实的思想和实践基础。

当然，研究中国法理学发展史，更有利于新中国法理学这个新兴学科的发展。毫无疑问，新中国法理学，特别是改革开放 40 年来有了长足的发展，取得了诸多历史性成就。但与人民的要求、与形势的发展还有较大的距离，我们通过研究中国法理学发展史，既可以借鉴、继承和升华我国古代法理学在治国理政中的经验，又可以提升中华人民共和国成立 70 年特别是改革开放 40 年来的经验，使其更好地沿着党中央提出的中国特色社会主义法治道路不断前进；使其深入研究作为中国法理学研究对象的"法理"的科学内涵；使中国法理学更加具有"中国特色、中国风格、中国气派"，更好地为中华民族伟大复兴服务、为实现"人民更加美好的生活"而不懈奋斗。

总之，研究中国法理学发展史，要遵照习近平总书记的要求，深刻认识"我国古代法制蕴含着十分丰富的智慧和资源，中华法系在世界几大法系中独树一帜"①，明确"我国今天的国家治理体系，是在我国历史传承、文化传统、经济社会发展的基础上长期发展、渐进改进、内生性演化的结果"② 的深刻道理，切实花大力气把中国法理学推向一个崭新的阶段。

四、新中国法理学的伟大革命

中华人民共和国的成立开辟了中国历史的新纪元，在政治上实现了由半殖民地、半封建社会向人民当家做主的人民民主政权转折的伟大革命，在法理上也实现了由剥削阶级法学向马克思主义法学转变的伟大革命。

马克思主义法学是人类历史上最先进、最科学的法学理论，它以唯物史观为理论基础，以革命实践为客观依据，科学地揭示了法律的起源、本质、作用和发展规律，使法学真正成为一门人文和社会科学。而法理学就是法学的基础理论，是法的一般理论，在整个过程中起引导作用，并因此与各部门法学相结合，而使整个法学成为治国理政的基础学问。根据法理学理论而形成的依法治国理论与实践，便成为了人民治国理政的基本方式。

马克思主义的生命和活力在于实践，毛泽东同志很早便指出，马克思主义必

---

① 《习近平谈治国理政》（第二卷），外文出版社 2017 年版，第 118 页。
② 《习近平关于全面深化改革论述摘编》，中央文献出版社 2014 年版，第 21 页。

须中国化。在九十年的中国革命、建设和改革实践中，中国人民在党的领导下，实现了马克思主义中国化、科学化、大众化，业已取得了五大光辉成果。

（一）马克思主义法学中国化第一大光辉成果（1935—1976 年）

这时期的旗手是毛泽东。其主要标志是中华人民共和国的成立、成立初期的人民民主专政政权建设、人民民主法制建设。革命文献与法学理论包括《中华人民共和国宪法》《论人民民主专政》《依法办事是人民民主法制的中心环节》等。主要参与者为周恩来、朱德、董必武、邓小平及彭真。

毛泽东是中国人民的伟大领袖，其丰功伟绩很多。以下，仅就其法学思想概括介绍如下：

1. 毛泽东早年的法学思想

毛泽东从小就立志学习法律，并写下了不少名言警句。（1）立法必须先立信。毛泽东早在 1912 年离开家时，就写下了"埋骨何须桑梓地，人生无处不青山"的豪言壮语，并在不满 19 岁时写下《商鞅徙木立信论》一文，其包括丰富的法理思想，其中之一就是"立法立信思想"。就是说，立法者首先得树立威信，讲究公信力，说话要算数，要树立立法权威。为此，商鞅特地导演了"徙木立信"的故事，用事实来证明立法的威信。事实上，商鞅在秦国主持变法，严格执法办事，使变法取得成功。（2）推崇良法。毛泽东在《商鞅徙木立信论》开章明义："法令者，代谋幸福之具也。"[①] 这是人类历史上第一次把法律与幸福联系在一起，并认定"商鞅之法，良法也"[②]。为什么说它是良法呢？因为"其法惩奸宄以保人民之权利"[③]。（3）良法给人民带来幸福，良法必保，恶法必拒。"法令而善，其幸福吾民也必多，吾民方恐其不布此法令，或布而恐其不生效力，必竭全力以保障之，维持之，务使达到完善之目的而止。""法令而不善，则不惟无幸福可言，且有危害之足惧，吾民又必竭全力以阻止此法令。"[④] 就是说，这篇早期的《商鞅徙木立信论》，充分展现了毛泽东同志的法理功底。当然，其早期的法理论文还有一些，而且比较丰富。（4）宣传人民立宪思想，他先后领导湖

---

① 《毛泽东早期文稿》（1912.6—1920.11），湖南出版社 1990 年版，第 1 页。
② 《毛泽东早期文稿》（1912.6—1920.11），湖南出版社 1990 年版，第 1 页。
③ 《毛泽东早期文稿》（1912.6—1920.11），湖南出版社 1990 年版，第 1 页。
④ 《毛泽东早期文稿》（1912.6—1920.11），湖南出版社 1990 年版，第 1 页。

南人民积极开展人民立宪的活动，如自治运动、省宪运动，并起草了《湖南人民宪法会议选举法要点》《湖南人民宪法会议组织法（草案）》等。（5）提倡人权。公开提出了生存权、职业自由权、劳动权和教育权等人权要求，这不仅在中国历史上，而且在世界历史上也是最早的。毛泽东早期在期刊上发表的文章不少，其中大多数内容为提倡婚姻自由、反对包办婚姻和主张劳工权利、政治权利等，对推动社会进步起到了很大的启发和鼓舞作用。

2. 毛泽东思想中的法学理论

（1）法理学思想。毛泽东对法理学极为重视，在这方面的观点较多，现仅就其主要的法理学思想，摘编如下：① "从新的观点出发研究法律，甚为必要。新民主主义的法律，一方面，与社会主义的法律相区别，另方面，又与欧美日本一切资本主义的法律相区别。"① ② "法律是上层建筑。我们的法律，是劳动人民自己制定的。它是维护革命秩序，保护劳动人民利益，保护社会主义经济基础，保护生产力的。我们要求所有的人都遵守革命法制，并不是只要你民主人士守法。"② ③ "我们的国家机关，是无产阶级专政的国家机关。拿法庭来说，它是对付反革命的，但也不完全是对付反革命的，要处理很多人民内部闹纠纷的问题。看来，法庭一万年都要。因为在阶级消灭以后，还会有先进和落后的矛盾，人们之间还会有斗争，还会有打架的，还可能出各种乱子，你不设一个法庭怎么得了呀！不过，斗争改变了性质，它不同于阶级斗争了。法庭也改变了性质。"③ ④毛泽东对法理学的重大贡献还在于其科学地揭示了我们国家的国体与政体。他说，国体是指国家的性质，即由哪一个阶级占统治地位。政体是指一个国家政权的组织形式。中华人民共和国成立后，我们的国体是人民民主专政。他在《论人民民主专政》一文中明确指出："总结我们的经验，集中到一点，就是工人阶级（经过共产党）领导的以工农联盟为基础的人民民主专政。"④

（2）宪法基础理论。毛泽东对宪法是重视的，也是有研究的，早在青年时代，他在省宪运动中，就起草了省治宪法草案。在中华人民共和国成立后，更是

① 《毛泽东文集》（第四卷），人民出版社 1996 年版，第 217 页。
② 《毛泽东文集》（第七卷），人民出版社 1999 年版，第 197~198 页。
③ 《马列著作毛泽东著作选读》（哲学部分），人民出版社 1978 年版，第 436 页。
④ 《毛泽东选集》（第四卷），人民出版社 1991 年版，第 1480 页。

注重宪法，1954 年宪法就是他亲自主持制定的。他对宪法作出了很多论述，这里仅列举几个论断。关于宪法的概念，他提出："一个团体要有一个章程，一个国家也要有一个章程，宪法就是一个总章程，是根本大法。用宪法这样一个根本大法的形式，把人民民主和社会主义原则固定下来，使全国人民有一条清楚的轨道，使全国人民感到有一条清楚的明确的和正确的道路可走，就可以提高全国人民的积极性。"① 对于宪政问题，他指出：　"宪政是什么呢？就是民主的政治。……是新民主主义的政治，是新民主主义的宪政。它不是旧的、过了时的、欧美式的、资产阶级专政的所谓民主政治。"②

（3）刑法基础理论与实践。毛泽东对刑法一贯重视，并且亲自制定了几种刑罚。在 20 世纪 50 年代，毛泽东还亲自主持起草刑法草案，为 1979 年刑法的出台奠定了基础。毛泽东在刑法上的贡献有：第一，制定了《惩治贪污条例》（1953 年）；第二，提出了"死缓刑"，这是一种刀下留人的刑罚，即"判处死刑，缓刑两年，强迫劳动，以观后效"；第三，提出了"管制"这种较弱的刑罚，即在监狱外执行的刑罚；第四，提出"打得稳、打得准、打得狠"的刑罚思想；第五，提出了劳动改造罪犯的刑罚执行方法；第六，在 20 世纪 50—60 年代提出了"惩办与宽大相结合，劳动改造与思想教育相结合"的劳改政策，要求劳动改造工作机关以无产阶级的宽广胸怀，以教育人和改造人为目的，对判处劳动改造的罪犯实行教育改造。

此外，毛泽东在民法、经济法方面也有较多论述，因本书主要讲述法理学有关问题，其他法律思想在这里就不介绍了。

（二）马克思主义法学中国化第二大光辉成果（1979—1997 年）

这一时期的旗手是邓小平，主要参与者有彭真等人。主要标志是 1982 年宪法和十一届三中全会公报、邓小平的报告《解放思想，实事求是，团结一致向前看》和 20 世纪 80 年代邓小平关于法律问题的有关报告、讲话和访谈。

邓小平是中国特色社会主义法治理论的开拓者，其法治思想是邓小平理论的重要组成部分，内容主要有：

---

① 《毛泽东文集》（第六卷），人民出版社 1999 年版，第 328 页。
② 《毛泽东选集》（第二卷），人民出版社 1991 年版，第 732 页。

1. 法治理论

早在 1986 年 9 月邓小平就明确提到了"法治问题"，他说："要通过改革，处理好法治和人治的关系，处理好党和政府的关系。"① 事实上，在 1998 年 12 月 13 日，邓小平就对依法治国的含义作了生动而深刻的解释，他说："为了保障人民民主，必须加强法制。必须使民主制度化、法律化，使这种制度和法律不因领导人的改变而改变，不因领导人的看法和注意力的改变而改变。"② 这段精辟的论述，为后来中央领导集体定义依法治国奠定了基础。此后，邓小平多次谈到人治与法治问题，反复强调：一个国家把希望寄托在一两个人身上，那是不正常的，要就不出问题，一出问题就是大事。他还一贯强调：搞法治靠得住，就是说，依法治国是邓小平理论的主要内容。

2. 社会主义法治的基本原则

早在 1956 年，董必武在"八大"上的发言，指出依法办事包括有法可依和有法必依两个方面，集中论述了"依法办事是人民民主法制的中心环节"。这一论断在党的十一届三中全会公报和邓小平的有关讲话中得以发展，使其发展为社会主义法治的基本原则，即有法可依、有法必依、执法必严、违法必究与法律和制度面前人人平等、保障人权等原则。党的十八大则将其进一步发展为：科学立法、严格执法、公正司法、全民守法，坚持法律面前人人平等，保证有法必依、执法必严、违法必究。邓小平说："公民在法律和制度面前人人平等……人人有依法规定的平等权利和义务，谁也不能占便宜。"③ 在人权问题上，邓小平一方面强调要保障人权，这是社会主义国家的要求也是党的一贯方针；同时，又说明了人权与主权的关系，明确指出"人们支持人权，但不要忘记还有一个国权。谈到人格，但不要忘记还有一个国格。特别是像我们这样第三世界的发展中国家，没有民族自尊心，不珍惜自己民族的独立，国家是立不起来的"④，并提出了"国权比人权重要得多"的著名论断。⑤

---

① 《邓小平文选》(第三卷)，人民出版社 1993 年版，第 177 页。
② 《邓小平文选》(第二卷)，人民出版社 1994 年版，第 146 页。
③ 《邓小平文选》(第二卷)，人民出版社 1994 年版，第 332 页。
④ 《邓小平文选》(第三卷)，人民出版社 1993 年版，第 331 页。
⑤ 《邓小平文选》(第三卷)，人民出版社 1993 年版，第 345 页。

3. 法学教育理念

邓小平一贯重视法学教育，不仅要求全国人大常委会通过关于加强法制教育的决定，在全国开展普及五年法制教育的计划，并持续到了第六个五年计划。要求人们加强法制教育，特别是重视对干部和青少年的法制教育，他明确指出："加强法制重要的是要进行教育，根本问题是教育人。"① 法学教育，除学校办的法学学科专业教育外，还要加强对公民特别是对干部和青少年的法制宣传教育，其内容主要包括：法治观念、宪法观念、守法观念、权利义务观念、法律平等观念、依法办事观念等。为了普及法学教育、提高对法制观念的认识，邓小平同志还专门解释了法制观念的一般含义，他指出法制观念属于法律意识的范畴，而法律意识是社会意识的一种形式，是人们关于法律的观点和法律情感的总称，其内容包括探索法律和法律现象的各种学说，对法律本质、作用和发展规律的认识和评价，人们对法律的要求与愿望以及法律掌握的程度，对行为合法性的评价，对权利和义务的理解，对法律现象的理解、情感和态度等。因此，对人们要不断进行法学教育，除法学专业教育外，还要进行全社会的普及性法制教育。邓小平特别重视对青少年的法制教育，主张法制教育要从娃娃抓起。1986 年邓小平在中央政治局常委会专门作了《在全体人民中树立法制观念》的重要讲话，指出"法制教育要从娃娃开始，小学、中学都要进行这个教育，社会上也要进行这个教育"②。

4. 民主与法治的关系

邓小平对这个问题非常重视，也讲得最多。邓小平特别重视社会主义民主，他说："没有民主就没有社会主义，就没有社会主义的现代化。"③ 并且反复指出："继续努力发扬民主，是我们全党今后一个长时期的坚定不移的目标。"④ 邓小平坚持民主是一种国家制度这一马克思主义观点。认为民主与法治有着密切的关系，主张民主是法治的前提和基础，法治是对民主的确认与保障，离开民主谈法治必然导致专制，离开法治谈民主，就会出现无政府主义，因此，必须同时加

---

① 《邓小平文选》（第三卷），人民出版社 1993 年版，第 163 页。
② 《邓小平文选》（第三卷），人民出版社 1993 年版，第 163 页。
③ 《邓小平文选》（第二卷），人民出版社 1994 年版，第 168 页。
④ 《邓小平文选》（第二卷），人民出版社 1994 年版，第 176 页。

强民主与法治建设。

5. 正确认识和处理改革、发展和稳定的关系

邓小平是中国改革开放的总设计师和开拓者，改革开放是他为全国人民立下的历史功勋。邓小平指出："中国一定要坚持改革开放，这是解决中国问题的希望。但是要改革，就一定要有稳定的政治环境。"① 又说："中国正处在特别需要集中注意力发展经济的进程中。如果追求形式上的民主，结果是既实现不了民主，经济也得不到发展，只会出现国家混乱、人心涣散的局面。对这一点我们有深切的体验。"② 邓小平同时还强调指出："我们搞四化，搞改革开放，关键是稳定。……中国的问题，压倒一切的是需要稳定。凡是妨碍稳定的就要对付，不能让步，不能迁就。"③

（三）马克思主义法学中国化第三大光辉成果（1992—2002 年）

这一时期的旗手是江泽民。主要标志是第二个与第三个宪法修正案，将"实行依法治国，建设社会主义法治国家"写进了宪法、党的十五大政治报告。

1. 法理学思想

江泽民重视法制建设，注重法律权威。他指出："必须大力加强社会主义法制建设，牢固树立和维护国家法制的权威……为了保证国家长治久安，维护社会主义市场经济秩序，发展社会主义民主和社会主义精神文明，法制建设的任务还很繁重。要继续从立法、司法、执法、普法等各个环节加倍努力，真正做到有法可依，有法必依，执法必严，违法必究，切实维护法律的尊严和权威。"④ 江泽民重视权力制约，明确指出："建立结构合理、配置科学、程序严密、制约有效的权力运行机制，从决策和执行等环节加强对权力的监督，保证把人民赋予的权力真正用来为人民谋利益。"⑤ 江泽民的重大功勋，就在于他把依法治国作为治国理政基本方略写进了宪法，他指出，党的十五大将依法治国、建设社会主义法治国家，作为党领导人民治理国家的基本方略确定下来。九届全国人大二次会议

---

① 《邓小平文选》（第三卷），人民出版社 1993 年版，第 284 页。
② 《邓小平文选》（第三卷），人民出版社 1993 年版，第 284 页。
③ 《邓小平文选》（第三卷），人民出版社 1993 年版，第 286 页。
④ 江金权编著：《江总书记抓党建重要活动记略》，人民出版社 1998 年版，第 546 页。
⑤ 《江泽民文选》（第三卷），人民出版社 2006 年版，第 557 页。

通过的宪法修正案，将这一基本方略写入了国家根本大法。建设社会主义法治国家，离不开广大农村人口的积极参与，否则依法治国就不可能得到全面落实。

2. 加强权力制约

江泽民指出："我们的权力是人民赋予的，一切干部都是人民的公仆，必须受到人民和法律的监督。要深化改革，完善监督法制，建立健全依法行使权力的制约机制。坚持公平、公正、公开的原则，直接涉及群众切身利益的部门要实行公开办事制度，把党内监督、法律监督、群众监督结合起来，发挥舆论监督的作用。加强对宪法和法律实施的监督，维护国家法制统一……防止滥用权力，严惩执法犯法、贪赃枉法。"①

3. 干部要带头学法用法

江泽民指出："广大干部特别是各级领导干部一定要带头学好法律知识，这既是我们的干部做好工作、提高领导能力和管理水平的需要，也是带领广大人民群众学法、用法和自觉遵守法律的需要，学习法律知识要形成制度。"② 要善于利用法律来深化改革、推动发展、化解矛盾、维护稳定。

4. 维护宪法尊严，保障宪法实施

江泽民强调："全党同志都应该明确，维护宪法尊严和保证宪法实施，维护国家政令和法制统一，是一个重大政治原则问题。国家法律，是党的主张和人民意志相统一的体现，一经制定并付诸实施，各地区各部门必须一律遵照执行。在制定本地区本部门的法规规章时，必须与宪法和法律相符合，而不得相抵触、相违背。任何地方任何部门都没有超越宪法和法律的特权。"③

（四）马克思主义法学中国化第四大光辉成果（2002—2012 年）

这一时期的旗手是胡锦涛。主要标志是 2004 年宪法修正案，主要文献是中国共产党第十八次全国代表大会报告和有关讲话。

1. 人民民主是社会主义的生命

胡锦涛指出："人民民主是我们党始终高扬的光辉旗帜……必须坚持党的领

---

① 《江泽民文选》（第二卷），人民出版社，2006 年版，第 31~32 页。
② 江泽民：《各级领导干部要努力学习法律知识》，载《人民日报》1996 年 10 月 10 日，第 1 版。
③ 《江泽民文选》（第一卷），人民出版社 2006 年版，第 644 页。

导、人民当家作主、依法治国有机统一，以保证人民当家作主为根本，以增强党和国家活力、调动人民积极性为目标，扩大社会主义民主，加快建设社会主义法治国家，发展社会主义政治文明。"①

2. 全面实行依法治国

胡锦涛说："法治是治国理政的基本方式。要推进科学立法、严格执法、公正司法、全民守法，坚持法律面前人人平等，保证有法必依、执法必严、违法必究。完善中国特色社会主义法律体系，加强重点领域立法，拓展人民有序参与立法途径。推进依法行政，切实做到严格规范公正文明执法。"②

3. 弘扬社会主义法治精神

胡锦涛在十八大报告中指出："深入开展法制宣传教育，弘扬社会主义法治精神，树立社会主义法治理念，增强全社会学法尊法守法用法意识。"③

4. 维护社会公平正义

胡锦涛说："要坚持科学立法、民主立法，完善中国特色社会主义法律体系……加强政法队伍建设，做到严格、公正、文明执法。……弘扬法治精神，形成自觉学法守法用法的社会氛围。尊重和保障人权，依法保证全体社会成员平等参与、平等发展的权利。各级党组织和全体党员要自觉在宪法和法律范围内活动，带头维护宪法和法律的权威。"④

（五）马克思主义法学中国化第五大光辉成果（2012 至今）

这一时期的旗手是习近平，主要标志是 2018 年《宪法修正案》《在中国共产党第十九次全国代表大会上的报告》《习近平谈治国理政》。主要参与者是李克强。

党的十八大以来，习近平总书记登高望远、审时度势，对全面依法治国提出

---

① 胡锦涛：《坚定不移沿着中国特色社会主义道路前进　为全面建成小康社会而奋斗——在中国共产党第十八次全国代表大会上的报告》，人民出版社 2012 年版，第 25 页。

② 胡锦涛：《坚定不移沿着中国特色社会主义道路前进　为全面建成小康社会而奋斗——在中国共产党第十八次全国代表大会上的报告》，人民出版社 2012 年版，第 27 页。

③ 胡锦涛：《坚定不移沿着中国特色社会主义道路前进　为全面建成小康社会而奋斗——在中国共产党第十八次全国代表大会上的报告》，人民出版社 2012 年版，第 28 页。

④ 胡锦涛：《高举中国特色社会主义伟大旗帜　为夺取全面建设小康社会新胜利而奋斗——在中国共产党第十七次全国代表大会上的报告》，人民出版社 2007 年版，第 31 页。

了一系列新思想、新理念、新战略，概括起来，就是他在中央全面依法治国委员会两次全体会议上反复强调的十条金句，即"十个坚持"。

第一，坚持加强党对依法治国的领导。这是全面依法治国的根本保障。全面推进依法治国，是中国共产党在治国理政上的自我完善、自我提高。要有利于加强和改善党的领导，有利于巩固党的执政地位、完成党的执政使命，决不是要削弱党的领导。必须把党的领导贯彻到依法治国全过程和各方面，把依法治国基本方略同依法执政基本方式统一起来，把党总揽全局、协调各方同人大、政府、政协、监察机关、审判机关、检察机关依法依章程履行职能、开展工作统一起来，把党领导人民制定和实施宪法法律同党坚持在宪法法律范围内活动统一起来。

第二，坚持人民主体地位。这是全面依法治国的中心思想，是社会主义法治的基本属性。人民是依法治国的主体和力量源泉。习近平总书记指出，把坚持党的领导、人民当家作主、依法治国有机统一起来是我国社会主义法治建设的一条基本经验。要把体现人民利益、反映人民愿望、维护人民权益、增进人民福祉落实到依法治国全过程，使法律及其实施充分体现人民意志。要满足人民更多向民主、法治、公平、正义、安全等方面延展的美好生活需要，针对人民群众意见比较多的执法乱作为、不作为以及司法不公的突出问题聚焦发力，让人民群众真正感受到公平正义就在身边。

第三，坚持中国特色社会主义法治道路。道路问题是方向问题，中国特色社会主义法治道路，本质上是中国特色社会主义道路在法治领域的具体体现，是管总的，从根本上保证了我国社会主义法治建设的正确方向，是建设社会主义法治国家的唯一正确道路。坚持中国特色社会主义法治道路，最根本的是坚持党的领导，坚持中国特色社会主义制度，坚持中国特色社会主义法治理论，从中国国情和实际出发，走适合自己的法治道路。既要从中国优秀传统法治文化中吸取丰厚滋养，又要学习借鉴世界上优秀的法治文明成果，坚持以我为主、为我所用，认真鉴别、合理吸收，不能搞照搬照抄，决不能走西方"宪政""三权鼎立""司法独立"的路子。

第四，坚持建设中国特色社会主义法治体系。古语说得好："立善法于天下，则天下治；立善法于一国，则一国治。"① 加快建设中国特色社会主义法治体系，就要加快形成完备的法律规范体系、高效的法治实施体系、严密的法治监督体系、有力的法治保障体系，形成完善的党内法规体系。紧紧围绕提高立法质量和立法效率，继续加强和改进立法工作，坚持科学立法、民主立法、依法立法，坚持立改废释并举，增强法律法规的及时性、系统性、针对性、有效性。加强重点领域立法，及时反映新时代党和国家事业发展要求，回应人民群众关切期待。要坚持依宪治国、依宪执政，加强宪法实施，坚决纠正一切违反宪法的行为。按照有法必依、执法必严、违法必究的要求，加快完善执法、司法、守法等方面的体制机制，坚持严格执法、公正司法、全民守法。要以规范和约束公权力为重点，构建党统一指挥、全面覆盖、权威高效的监督体系，把党内监督同国家机关监督、民主监督、司法监督、群众监督、舆论监督贯通起来，增强监督合力，强化监督责任，提高监督实效。要坚持依法治国与制度治党、依规治党统筹推进、一体建设，完善党内法规制定体制机制，构建以党章为根本，以民主集中制为核心，以准则、条例等中央党内法规为主干，由各领域各层级党内法规制度组成的党内法规制度体系，切实提高党内法规执行能力和水平。

第五，坚持依法治国、依法执政、依法行政共同推进，法治国家、法治政府、法治社会一体建设。习近平总书记指出，全面推进依法治国是一项庞大的系统工程，必须统筹兼顾、把握重点、整体谋划，更加注重改革的系统性、整体性、协同性。依法治国是我国宪法确定的治理国家的基本方略，能不能做到依法治国，关键在于党能不能坚持依法执政，各级政府能不能依法行政。法治国家是法治建设的总目标，法治政府是法治国家的主体，法治社会是法治国家的基础，三者各有侧重、相辅相成。要在"三个共同推进"上着力，在"三个一体建设"上用劲，努力形成党领导立法与立法机关科学立法、党保证执法与行政机关严格执法、党支持司法与司法机关公正司法、党带头守法与全民守法紧密结合、统筹推动的新局面。

第六，坚持依宪治国、依宪执政。这是全面推进依法治国的首要任务。宪法乃九鼎重器，是治国安邦的总章程。习近平总书记高度重视宪法权威，不断强调

① 《王安石文集·周公》。

"依法治国首先要坚持依宪治国，依法执政首先要坚持依宪执政"。法治首先是宪法之治。依法治国的"法"，指的是以宪法为核心的各种法律法规组成的完整法律体系。其中，宪法作为国家根本大法，确立了中国特色社会主义道路、中国特色社会主义理论体系、中国特色社会主义制度、中国特色社会主义文化的发展成果，反映了我国各族人民的共同意志和根本利益，成为党和国家的中心工作、基本原则、重大方针、重要政策在国家法制上的最高体现。要加强宪法实施和监督，推进合宪性审查工作，落实国家宪法日和宪法宣誓制度，把全面贯彻实施宪法提高到新水平。

第七，坚持全面推进科学立法、严格执法、公正司法、全民守法。全面依法治国这十六字基本方针，既涵盖了立法、执法、司法、守法四个法治建设的基本环节，又明确了每个环节的重点要求，形成了新时代全面依法治国的基本格局。要紧紧抓住全面依法治国关键环节，完善立法体制，提高立法质量。要推进严格执法，完善行政执法程序，全面落实行政执法责任制。公正是法治的生命线。英国哲学家培根曾经形象地用水流与水源的关系来说明"一次不公正的裁判，其恶果甚至超过十次犯罪。因为犯罪虽是无视法律——好比污染了水流，而不公正的审判则毁坏法律——好比污染了水源"①。要支持司法机关依法独立行使职权，健全司法权力分工负责、相互配合、相互制约的制度安排。法律要发挥作用，需要全社会信仰法律，这是法律真正发挥作用的根本保证。要加大全民普法力度，培育全社会办事依法、遇事找法、解决问题用法、化解矛盾靠法的法治环境。

第八，坚持处理好全面依法治国的辩证关系。必须正确处理政治和法治的关系。党和法的关系是政治和法治的关系的集中反映。法是党的主张和人民意愿的统一体现，党领导人民制定宪法法律，党领导人民实施宪法法律，党自身必须在宪法法律范围内活动，党和法、党的领导和依法治国是高度统一的。必须正确处理改革和法治的关系。习近平总书记指出："改革与法治如鸟之两翼、车之两轮。"改革和法治相辅相成，相伴而生。要坚持在法治下推进改革，在改革中完善法治。必须正确处理依法治国和以德治国的关系。法安天下，德润人心。法律

---

① 转引自《中共中央关于全面推进依法治国若干重大问题的决定》，人民出版社 2014年版，第 55 页。

是成文的道德，道德是内心的法律。必须一手抓法治、一手抓德治，既重视发挥法律的规范作用，又重视发挥道德的教化作用，进一步把社会主义核心价值观融入法治建设。必须正确处理依法治国和依规治党的关系。法律是对全体公民的要求，党内法规制度是对全体党员的要求，而且很多方面比法律的要求更严格。要发挥依法治国和依规治党的互补性作用，坚持纪严于法、纪在法前，确保党既依据宪法法律治国理政，又依据党内法规管党治党、从严治党。

第九，坚持建设德才兼备的高素质法治工作队伍。习近平总书记指出，全面推进依法治国，建设一支德才兼备的高素质法治队伍至关重要。"得其法而不得其人，则法必不能济。"历史上像包公、海瑞这样的清官，老百姓都推崇他们为"青天"。法治工作队伍必须坚持德才兼备。要把思想政治建设摆在首位，树牢"四个意识"、坚定"四个自信"、坚决做到"两个维护"，加强理想信念教育，深入开展社会主义核心价值观和社会主义法治理念教育，着力建设一支忠于党、忠于国家、忠于人民、忠于法律的社会主义法治工作队伍。要推进法治专门队伍正规化、专业化、职业化，提高职业素养和专业水平。要坚持以马克思主义法学思想和中国特色社会主义法治理论为指导，立德树人，德法兼修，培养大批高素质法治人才。

第十，坚持抓住领导干部这个"关键少数"。我们党是执政党，党的各级干部特别是领导干部具体行使党的执政权和国家立法权、行政权、监察权、司法权，是推进全面依法治国的"关键少数"。习近平总书记强调，法治之下，任何人都不能心存侥幸，都不能指望法外施恩，没有免罪的"丹书铁券"，也没有"铁帽子王"。要做尊法的模范，带头尊崇法治、敬畏法律。要做学法的模范，带头了解法律、掌握法律。要做守法的模范，带头遵纪守法、捍卫法治。要做用法的模范，带头厉行法治、依法办事。党员干部要把对法治的尊崇、对法律的敬畏转化成思维方式和行为方式，不断提高依法执政能力和水平，不断提高运用法治思维和法治方式深化改革、推动发展、化解矛盾、维护稳定的能力。

习近平总书记所总结全面依法治国的"十个坚持"或"十条金句"深刻回答了全面依法治国的根本保证、力量源泉、发展道路、总体目标、工作布局、首要任务、基本方针、科学方法、重要保障、关键少数等一系列带有方向性、根本性、全局性的重大问题，是全面依法治国的根本遵循，必须长期坚持、不断发展。

第一编　中国古代法理学

第一章　中国古代法理学对"法理"的论述

第一节　关于法的原理

有人说："中国古代没有法理学。"也有人说："中国古代没有理论上的法理学，但有事实上的法理学。"第一种说法显然不是事实，第二种说法也不全面。对第一种观点我们暂且不说，因为它不懂中国历史，没有说的必要。对第二种观点，也许有人相信。我们先看看历史：中国古代不仅有人公开说"法理"，而且把法理提到了相当的高度。如南北朝齐御史中丞孔稚珪（447—501年）写道："匠万物者，以绳墨为正，驭大国者，以法理为本。是以古之圣王……莫不资法理以成化，明刑赏以树功者也。"① 他上书朝廷重用那些明法理、忠于朝廷的人为官。至于我国论述法的原理与法的公理的法学家，那就更多了。且不讲春秋战国时期的法家，就是历朝历代都有明法理、懂法学的大家，他们既论述法的原理，又阐明法的公理。下面就分述之。

一、关于法的起源

学以史为先。一切事物都有其发生、发展和消亡（或转型）的过程，法也不例外。中外法理学都力图回答法的起源这个基本问题，但观点不一、众说纷纭、莫衷一是。中国古代法理学论述这个问题时，也有多种说法。

（一）"暴力论"

这是中外法理学家的共同观点，但在论证时，又说法不一。中国古代法理学

---

① 《南齐书·孔稚珪传》。

从中国法律产生的实际出发，认为法起源于中华民族各部落之间征战，把兵与刑联系在一起，所以班固在《汉书·刑法志》里讲："大刑用甲兵，其次用斧钺；中刑用刀锯，其次用钻凿；薄刑用鞭扑。"① 就是说，通过征服者制定规范约束被征服者，这些规范，首先是习惯，后来就成为法律，并蔓延到政治与社会等其他领域。很显然，这种暴力的范围同欧洲民族之间的纷争在规模上有所不同，但性质是一样的，都是采取战争即暴力的手段。

（二）"秩序论"

这是中国古代法理学论证法的起源时的特殊与独到之处，法家学派多数持这一观点，如管仲、商鞅、韩非子，甚至连名家如尹文子也有类似看法。这里以商鞅的观点为代表："古者未有君臣、上下之时，民乱而不治。是以圣人列贵贱，制爵位，立名号，以别君臣上下之义。地广，民众，万物多，故分五官而守之。民众而奸邪生；故立法制、为度量以禁之。"② 这是法家的通说，认为法律是斗争的产物，目的是维护社会秩序。

（三）"生存论"

这是荀况的观点，其介于儒法之间，但他是性恶论者。他说："人生而有欲，欲而不得，则不能无求；求而无度量分界，则不能不争；争则乱，乱则穷。先王恶其乱也，故制礼义以分之，以养人之欲、给人之求，使欲必不穷于物，物必不屈于欲，两者相持而长，是礼之所起也。故礼者，养也。"③ 荀子这里讲礼，就是指法，因为古时的礼，既包括道德规范，也包括法律规范。他曾经多次讲到法的起源问题，观点就是统治者为了维护社会稳定、人类的生存而采取的方略，这与西方的观点，如霍布斯的观点大致相似，但荀况的理论要早一千多年。

（四）"契约论"

这是中西法理学相同的观点。随着生产力的发展，人们在社会生活中有了剩余，于是便有了交换，开始是个别交换，后来便发展为集体交换。在交换中必须

---

① 《汉书·刑法志》。

② 《商君书·君臣》。

③ 《荀子·礼论》。

解决三个问题：一是交换前要确认所有权，二是交换中要有规则，三是交换后出现问题要有办法解决。而这三个问题的解决就需要双方事先订立契约，于是慢慢就演变成了法律。中国古代的契约，法家称之为合同，即一张大纸，中间写一个"中"字，分成两半，各执一半，使之既合又同。上述解决交换中的三个问题，具有法律效力。所以马克思早就说过，契约是法的最初形式。

（五）"天命论"

这实质上是一种特殊的"神意论"，把"天"尊敬为"神"而已。儒家有句格言："人生有命，富贵在天。"按照这一观点，法的产生也是天注定的。《左传》里讲："民受天地之中以生，所谓命也。是以有动作礼义威仪之则，以定命也。"① 《易经》说："天尊地卑，乾坤定矣！"又说"在天成象，在地成形，变化见矣。"② 《礼记》说得更明白："天高地下，万物散殊，而礼制行矣。流而不息，合同而化，而乐兴焉。"③ 总之，在儒家经典里，天地万物，包括法律在内都源于天。这种"天命论"影响中国古代，甚至近代，流传甚广。荀况批判了这种观点，认为天地，包括法律在内都有自己的运行规律，他说："天行有常，不为尧存，不为桀亡。"④ 就是说，天有自己的运行规律，法也是一样，因此，法家否认"天命说"，认为认识法的起源，需要从历史中去考察。

（六）"祭祀论"

其意是指对天地鬼神及已故先人的崇拜，这种崇拜是通过一定仪式予以体现，这种仪式被称为祭祀。人们普遍认为，合乎礼仪便可以得到上天的祝福和祖先的赞扬；相反，则会遭到各种灾难。因此，圣人以体察天意而制礼，一般人则恭敬天意而守礼。所以，古人说："夫礼，先王以承天之道，以治人之情。"又说："故夫礼，必本于天，殽于地，列于鬼神。"⑤ 这种礼仪，先是口传，后来成为规范，久而久之，便由习惯规范变成法律规范，最后形成法律。当然，这是中国古代基于"天命论"而形成的一种法律起源之说。

---

① 《左传》。
② 《易经·系辞》。
③ 《礼记·乐记》。
④ 《荀子·天论》。
⑤ 《礼记·礼运》。

（七）"正义论"

墨家认为，正义是法学的根本，也是法的源泉。墨子在《墨子·尚同上》里说："天子惟能壹同天下之义，是以天下治也。"① 他们认为：唯有天子能集众人之义，在此基础上便产生了法。又指出这种法必须符合天意，顺乎天意与众人之用意，特别是众人之义，因此他们主张"义治"的治国理念。但这种法律起源的理论依据不足，突出法与正义的关系是对的，但这种正义需要上天认可则是不科学的，更不能以此作为法律的起源。

当然，认识法的起源，还是要以唯物史观为理论基础，以马克思主义法学理论为指导，才能得出科学的结论。马克思说过，契约是最早的法律形式；恩格斯说得更为详细："在社会发展的某个很早的阶段，产生了这样一种需要：把每天重复着的产品生产、分配和交换用一个共同规则约束起来，借以使个人服从生产和交换的共同条件。这个规则首先表现为习惯，不久便成了法律。"②

二、关于法的本质

法的本质是法理学的核心理念，中国古代法理学没有回避这个问题，尽管因历史的局限和阶级局限，尚存在不科学之处，但还是从不同角度、不同层面揭示了法的本质，促进了法理学的形成与发展。

（一）从"法"字的由来看法的本质

我国古体法字的由来与演变历经了一个漫长的过程，其含义也不断演进。

1. 我国古体法字为"灋"

按《说文解字》里讲："灋，刑也，平之如水，从水；廌，所以触不直者去之，从去。"又说："廌，解廌兽也，似牛，一角，古者决讼，令触不直者。"③ 按上述解释，至少说明三点：第一，研究古代法理学的王振先说："法，刑也，含有模范之意。"④ 就是说，在古代，"荆"即刑，与"法"相同。古籍云："苗

---

① 《墨子·尚同上》。
② 《马克思恩格斯选集》（第三卷），人民出版社 2012 年版，第 260 页。
③ 许慎：《说文解字》（影印本），中华书局 1963 年版，第 202 页。
④ 王振先：《中国古代法理学》，商务印书馆 1934 年版，第 6 页。

民弗用灵，制以刑，惟作五虐之刑，曰法"。① "法之释为刑者，即表明有秩序而可为模范之意也。"② 第二，法者平之如水，则表明法有公平的含义。第三，法触不直者去之，这表明法有正直之意。当然，这种对"法"字的解释，只是从形式上说明法的本质。其实，在阶级社会里，法只能是统治阶级的公平观而已。

2. 商鞅变法为律，是为秦律

"律"，根据《说文解字》的说法："律，均布也。"③ "均布"是调音乐器的一种。所谓范天一之不一，而归于一。按古书记载，夫律者，"规圆矩方，权重衡平，准绳嘉量，探赜索隐，钩深致远，莫不用焉"④。律，实际上具有标准的含义。

3. 古代将"法"称为"典"

按古籍《广韵》里说，"典，主也，常也，法也，经也。"典往往与"法"同义并同用，称为"法典""典章"。《说文解字》里称："典，五帝之书也，从册在几上，尊阁之也。""典"的本义为尊贵之书册，古人视之与法同科。因此，典有尊重、权威的含义。

4. 古代也将法称为"则"

《周礼》中有"以八则治都鄙"说，后人注释讲，"则"即法也。就是说，则即规则，有治理人的行为之意。

5.《说文》对"式"的解释

"式，法也，从工弋聲。""工，巧饰也，象人有规矩。"⑤ 就是说，式含有讲究规矩之意。

6. 古籍也有称"法"为"范"

根据《说文解字》对"范"字的解释，认为"范，法也，竹简书也"。《尚书·洪范》里说："洪，大。范，法也。言天地之大法。"其含义有规范之意。

总之，我国法理学和有关学问，对"法"字及其同义词，都作了解释。尽管

---

① 《尚书·吕刑》。
② 王振先：《中国古代法理学》，商务印书馆 1934 年版，第 6 页。
③ 许慎：《说文解字》（影印本），中华书局 1963 年版，第 179 页。
④ 《汉书·律历志上》。
⑤ 许慎：《说文解字》（影印本），中华书局 1963 年版，第 278 页。

都有一定道理，但都从形式、从外部解释法，而没有也不可能从内部去揭示法的本质。马克思主义法学认为法的本质是统治阶级意志的表现，其外部形式表现为规则、规范、规矩。不过，这也说明，我国古代法理学从"法"字上对法作了解释。

（二）从法的内容看法的本质

我国古代法理学家从法的内容揭示法的本质。法家先驱管仲说："法者，天下之程式也，万事之仪表也。"东汉王充说："法乃天下之名器。"宋代儒学大师司马光讲："法者，天下之公器。"唐宋八大家欧阳修讲："法者，天下之法也，岂个人之得恶乎？"如此种种，不一而足。我国古代法学家从法的内容力图揭示法的本质，但由于历史条件的局限，在阶级对立社会里，法不可能是全体人民意志的体现，还是法家的集大成者韩非说得对："法者，编著之图籍，设之于官府，而布之于百姓者也。"① 事实上，在封建专制下，我国古代法律有"法自君出"的特点。当然，在社会主义条件下，法是人民意志的集中体现，准确地说：法是党的主张和人民意志的统一。

（三）从法的作用看法的本质

法的作用是极为广泛的，我国古代法理学从不同角度来揭示法的本质。其一，从作为人的行为规则来认识，管仲说："尺寸也，绳墨也，规矩也，衡石也，斗斛也，角量也，谓之法。"② 商鞅说得更概括："法者，国之权衡也。"③ 这些观点，现在看来也是正确的，因为法就是衡量人们行为规则的总称。但问题是衡量人们行为规则的标准和依据是什么？历史证明：在阶级对立社会里只能是统治阶级的意志，而这个意志的内容是由统治阶级的物质生活条件所决定的，因为法既有主观意志性，又有客观规律性。其二，从定分止争的标准来看，商鞅与韩非都举了相同的例子，其实这个事例来源于法家慎到的话，他说："一兔走，百人追之，积兔于市，过而不顾，非不欲兔，分定不可争也。"④ 其三，从"兴功惧暴"的功能来看，法的确起到了维护秩序、保障人民生命财产的作用，所以管仲

---

① 《韩非子·难三》。
② 《管子·七法》。
③ 《商君书·修权》。
④ 转引自张国华：《中国法律思想史新编》，北京大学出版社1991年版，第117页。

说："法者，所以兴功惧暴也。律者，所以定分止争也；令者，所以令人知事也。"①

对法的本质的揭示，上述观点大多出自法家，其思想理论都是出自"好利恶害"的人性论和"不法古不循今"的历史观。而儒家则出于"性本善"的人性，极力宣扬"礼治"思想，提倡"为政以德"，重视道德教化，主张"和为贵"，倡导"中庸"，弘扬"为政在人"，提出"半部论语治天下"，力图掩盖法的本质与作用。但自东汉以后，中国古代实际上是"儒法合流""内法外儒"，从而维护中华统一的多民族之经久不衰。就是说，历史已经证明了中国古代法理学关于法的本质的论述和儒法共治的实践，构成了中华文明的重要部分。

三、关于法的原则

法的原则反映法的本质，彰显了法的价值，是我国古代法的神经中枢，是一切法律活动必须遵守的准则。

（一）"德法共治"

这是中国古代法理学所坚持的基本原则。历史证明，任何一种单独的治国方略，在我国古代都没有取得良好效果，我国古代从总结经验出发，提出了德法共同治理的基本原则。汉宣帝提出"霸王道杂之"的治国方略，他用儒家的仁政德礼之说饰于外，而以法家刑名法术之学藏于内，实行内法外儒，反映了对德法两手并用、各尽其用的高度政治智慧。②《唐律疏议》也说："德礼为政教之本，刑罚为政教之用。"其实德法互补、共治是我国古代法理学所倡导的治国基本原则，它既符合中国古代的国情，是我国古代法理学的伟大创造，又在"文景之治""贞观之治""康乾之治"的实践中得到了证明。应该说，早在春秋时期，法家先驱管仲就非常重视道德与法律的重要作用，他曾把"礼义廉耻"比作"国之四维"，强调道德的教化作用。这种"德法共治"的思想与原则，一直贯穿于中国古代社会的始终，是我们新时代全面依法治国重要的本土法治资源。

---

① 《管子·七臣七主》。
② 参见张晋藩：《论中国古代的德法共治》，载《中国法学》2018 年第 2 期，第 102 页。

（二）"以法为本，法术势相结合"

这是古代法家学派为了贯彻执行"以法治国"而提出的基本原则。"法、术、势"三结合思想，其基本思想是管仲提出来的，韩非则集法家思想之大成，形成严整的以法为本，法、术、势相结合的原则体系。"以法为本"主要强调法在治国中的重要性，正如古人所讲，国无法而不治，民无法而不立。韩非说："法所以为国也，而轻之，则功不立，名不成"①，因为"明法者强，慢法者弱"②。同时，对"明法"作了说明，他指出："人主使人臣虽有智能，不得背法而专制；虽有贤行，不得逾功而先劳；虽有忠信，不得释法而不禁。"③ 以法为本，强调法律的权威，指出法是治国之本。在"以法为本"的基础上，强调术与势的重要性，法必须与"势"相结合，他指出："抱法处势则治，背法去势则乱。"④"势者，胜众之资也。"⑤ 有了势，还必须有术。"术者，因任而授官，循名而责实，操生杀之柄，课群臣之能者也。"⑥ 说穿了，术就是指统治的策略。法、术、势三者只有结合起来才能发挥法的作用，才能治理好国家。韩非与法家这个重要观点有一定的正确性，因法是治国之本，必须具有权威性，也应有实施的策略与方法。但必须明确：法只有在以人民为中心的指导下，只有树立体现人民意志的法的权威，才能发挥其应有的作用。因此，法家的"以法为本，法、术、势相结合"的原则，还是有一定借鉴意义的，是全面依法治国的重要本土资源。

（三）"法不阿贵""刑过不避大臣、赏善不遗匹夫"

韩非的"法不阿贵""刑过不避大臣、赏善不遗匹夫"⑦ 这两句引用了上古的名言，不仅是当时法治的原则，而且蕴含着"法律面前人人平等"的萌芽思想，这是极为可贵的，至今还有借鉴意义，是中华法治文明的精华。韩非说：

---

① 《韩非子·安危》。
② 《韩非子·饰邪》。
③ 《韩非子·南面》。
④ 《韩非子·难势》。
⑤ 《韩非子·八经》。
⑥ 《韩非子·定法》。
⑦ 《韩非子·有度》。

"明主之道，赏必出乎公利，名必在乎为上。赏誉同轨，非诛俱行。……则国治矣。"① 当然，这里有一点必须指出，韩非说这段话是为了支持商鞅关于"以刑去刑"的思想，这就有些不妥了。

四、关于法的发展

我国古代法理学的一个重要特点与优点，就是强调法的发展，并提出了一些重要观点。

（一）"治世不一道，便国不法古"

法家先驱历来强调法的发展，从商鞅变法到王安石变法，甚至到戊戌变法，都强调法的发展，并与守旧派开展了一次又一次的辩论。据《史记·商君列传》记载：商鞅在秦国变法时，便与甘龙、杜挚等人展开了一场争论，论点之一就是法是否发展的问题。后者提出："法古无过，循礼无邪。"商鞅回答："治世不一道，便国不法古"，并提出了"不法古，不循今"的口号，认为："法古则后于时，修今则塞于势。"② 意思是说，效法古代则落后于时代，保守现状则跟不上形势的发展。在历史上，我国几次变法，都存在"法先王"与"法后王"之争，就是指法的发展问题，变法者强调法的发展。

（二）"法与时转则治"

韩非继承商鞅的观点，提出了"法与时转"的历史观。他把历史分成"上古""中古""近古""当今"四个阶段，认为历史是进化的，不是今不如昔，而是今胜于昔。因此，他反对复古、保守，而敢于赞美当今。在它看来，时代发展了，历史条件不同，国家的法律和治国的方法也要相应变化，以适应时代之要求，如果在当今之世"欲以先王之政，治当世之民"就是"守株待兔"。因此，韩非说："法与时转则治，治与世宜则有功。"③ 韩非这一观点，至今仍有借鉴意义。时代在前进，历史在发展，法必须随着形势的发展而发展。孙中山先生有句名言：历史潮流，浩浩荡荡，顺之则昌，逆之则亡。法律也是这样，治国的理念

---

① 《韩非子·八经》。
② 《商君书·开塞》。
③ 《韩非子·心度》。

也是这样，必须随时代而发展。

（三）法的适时性与法的稳定性

法的发展是绝对的，法的稳定性是相对的，但在一定的历史时期，法律是必须稳定的，如果朝令夕改，则法律就失去了权威。但法的稳定性必须以法适应时代为前提，因此改革就成为历史必然。改革，史称"变法"，这一称谓表明了两者的辩证关系。改革有两种：一是制度变更，那就要使法产生"立、改、废"，即变法；还有一种是体制改革，是在现有制度上的自我完善。我国现在进行的改革就是社会主义制度的自我完善，因此，现在的改革必须于法有据。如果有矛盾，那么就要修改法律，使之与新的情况相适应。这一点也可以从中国古代法理学找到借鉴，如张居正的改革。

五、关于治国理念

我国古代法理学中关于治国理念的理论与实践，是中华法治文明之精华，是维系中华民族的精神支柱，是中华数千年历史经久不衰的内生基因。古籍《太平经》曾作了概括，共约十种形式。通过分析，我把它总结为七种理念。现分述如下：

（一）礼治

礼治，这是我国最早采用的治国理念和方略，它贯穿于我国古代社会的全过程，即西周至清末。据考察，礼治始于殷，盛于周。相传"周公制礼"，周公即周公旦，系周文王之子，周武王之弟；在武王去世后，曾辅佐周成王摄政几十年，是他对中国远古时期的宗法等级制度的礼节传统习惯与道德规范进行整理、修正和补充，在实践中逐步形成了比较完善的宗法等级制度的礼节仪式和道德规范，并赋予一定的约束力。礼治的基本原则是："亲亲也，尊尊也，长长也，男女有别。"① 礼治的适用范围相当广泛，所谓"道德仁义，非礼不成；教训正俗，非礼不备；分争辩讼，非礼不决；君臣上下，父子兄弟，非礼不定；宦学事师，非礼不亲；班朝治军，莅官行法，非礼威严不行；祷祠祭祀、供给鬼神，非礼不

---

① 《礼记·大传》。

诚不庄"。① 很显然，这里有道德规范、祭祀仪式和法律条款直接规范人们的行为，因此，礼在当时具有重要意义。正如子产所讲的："夫礼，天之经也，地之义也，民之行也；天地之经，而民实则之。"② 因此，礼治是重要的治国理念。当然，礼治的精华，就在于它蕴含着"大一统"的基本思想，这是中华民族经久不衰的重要基因。"大一统"的原始含义，就是："天无二日，土无二王，国无二君，家无二尊，以一治之也。"③ 后来发展为维护统一的多民族国家，共同建设和捍卫统一的国家。正是从这个意义讲，礼治是永载中华文明史册的。必须指出："礼治"中的"礼"与"乐"是辩证的统一。"礼"的目标在于维护等差，"乐"的目标在于协同好恶，礼与乐相得益彰，有利于民族团结与国家统一，有利于社会的安宁和长治久安。总之，这种建立在宗法等级制度之上的治国理念，起着经国家、定社稷、序人民、定后嗣的作用。尽管在当时的历史条件下，就其阶级本质而言，是维护宗法等级制度的统治秩序，但在客观上有利于社会的稳定和民族的团结，按照司马光的说法，法治起"防患于未然"的作用，防止不利于国家统一的突发事件的发生。

尽管礼治具有一定历史局限性，但取其精华，弃其糟粕，是可以借鉴的法治本土资源，具体讲，有下列现实价值：其一，礼治对完善和巩固我国的国家结构形式——单一制，即统一的多民族国家具有现实意义，是国家统一、民族团结的科学基因，对实现中华民族伟大复兴具有直接的借鉴与促进作用。其二，礼治作为中国礼仪之邦的思想来源，有历史价值，对实现我国的和平外交政策有其现实价值。其三，对正确适用"社会主义核心价值观"有借鉴价值，特别是对尊老爱幼有直接促进作用。其四，在"讲好中国故事"中，特别是对讲好"礼仪之邦"的思想渊源时，可以丰富参考资料，表明我国有深厚的理论渊源，其中的"和为贵""君子和而不同"是中华文明的内在要求。其五，礼治强调道德的教化作用，对于我们贯彻全面依法治国中的法治与德治相结合有重要参考价值。

（二）德治

德治是儒家提出的治国理念，是礼治在新的历史条件下的完善与发展。孔丘

---

① 《礼记·曲礼上》。

② 《左传·昭公二十五年》。

③ 《礼记·丧服四制》。

不仅创立了以仁、礼为核心的道德规范体系，而且将道德高度推行到政治领域，提出了"为政以德"①的德治理念，直接将道德作为治国的方略提出，实施"道之以德，齐之以礼"②的综合方案。

德治强调圣君贤人，道德教化。首先要求天子必须是圣君，善于修身，认为"知所以修身，则知所以治人；知所以治人，则知所以治天下国家矣"③。当然，德治的出发点就在于爱民、惠民、教民，即坚持以民为本。德治的功能在于教化，即以德化个人的不良习气、以德化不良的风俗，更重要的是以德化民，所谓仁者爱人。对德的理解有很多说法，如郑玄就是这样注解的："德谓善教。"④《尚书》说："施德于民。"⑤ 法家先驱管仲也对"德"做过说明："爱民无私曰德。"⑥ 德治还要求为官清廉，坚持公正、正义、公平，做到"为官一任，造福四方"。对外，要求"和为贵""和而不同"。总之，德治主张"为政以德""以德服人"。

德治是一种较好的治国理念，但在我国古代却没有单独在一个朝代实行过，而是利用其他治国理念共同治理国家。《唐律疏议》规定："德礼为政教之本，刑罚为政教之用。"也就是说我国古代实行内法外儒的（儒法合流）的治国方略。实践证明，这是我国古代治国方略的最佳方案。如果将德治进行归纳，至少有如下几点值得当今依法治国借鉴：

第一，发挥法治与德治互相配合的治国方略，既注重法治的引领、规范和保障作用，又要求道德的教化、促进功能，将全面依法治国深入推进。

第二，运用德治中的"和为贵""和而不同"思想，将我国和平外交政策发扬光大。

第三，贯彻"德治"理念，与世界人民一道，共同"构建人类命运共同体"，为实现人的全面发展的世界大同的美好境界而努力。

---

① 《论语·为政》。
② 《论语·为政》。
③ 《礼记·中庸》。
④ 《礼记·月令》。
⑤ 《尚书·盘庚》。
⑥ 《管子·正》。

第四，按"中庸"的要求，建设和谐社会，为实现中华民族伟大复兴的中国梦，为实现人民更好的生活而不懈奋斗。

（三）无为而治

"无为而治"是道家的治国理念，是老子首创，由庄周和刘安发展的思想体系，其代表作有《道德经》和《淮南子》。按老子的论证"为无为，则无不治"，并作如下辩证解释："我无为而民自化，我好静而民自正，我无事而民自富，我无欲而民自朴。"① 因此，他希望统治集团"处无为之事，行不言之教"，一切听自然法则支配，他告诫统治者"去甚、去奢、去泰"，主张"不尚贤能，则民不争；不贵难得之货，则民不为盗；不见可欲，则民心不乱"；"是以圣人之治：虚其心，实其腹，弱其志，强其骨。常使民无知无欲，使夫智者不敢为也"。② 刘安在《淮南子》一书中发展和完善了"无为而治"的治国理念，他进一步解释说，"无为"与"无不为"实际上是理想行为方式中具有内在统一性的两个不可割裂的方面。他公开宣称："君道者，非所以为也，所以无为也。"③ "何谓无为？智者不以位为事，勇者不以位为暴，仁者不以位为患，可谓无为矣。夫无为，则得于一也。一也者，万物之本也，无敌之道也。"④ 总之，道家认为，人类社会如同自然规律一样，存在着客观运行的法则。因此，在治国理念中，要顺应社会发展的客观规律，而不应该任意妄为。这就是"无为而治"的真谛。

"无为而治"的基本原则是"人法地，地法天，天法道，道法自然"⑤。这里讲的"自然"是指社会发展的自然规律。有人将这里讲的"自然"比同西方自然法学中的"自然法"，这是一种误解。因为按古典自然法学派的解释，"自然法"是指人类理性的体现，是以客观唯心主义为理论根据的，而道家的"自然"是以朴素唯物主义为理论基础的，不能加以混淆。无为而治是西汉初年的治国理念，当时收到良好效果，出现了历史上的"文景之治"局面。西汉初年，人民经过长年战争，正需要休养生息。当时，因连年战祸，造成人口大减，土地荒

---

① 《老子》。

② 《老子》。

③ 转引自张岂之主编：《中国思想史》，高等教育出版社 2015 年版，第 114 页。

④ 《淮南子·诠言训》。

⑤ 《老子》。

芜，经济十分困难，"天子不能具醇驷，而将相或乘牛车"，① 至于老百姓更是贫病交加，生活十分艰难。在这种条件下，从皇帝、太后到学者与老百姓，几乎都信奉黄老哲学。国家实行"无为而治"，呈现"流民既归，户口亦息，列侯大者至三四万户，小国自倍，富厚如之"② 的大好局面。这与当时贾谊宣扬"德治"、晁错提倡"法治"也有直接关系。正是在"无为而治""德治""法治"的紧密配合下，才能出现"文景之治"的佳境。

毫无疑问，"无为而治"这一治国理念，也是当今推进全面依法治国值得借鉴的本土资源。其一，要求我们遵循社会发展规律，尊重自然，顺从自然，利用自然，防止主观主义，防止扰民。其二，坚持以人民为中心，坚持人民的主体思想，发挥人民群众的主动性与创造性，坚持依法治国依靠人民、为了人民。其三，领导干部要依靠人民，敢于担当，并组织好治理国家的队伍，为实现"两个一百年"的奋斗目标而共同努力！

（四）义治

"义治"是春秋战国时期墨家提出和倡导的治国理念，其创始人墨翟说"天子惟能壹同天下之义，是以天下治也"。③ "兼爱"和"非攻"是义治的政治纲领。"兼爱"是为了社会的"交相利"，"非攻"是为了国家间的"交相利"。墨家认为"兼是别非"，兼爱能够"交相利"，所以兼爱就是"义"，而正义是社会稳定和谐的基础。④ "非攻"就是反对非正义的战争，认为战争将毁灭家园和生产，消耗财富与资源，对社会来说是灾难。但他们支持反侵略的正义战争。他们的结论是"若使天下兼相爱，国与国不相攻，家与家不相乱，盗贼无有，君臣父子皆能孝慈，若此，则天下治"⑤。

主张"尚贤""尚同"，他们认为这是统治者的中心任务。"尚贤"，就是依照公义，推举贤能。"尚同"，指的是"同天下之义"，其中包括秩序、体制、公平、正义等，要求统治者的政策必须符合民意，同时要符合天意。很显然，后半

---

① 《汉书·食货志上》。
② 《汉书·高惠高后文功臣表》。
③ 《墨子·尚同上》。
④ 参见《墨子·兼爱下》。
⑤ 《墨子·兼爱上》。

句受到了"天命论"的影响。

墨家的"义治"重视"法度",认为无论任何工作必须"有法",犹如百工的"为方以矩,为圆以规"。当然,这里讲的"法"是广义的,既包括法律,也包括道德,还包括其他社会规范。墨家的执法原则是:"赏当贤,罚当暴,不杀无辜,不失有罪。"① 墨家强调法必须服务于经济,要求政府制止"三患",即"饥者不得食""寒者不得衣""劳者不得息",致力于"三务",即"国家之富""人民之众""刑政之治"。强调加强经济立法,力求国家富裕。

墨家成员大多系劳动人民出身,且有一定技能。他们"义治"的观点具有进步意义,是我国古代法治文明的精华,是全面依法治国可以借鉴的重要本土法治资源:其一,借鉴其"以天下之义,以天下之治"的精华,与世界各国人民一道,构造人类命运共同体,逐步实现人的全面发展。其二,借鉴其"兼爱""非攻"思想,践行"一带一路"倡议,实现"共商、共建、共赢、共享",实行国家不分大小、强弱、贫富,主权一律平等的全球治理。其三,借鉴其"尚贤""尚同"理念,在全球推进公平正义,促进权利平等、机会平等、就业平等,共同为实现"人民的美好生活"而不懈努力。其四,借鉴其"重法"思想,维护宪法与法律的尊严与权威,享受法律赋予的权利,履行法律确定的义务,特别是领导干部这个"关键少数"更要学法、尊法、守法,切实做到依法办事。

（五）法治

法治作为治国理念的提出,是中华民族的伟大创举,是华夏文明对人类的杰出贡献。早在公元前 685 年,法家先驱、中国古代法理学的创始人管仲在辅佐齐桓公变法时就提出了"以法治国"思想。我国的"以法治国"比西方亚里士多德倡导的法治要早两百多年。法家提出的"法治"不仅有法理学的指导,而且经历了春秋战国时期的多国实践和秦代自商鞅变法至秦始皇嬴政统一中国历经一百多年的历史考验。尽管后来因实行"重刑主义""严刑峻法"和其他原因导致秦代二世而亡,但"以法治国"作为古代法治文明的重要部分是永载于世的,也是当今全面依法治国应该借鉴的法治本土资源。

（1）"以法治国"为法家先驱管仲所提出,并用于齐国改革实践,效果甚

---

① 《墨子·尚同中》。

佳，成就了齐桓公春秋第一霸主的伟业。秦国自商鞅主持变法，日益由弱变强，经过十几代人的共同努力，由秦王嬴政横扫六合，最终建立了中央集权的统一的多民族国家。历经数千年，中华民族始终屹立于世界的东方。中国古代法治虽然与现代法治有所不同，但具有独树一帜的业绩，而成为我国古代治国理念之一，是全面依法治国合理借鉴的重要本土资源。

（2）"以法治国"就是"以法为本的法、术、势相结合的科学体系"。"以法为本"是该体系的根本，因为"法所以为国也，而轻之，则功不立，名不成"①，所以"明法者强，慢法者弱"②。正如俗话所讲：国无法而不治，民无法而不立。具体说，法体现统治阶级的意志，反映统治阶级的物质生活条件，维护社会秩序，捍卫国家的安全。至于"势"，就是强调法的权威，人们敬畏和服从法的权威，享受法确定的权利，履行法规定的义务。"术"就是要讲究策略和方法，团结、组织广大人民群众，依照法律的引导从事各项工作。

（3）"以法治国"要推动社会的发展，在当时就是废除"世亲世禄"制度，废井田，开阡陌，实现"富国强兵"，促进经济发展和社会进步。这一思想帮助秦国国力变强，最终实现灭六国、统一中国的目标。毫无疑问，凡是推行法治，主张变法的主体，都获得了进步，最后在统一的国家中实现了共同发展。

（4）"以法治国"实行"以法为教、以吏为师"，普及法制教育，弘扬法治精神，主张公平正义。正如《战国策》所描述的："商君治秦，法令至行，公平无私，罚不讳强大，赏不私亲近，法及太子，黥劓其傅。"③ 就是说，强调在适用法律上一律平等。主张："刑过不避大臣，赏善不遗匹夫"④，并提出了"法不阿贵"⑤ 的口号。

（5）在"以法治国"的实践中，"治民无常，唯治为法。法与时转则治，治与世宜则有功"⑥。鉴于社会在发展，时代在变化，因此，要求"法后王"，而不

---

① 《韩非子·安危》。
② 《韩非子·饰邪》。
③ 《战国策·秦策一》。
④ 《韩非子·有度》。
⑤ 《韩非子·有度》。
⑥ 《韩非子·心度》。

要"法先王"。就是说，要使法律跟上时代潮流，推动历史发展。

（6）强调"以人为本"，这是管仲在变法时提出的，并为历代所沿袭，形成"本固邦宁"的历代格言。如果法治不以人为本，就失去了价值目标，而成为盲目之举，这是法家的经验，也是严重的教训。

分析、总结和借鉴"法治"这一行之有效的治国理念，至少有下列几点值得当今全面依法治国作为本土资源予以借鉴：

第一，弘扬法治精神，奠定依法治国坚实的思想基础。我国古代法家的突出之处，就是全民学法，普及法制教育，在"以法为教、以吏为师"的方针下，当时的秦国，全民学法、用法，尤其是管理不仅严格执法、守法，而且是地道的法学教师。这一点值得我们借鉴。干部，尤其是领导干部，要提高法治思维和法治方式的水平，使全国成为普及法制精神、遵守法律规则、维护公平正义的大学堂；树立牢固的依法办事、人人守法的思想基础。

第二，法治要适时而变，更好地反映客观规律，适应时代潮流。这不仅是借鉴我国古代治国理念的需要，更是发挥法治强大生命力和活力的客观要求。我们要参考商鞅、韩非等法家人物强调的"法先王"的做法，使我们当今的法律更能反映客观需要和符合时代要求。

第三，法家在"法治"中强调指导思想的正确性。我们要借鉴这一做法，坚持以习近平新时代关于法治思想的论述为指导，按照 2018 年中共中央全面依法治国委员会第一次全体会议的要求，认真贯彻"十个坚持"，做好有关各方面的工作，把全面依法治国深入推进。

第四，发扬法家的不断进取的精神。当前应把构建社会主义法治体系作为总目标，坚持依法治国、依法执政、依法行政共同推进；坚持法治国家、法治政府、法治社会一体建设，为建设社会主义现代化法治强国而不懈努力！

第五，当然，法家强调"重刑主义""以刑去刑"的严重教训，告诉我们，在宣扬社会主义核心价值观的过程中，要认真处理好人民内部矛盾，将各种矛盾化解在萌芽之中。严格落实十个《刑法》修正案，坚持宽严相济的刑事政策方针，正确处理改革与法治、稳定与法治的关系，确保法治在国家长治久安的轨道上前进。

（六）共治

我国古代的治国理念很多，但基本上没有单独实施过，而是采取几种治国理念共同治理国家的方案，这是中华法治文明的精华，是维系中华民族国家统一经久不衰的精神支柱，也是中华民族对世界的重大贡献，是人类文明史上的伟大创造。早在公元前 11 世纪，周公在立国之初，就提出了"共治"的基本思想，实施礼乐政刑、综合治理的重大决策，把德、法、义三者联系在一起，开辟了中国古代德、法、义共治的先河，维系了周代特别是其早期的天下太平的社会秩序。即使到了春秋战国，法家先驱管仲在"以法治国"的创举中，也强调了德、法、义的有机结合，他建议春秋首霸齐桓公发出了以周天子为天下共主的号召，提出了"礼义廉耻，国之四维"的道义观念，并把它视为国家兴亡的重要因素。秦代实行"以法为教、以吏为师"，推行"以法治国"，建立了中国历史上第一个统一的中央集权国家。但在商鞅变法时期，也重视人的信用和法的公平无私，他不仅导演了"徙木立信"的故事，而且还实行过公平无私的法的适用。《战国策》对商鞅变法有过这样的评价："商君治秦，法令至行，公平无私，罚不讳强大，赏不私亲近。"① 就是说，在商鞅那样强调法治的时代，也不忘公平正义的道德因素。当然，到汉武帝采用董仲舒的"罢黜百家、独尊儒术"后，儒家的德治理念曾兴旺一时，可是很快实行儒法合流，到汉宣帝时，他便公开宣称其治国理念是"霸王道杂之"。从此，不仅儒法两家共同治国，而且还将道家、墨家的治国理念也联系起来。下文，以"文景之治"和"贞观之治"来阐明共治。

（1）"文景之治"，是无为而治与法治、德治三家共治的结果，是中国古代"共治"理念的典型之一。西汉初年，由于连年战争，土地荒芜，人口大减，汉文帝信奉黄老哲学，采用"无为而治"的治国方略，并将贾谊坚持的"德治"和晁错提倡的"法治"紧密配合，取得了长治久安的效果。"文景之治"以老子思想为基础，以黄帝治理为旗帜，综合儒、法、名、墨之长，融合老子的道论，形成了独树一帜的治国理念，其既不像儒家的"礼义制度"，又吸收了儒家的"爱民""德治""仁义礼智信"之类的伦理观念；既不像法家极端专制，又包含了维护皇权的内容；既不像老庄那样偏重于"无为而治"，又发挥了他们倡导的

---

① 《战国策·秦策一》。

"无为无不为"的理论。这种治理方式，正适合汉初与民生息的政治需求。当然，"文景之治"实际上源自于刘邦建立西汉之后的治国之术，把恢复农业生产、稳定社会秩序放在首位，如分给农民土地、安置流民等。文景两帝继承和发展了刘邦的治国理念与方略，不但使户口繁息，农业、商业呈现一片繁荣景象，尤其在法治建设上取得了长足的进步。中国古代一项重大的法治文明举措"废除肉刑"就是在汉文帝时期开始的，平定"七国之乱"也是在这个时候拉开序幕的。"文景之治"中一例例依法办事的故事也是在这个时期出现的，如张释之执法严明，汉文帝对草菅人命的国舅处以极刑等。

（2）"贞观之治"最大的亮点是"以法治国"。李世民坚持法家观点，充分发挥法律作为治国的重要方式。他弘扬法治，反复强调："法者，非朕一人之法，乃天下之法。"又说："法，国之权衡也，时之准绳也。权衡所以定轻重，准绳所以正曲直。"他不仅这样描述法，而且带头严格执法，并敢于纠正自己的错误。如他因错杀张蕴古而钦定死刑"五复奏"；又如大理寺少卿戴胄依法断案获得了唐太宗的称赞等。唐太宗强调："为国之道，必须抚之以仁义，示之以威信。"又说："朕今所好者，惟在尧舜之道，周孔之教，以为如鸟有翼，如鱼依水，失之必死，不可暂无耳。"[1] 在唐太宗影响下，朝廷大臣大多重视道德仁义的教化作用。由于坚持德治，感化了少数民族，形成了空前的民族大团结。

（3）"贞观之治"，"民为邦本，本固邦宁"。唐太宗坚持"以人为本"理念有两个含义：一是关注民生，他在教育王子时强调："舟所以比人君，水所以比黎庶，水能载舟，亦能覆舟。尔方为人主，可不畏惧？"他严格要求子孙，要爱护百姓，尊重百姓，关注民生，爱民如子，减少人民税赋。二是尊重人才，强调"为政之要，唯才得人"，"能治天下者，唯在用得贤才"。

（4）"贞观之治"的显著特征就是重视人的生命，要求凡判死刑的案件，由过去的"三复奏"提升为"五复奏"。贞观五年，相州有个名叫李好德的浪子，据说他少时认识李世民，但他经常胡说，触犯朝廷法度。太宗李世民曾下令以妖言惑众的罪名将他关押。当时，掌管刑狱的大理寺丞张蕴古审理此案时，通过调查，认为李好德患有癫狂病，是个疯子，依律不能定罪。太宗听了汇报后，便下

---

[1] 《贞观政要·慎所好》。

令释放了李好德。可是，在发出诏令前，张蕴古将消息告诉了李好德，并与李好德下了一盘棋。事后，御史上告，李世民一怒之下，立刻下令处斩张蕴古。事后，太宗醒悟，认为张蕴古的确有罪，但罪不至死。第二天上朝，他首先作了反省，认为自己下令处斩是个错误。法官与犯人下棋有罪，但罪不至死，把不该杀的人杀了，显然不对。以后凡是判处死刑，由原来的"三复奏"改为"五复奏"。就是说，凡是要处决的人犯，要报告皇帝五次，这显示了在"贞观之治"时期对人的生命的重视。这一案例为历代效仿，死刑"五复奏"便成为了法律制度，对我们依法治国有着重要的借鉴意义。前些年由中央复查的几个死刑案就是这样被平反的，要使司法成为主持公平正义的最后一道防线。尽管迟到的正义有些遗憾，但使受害者获得自由、受到抚慰毕竟是件好事，是执行依法治国的结果，能够引起人们尤其是司法机关工作人员的高度注意。

　　总之，这种"共治"的治国理念，好处甚多。正如《唐律疏议》在"名例"中总结的那样，贞观的治国理念是"德礼为政教之本，刑罚为政教之用"。唐律将德礼与刑罚的互补以及"义治""无为而治"配合使用，形成了独创的"共治"治国理念，并将其比喻为"昏晓阳秋"，形成所谓"犹昏晓阳秋，相须而成者也"① 的局面。"贞观之治"还有一个特点，就是运用儒家"和为贵""和而不同"和中庸之道，实行和平外交政策，使当年的长安成为世界贸易中心，外国人最多的时候达数万人。周围邻国都相继来朝，使当时的唐朝成为亚洲的政治中心。

　　研究我国古代治国理念与方略，"共治"的借鉴意义很大，至少有四点：其一，借鉴其儒法并用的经验，对践行"社会主义核心价值观"有实践意义，使爱国、爱集体与勤俭持家、尊老爱幼有机结合起来，有利于切实贯彻 2018 年 5 月中共中央印发的《社会主义核心价值观融入法治建设立法修法规划》。其二，借鉴多种治国理念"共治"经验，结合当今实际，实行以法治为治国理政基本方式的综合治理，坚持党委领导、政府负责、公众参与、社会协同、法治保障为原则，把全面依法治国在实践中深入推进。其三，在国际上，坚持和平外交政策，与世界人民一道为"构建人类命运共同体"而贡献中国智慧。其四，最重要的

---

① 张晋藩：《论中国古代的德法共治》，载《中国法学》2018 年第 2 期，第 104 页。

是，"共治"能博采众家之长，互相配合、相互作用，既发挥了法治的引领和规范作用，又发挥了德治的道德教化作用，更发挥了人民的主体作用，将全面依法治国推向了崭新的阶段——良法善治阶段。

第二节　关于法的公理

近年来，中国法学会领导在报告中，提及法理学作为"法理之学"的学术本质尚未充分彰显，这是值得我们法理学界思考和关注的重大课题。我们认为，法理学的研究对象就是"法理"，法理包含两个相互联系的部分：一是法的原理，二是法的公理。我国古代法理学在这两方面给我们提供了很大的启示。就是说，我们的先辈不仅揭示了法的原理，也揭示了法的公理。原理已在第一节有所涉及，这里仅介绍我国古代法学家对法的公理的揭示和阐发。

一、以人为本

"以人为本"，这是我国古代法家的理论，更是中华法治文明的精华。它是维系中华民族五千年文明经久不衰的精神支柱和内生动力。据考证，"以人为本"这四个光耀千秋的大字，是法家先驱辅佐齐桓公进行改革，成就了春秋第一霸主伟业的著名法学家管仲提出来的。

齐国在公元前 600 多年进行改革，管仲提出了"以人为本"的理念。在实施的过程中，管仲对齐桓公说："君若将欲霸王举大事乎？则必从其本事矣。"桓公变躬迁席，拱手而问曰："敢问何谓其本？"管子对曰："齐国百姓，公之本也。"① 又在以后的著述中继续说："夫霸王之所始，以人为本。"当然，"以人为本"是有深厚的渊源的，据说在我国最早的历史文献《尚书》中便可找到它的来源，即"皇祖有训，民可近，不可下，民惟邦本，本固邦宁"。② 自管仲起，"以人为本"为历代所沿袭，不少人还把它与"以法治国"联系在一起。孔子对管仲提出的"以人为本"曾给予高度评价，他说："管仲相桓公，霸诸侯，一匡

---

① 《管子·霸形》。

② 《尚书·五子之歌》。有不少人认为，《尚书》有可能系后人所作。

天下，民到于今受其赐。微管仲，吾其被发左衽矣。"① 管仲的人本思想，被后世法家所继承，韩非等法家人物十分尊重人的生命价值，十分珍惜"乐生"。韩非说过："治世使人乐生于为是，爱身于为非，小人少而君子多。故社稷常立，国家久安。"② 法家为了坚持"以人为本"，主张社会改革，并亲自参与变法，发展社会经济，改善人民生活，力图富国强兵。

儒家与法家是观点对立的两个学派，但在对待"以人为本"这个重大问题上，却都有异曲同工之妙。其实，他们有着千丝万缕的联系，法家有些人是从儒家阵营走出来的，有的还是师生，有的本身就有两家观点，如荀况等。因此，儒家对"以人为本"不仅赞同，还有所发挥，如孔丘的"仁者爱人"，孟轲的"民贵君轻"。更重要的是汉宣帝后，中国历代王朝的治国理念都是儒法共治（儒法合流），因此，"民为邦本""本固邦宁"成为国家治理的共同理念。当然，因历史的局限和阶级的偏见，它们不可能完全执行，但它作为我国法治文明的精华，作为法之公理的真理是永放光芒的。"以人为本"缔造的"贞观之治"是名扬千古的。

当然，本书的重点不仅在于赞扬"以人为本"这一至理名言和治国理念，更重要的是在于说明它是法之公理，从法理上揭示其科学性和现实性。"本"者，根基，主体也。在器用意义上，"本"为不可离却的基础、来源或凭据。在本体意义上，"本"是指事物的内核、主体。管仲向齐桓公提出的"以人为本"，是指人是"以法治国"的主体，是指"民"在法理上的特殊意义，认为在法治的国度里，"民"是永恒的主体，不可替代、不可转让、不可分割的主体。管仲这一远见卓识，在2400年后的马克思那里得到了科学的说明，在2600年后的中国特色社会主义法治国家得到了证实。马克思的名言"人是主体，也是目的"是颠扑不破的真理。

人和法，人民与法治，有着不可分离的内在联系。人不仅是国家之本，也是法律之本，人本法学是法理上的必然结论。人是法理之本，特别是法治之本，这被中共中央全面依法治国委员会在成立大会上所确认，明确在"十个坚持"中，

① 《论语·宪问》。
② 《韩非子·安危》。

即"坚持人民主体地位"。这是对"以人为本"这一科学理念的升华。人是法律（治理）之本，这是不以人的意志为转移的客观规律的必然要求。因为法律是人的行为规则的总称，法治是人民依照法律治理国家的行为规则体系，所以法律离开了人，法治离开了人民，既没有存在的必要，也没有存在的可能。人是法律之本，不仅体现了人是法律的主体，也体现了人是检验法律好坏，即良法与恶法的标准，还体现了人是法律的最高价值，即"尊重与保障人权"。因此，从"以人为本"的公理中，可以引申出"人本法律观"这一法学科学体系。

"以人为本"作为法学的中心，作为法律的主体，实际上是人类的共识，且不说西方的人文主义法学派，就是在哲学领域，也是公认的真理。古希腊著名哲学家提出"人为万物的尺度"，随后的著名思想家进一步发挥，倡导"认识你自己"。从此，他们把从主观主义的"个人"提升为客观主义的"人类"。当然，最明显的人本主义思潮出现在 14—16 世纪的意大利，特别是人文主义学派以人性否定神性，以人道反对神道，用人权批判神权，用个性自由取代封建专制，将人提到了新的高度，后期的费尔巴哈更是以人本主义者自居。总之，他们从人性解放出发，强调了人本主义。尽管他们讲的人本主义与我国古代的"以人为本"有一定差别，但从颂扬人的价值和人在法律中的地位来讲，基本上是一致的。因此，确定"以人为本"为法的公理，在这个结论上应该说是公认的。正因为如此，马克思和恩格斯对西方的"文艺复兴"给予了较高的评价，认为那是一个产生巨人的时代，"是人类以往从来没有经历过的一次最伟大的、进步的变革"①。因此，可以说"以人为本"不仅是中国古代法理学阐发的公理，也是中华民族和全世界公认的公理。

二、天人合一

钱穆先生在其生命垂危之际，曾口述了《中国文化对人类未来可有的贡献》一文，对中国古代的"天人合一"理念，作了全新的解释和高度的概括，即"天人合一论，是中国文化对人类最大的贡献"。并说"惟到最近始澈悟此一观念实是整个中国传统文化思想之归宿处"。这一科学的判断，得到了学界的一致

---

① 《马克思恩格斯文集》（第九卷），人民出版社 2009 年版，第 409 页。

响应，从季羡林先生到李慎之、蔡尚思、周汝昌等著名学者都认为，这是对传统文化的新认识，意味着一个新时代，即中华文化复兴的时代已经到来。

的确，对"天人合一"的认识，在中国古代历经了一个漫长的过程，儒家、法家、道家几家都有过论述，既是中国传统文化的瑰宝，也是中国古代法理学确认的法之公理。据学者考证，"天人合一"思想渊源为《周易》。它指出："古者包牺氏之王天下也，仰则观象于天，俯则观法于地，观鸟兽之文与地之宜，近取诸身，远取诸物，于是始作八卦，以通神明之德，以类万物之情。"① 这段话的意思是：人类文明起源于自然界的法则与规律，人们通过观察和模仿大自然而形成的社会秩序与规则。《辩》通篇都是通过这种形式的阐述，使天、地、人三者不断交流、融合，人与天地万物同生息、同命运，最后形成并达到"天人合一"的境界。清代学者胡煦指出："《周易》非占卜之书也，浅之则格物穷理之资，深之则博文约礼之具，精之则天人合一之旨。"②

春秋战国时期，庄周提出："天地与我同生，而万物与我为一。"③ 到了汉代，"天人合一"的理念有了新的发展，不仅有司马迁的"究天人之际"，也有董仲舒的"天人感应""天人一也"的说法。当然，《礼记·中庸》则对"天人合一"理念作了进一步发挥。总之，"天人合一"理念是中国古代文明的精华，也是中国古代法理学认可的公理。当然，由于历史条件的局限和人们认识能力的局限，尽管当时提出了"天人合一"这一科学命题，但人们对其认识还不足。直到近代随着科学的发达和唯物论的阐述，特别是法学与生态学之间，很自然形成了结盟关系，儒学也随之转向。我认为，历史上的"天人合一"分三个阶段：第一阶段是诸子百家"天人合一"思想的形成；第二阶段是将"天人合一"内化为人生的实践阶段；第三阶段就是"天人合一"与生态发展的科学状态和社会秩序法治化的阶段。"天人合一"就是强调人与自然界要和谐统一、互相补充，人的发展要顺应自然、促进自然，形成并构建人类命运共同体，共同建设好人类同在的"地球村"，建设绿色的人类家园。我们应当在以下几个方面来适应"天人

---

① 《黄侃手批白文十三经》，上海古籍出版社 1983 年版，第 45 页。
② 胡煦：《周易函书约存·序》（第二册），中华书局 2008 年版，第 463 页。
③ 《庄子·齐物论》。

合一"。第一，弘扬绿色精神，在顺应自然中，满足人民对美好生活的愿望。第二，理论联系实际，坚持绿水青山就是金山银山，为中华民族伟大复兴而奋斗。第三，践行"天人合一"理念，与世界人民共同构建人类命运共同体。第四，实现"一带一路"倡议，在共商、共建、共享、共赢中促进人的全面发展。

三、天下为公

"天下为公"一词源于《礼记·礼运》。该书引用孔子之言，在论述"大同"思想时，明确提出"大道之行也，天下为公"①。其实，先秦诸子百家，几乎都有论述，讲得最多也最深刻的还是法家。在中国古代政治史、法制史上，"公"本是一种君主的称谓或大地区首长的封号或自称。因此，春秋时期便有了五霸之称，第一霸便是法家先驱管仲辅佐的齐桓公。法家主张君主集权，为了避免君主把国家利益霸占为私，为了解决公私矛盾，于是法家提出要立法制、守法令；君主应奉法废私，以公义驾驭天下，提倡公利至上，从而形成了"公天下"或"天下为公"的说法。正如法家慎到所讲："古者，立天子而贵之者，非以利一人也。曰，天下无一贵，则理无由通。通理以为天下。故立天子以为天下，非立天下以为天子也。"② 商鞅说得更为具体："故尧舜之位天下也，非私天下之利也，为天下位天下也。"又说："故三王以义亲，五霸以法正诸侯，皆非私天下之利也，为天下治天下。"③ 道家和墨家也有类似观点，他们一致把国家称为"天下"，都称赞"天下为公"。因此，"天下为公"实际上已成为诸子百家的共识，成为中华文明的精华。当然，法家的观点最精辟、影响最大，事实上后来业已建立了统一的多民族国家。"天下为公"已奉为至理名言。正因为如此，孙中山先生才亲书"天下为公"的匾额悬挂于临时大总统府内。

"天下为公"为历代法家运用于法学领域，如西汉张释之说："法者，天子所与天下公共也。"东汉王充也说过："法乃天下之名器也。"李世民则说得更清楚："法者，非朕一人之法，乃天下之法。"宋代大儒欧阳修大声疾呼："法者，

---

① 《礼记·礼运》。
② 《慎子·威德》。
③ 《商君书·修权》。

天下之法也，岂容个人之好恶乎！"明清时期著名法学家黄宗羲公开主张：以"天下之法"取代"一家之法"。清朝法律改革家沈家本说得更加明白："法者，天下之程式也，万事之仪表也。"总之，法家生动地把"天下为公"与"法律""法治"直接结合起来，使"天下为公"这一理念在法的领域得到实际运用，力图使"天下为公"形象化、法律化。

对于"天下为公"这一理念的科学内涵，汉代郑玄解释道："公犹共也，禅位，不家之睦亲也。"唐代孔颖达注释为："天下为公，谓天子位也，为公谓揖让而授圣德，不私传子孙，即废朱、均而用舜、禹也。"宋太祖公开宣称：天下为公是指"非一人之天下，唯百姓之与能"。① 在当时的时代背景下，"天下为公"首先就是立君为公，主张以法令立"公义"，以法治行公道。尽管打出"公天下"旗帜以法家为先，但"天下为公"是诸子的共识。其次，选贤任能，才能实现"天下为公"，因为天下非一朝一代所固有，君权不可一家一姓所独占，最高权位拥有者应实行选贤任能制度。最后，"天下为公"的核心要义应该是以人为本，本固才能邦宁，"天下为公"要实现保民、安民、护民。

当然，按照历史唯物主义的理论与实践，"天下为公"最本质的东西，是体现人民的意志，保护人民的利益，实现"人民对美好生活的向往，就是我们的奋斗目标"。也就是人们经常要求的：为了人民、依靠人民、保护人民，一切以人民利益为最高准则，以社会公平正义为价值目标。在法治领域，就是以人民是否满意作为评判标准，最终实现人的全面发展。

四、社会和谐

"社会和谐"是中华传统文化的重要组成部分，也是中国古代法理学所推崇的重要理念。据考证，"和谐"精神，源于古籍《周易》。这部号称"十三经"之一的古籍，内容极为丰富。它所描述的宇宙就是一个生生不息的物质世界，"和谐"既是一种本体论的客观实在，也是一种价值追求。先秦诸子百家的先哲，首先是儒家对"和谐"精神作了充分的阐述，如孔夫子的"和而不同""中庸之

---

① 张分田：《"天下为公"是中国古代的统治思想》，载《阴山学刊》2003 年第 3 期，第 59 页。

道"等著名观点，在中国传统文化中影响最广。法家学者则从法理上对社会和谐作了极为深刻的论述，为法学成为科学殿堂，特别是社会科学的基石奠定了理论基础。

首先，在法家，即当时律家看来，法律本身就是"和谐"的标志和体现，或者说法律就是一种和谐。我们自商鞅变法开始，就称"法"为"律"，是为"秦律""汉律"等。为什么叫"律"，据《说文解字》解释："灋（及汉语古体字），刑也，平之如水，从水；廌，所以触不直者去之，从去。"① 至于律，据《尔雅·释法》记载：在秦汉时期"律"与"法"二字已同义，都有常规、均布、划一的意思。其实，"均布"是一种钟，有调音的功能，达到规范化一，即协调的作用。这就是说，法律本身既有公平正义的含义，也有规范化一的功能，法律本身就是社会和谐的体现和标志。因此，我国古代法家说："法者，天下之程式也，万事之仪表也"（管仲）、"法者，国之权衡也"（商鞅）。

其次，法律是构建社会和谐的基石。法律对社会和谐起着重要的引领作用，它是构建社会和谐的基石。因为法律是社会的调节器，它通过规范调解人们的行为，明确告诉人们哪些行为可以做，哪些行为必须做，哪些行为禁止做，给人的行为以指导，界定人行为的界限，使人们的相互关系处于和谐之中。如中国古代的契约，在中间书写一个"中"字，示意居中，既合又同，具有明显的和谐之意。

更重要的是，法律确定了社会的公平正义，维护社会的安定秩序，促使社会安宁。因此，人们总称宪法为"治国安邦"之法，是"治国安邦"的总章程。它明确了每个公民的权利义务，是每个公民的行为准则，特别是其中的民主法治基本原则和程序，促使人们安分守纪、和平相处。如果有人违犯，法律将予以惩罚。就是说，法律能惩恶扬善、维护正义。

事实上，法律本身就是人们相互之间的一种契约，是维护权利和公平正义的契约，既是对权利的确定，也是一种相互谅解与妥协，其强调人们相互之间要和谐共处。所以马克思说法律的最初形式就是以契约的形式出现的。因此，我国古代法家关于法与和谐的论述，是符合马克思主义基本原理的。这不是偶然的巧

---

① 许慎：《说文解字》（影印本），中华书局1963年版，第202页。

合，而对法的公理的共同认可。因此，我们古代法理学是全面依法治国应该吸收的"法治本土"资源。当然，其关键在于要与中国当代实际相结合。

五、诚实守信

诚实守信，是中华民族的美德，是华夏文明的优秀传统；同时，也是法的公理。在法学领域内，诚实守信则是法学家的共识，是法律事件的合法前提。就是说，法学家不认可虚伪的理论，法律实践否认虚假行为的合法性。首先，从立法环节来看，最重视立法的信用，重视立法的公信力，我国古代便有立法先立信的格言。商鞅为了忠于立法的公信力，还专门导演了"徙木立信"的故事。据史书记载：商鞅为了使百姓相信其变法的可信度，特地在首都咸阳的南门立了一根木头，旁边则贴有一张布告，写道：谁能将该木头从南门搬到北门（约两公里），悬赏十金。当时没有人相信是真的，便迟迟没有应者。一个时辰后，商鞅便增贴一张布告，把十金增加为五十金。结果，重赏之下必有勇夫，有人将木头从南门扛至北门。这时，只见商鞅在北门守着，当场把十金赏给扛木头那名男子。于是，这事在咸阳乃至秦国便传开了，商鞅说话算数，树立了权威，赢得了法律的公信力，为改革变法的顺利进行扫清了障碍。毛泽东同志在青年时代离开韶山去外地投考时还专门就此事写了一篇《商鞅徙木立信论》的文章，审卷老师给了该文满分，一是表扬他的文才，二是夸赞其文章的深度。事实上，毛泽东同志这篇文章不仅赞扬了商鞅作为法学家的气魄和担当，而且也说明了"立法必须先立信"的道理；最后还评价了商鞅变法的进步性，并赞赏说"商鞅之法，良法也"。①

至于在司法实践领域，诚实守信则更为重要。民法否认虚假行为的合法性，刑法则将欺诈行为作为犯罪处理。至于法官的诚实可信程度，要求更为苛刻，法官的任何假公济私、贪赃枉法、出入人罪行为，都将受到严厉制裁。如秦律规定，法官入罪者，同坐，即判错五年，则法官坐牢五年；出罪者，即放错人，被放者应判四年，则法官减半，即判两年。

事实上，历代法学家都强调诚实守法的重要性和科学性，如子产"铸刑

---

① 《毛泽东早期文稿》（1912.6—1920.11），湖南出版社1990年版，第1页。

书"、邓析造"竹刑",既是为了改革的需要,也是为了打破统治者宣扬的"刑不可知则威不可测"的极端恐怖气氛。继而代之以法律公布于天下,使老百姓知法守法,而不受统治者的欺诈和恐吓,从而有利于改革与变法的推进。

应该说,除法家外,儒家、道家、墨家都重视"诚实守信",并将其奉为中华文明的重要内容,是中华文明的传家宝。"诚实守信"这一法的公理,在中华法治文明已有普遍影响,是全面依法治国合理借鉴的重要本土资源,更是"社会主义核心价值观"法治化的思想基础,对于弘扬诚实守法精神,见诸法治实践具有直接的现实意义。总之,我国古代就有崇仁爱、重民本、守诚信、讲辩证、尚和平、求大同等思想,其中就有很多有价值的内容。

第三节　中国古代法理学中的六大论争

春秋战国时期是我国古代大动荡、大变革、大调整的年代,是中国从奴隶制向封建制过渡的历史阶段,呈现"百花齐放,百家争鸣"的思想解放现象,各种思想与理论应运而生,诸子百家相互争鸣,其中影响最深的就是法理学领域的六大论争。当然,这些论争大都延续至整个封建社会。

一、关于法律是否公开的论争

在以"礼治"为治国理念的奴隶制社会,法律是神秘的,不允许公开,所谓"刑不可知而威不可测"是当时的警世格言。时值公元前536年,晋楚两国争霸称雄,而在其中的郑国,不仅弱小,而且左右为难。当时,已在郑国执政20余年的大夫子产,励精图治,进行改革,按法家要求将他制定的新刑律铸在鼎上,公布于众,受到群众欢迎。这一重大改革,是对传统"礼治"的一个重大突破,引起各国,特别是郑国奴隶主贵族的反对与谩骂,其典型代表就是郑国的另一个大夫叔向,他在写给子产的公开信中说,"先王议事以制,不为刑辟,惧民之有争心也。民知有辟则不忌于上",又说"民知争端矣,将弃礼而征于书,锥刀之末,将尽争之。乱狱滋丰,贿赂并行,终子之世,郑其败乎"。子产当时回绝叔向的指责和分析,说:"侨不才,不能及子孙,吾以救世也。"意思是说,铸刑法是郑国形势发展的需要,这样做正是为了挽救国家的衰亡。这场争论很快扩大到整个华夏各诸侯国。儒家大师孔夫子，也为此专门发表了意见。据《左传·昭公二十九年》记载："冬，晋赵鞅，荀寅帅师城汝滨，遂赋晋国一鼓铁，以铸刑鼎，著范宣子所为刑书焉。仲尼曰：'晋亡之乎！失其度矣'。"很显然，孔丘将铸刑鼎一事升级为国家兴亡之事。事实上，法律是否公开，是关系到以什么方式治理国家的大事，直接涉及国家的兴亡。因为法律一公开，会使当时的统治阶级丧失一个法宝：愚民政策。而这正是奴隶社会鼓吹"天命"的要害所在。问题是法律一公开，便使"法的威不可测"这个统治手段失灵。这也是文明社会的重要特征，法律公布于众，家喻户晓，便于法律的执行与适用，严格地讲这不仅有利于社会的进步，也有利于统治阶级维护社会秩序，是有百利而无一害的。这场法律是否公开的争论，也是一场法律启蒙教育，有利于法理学与文明的进步，所以后来在秦国便出现了"以法为教，以吏为师"的局面，推动了当时社会由奴隶制向封建制的过渡。

法律是否公开，这是人类法治文明的重要前提和基础。中国在公元前600多年就肯定了法律公开，这是中国古代法理学对人类的杰出贡献。这一可贵的法治本土资源，将法律公开和法律公正，公平结合，直接引领当代中国正在推行的"全面依法治国"的光辉实践。

二、关于法律的发展方向之争

春秋战国时期乃至整个中国古代社会，法理学界围绕法律的发展方向展开了长达几十年的论争。争论的焦点是法律的发展方向，是向后看还是向前看的问题。具体表现为"法先王"与"法后王"之争。这里的"法"字，作动词解，是指"效法"的意思，即效法先王（尧、舜），还是效法后世（应适时要求）。法先王，其含义较广，不只是指法律，还包括制度、品性和治国方式。最早提出"法先王"一词的是儒家创始人孔夫子，孟子对此又有了发展，其重点是指效法尧舜的治国方式和禅让方式，因此，孟子"言必称尧舜"① 就是"法尧舜"，还有禹、汤、文、武和周公。因此，孟子强调："遵先王之法而过者，未之有

---

① 《孟子·滕文公上》。

也。"① 他认为"先王之道"是王道政治，"先王之法"是天统的良法，也是尽善尽美之法。所以他说："我非尧舜之道，不敢以陈于王前。"② 很显然，孟子讲先王之治，是全面的，是指国家各方面的制度，特别是"禅让"制度。并认为这种制度是得到"天"同意的。他具体指出，尧禅舜，舜禅禹以及汤征桀，武王伐纣，都是上天赞同的。

　　到了战国阶段，法先王与法后王则进一步作出狭义的解释，在实践中，所谓"法先王"就是效法先王的法律制度，俗称"王道"。而"法后王"，是指法律要随着形势的发展变化，而有所变化，俗称"霸道"。商鞅变法的初期，使法律发展方向之争达到高潮，商鞅与齐国的保守势力关于"法先王"与"法后王"之争达到新高潮，不仅使"法先王"与"法后王"表面化、激烈化，而且将"法先王"与"法后王"的含义缩小为法律的发展方向之争，局限于法律是否要适应社会的需要。这在商鞅与杜挚之间，根本没有妥协的可能。据古籍《商君书》记载：秦孝公有一次正在与大臣们谋划"治国之道"。商鞅讲："法者，所以爱民也；礼者，所以便事也。是以圣人苟可以强国，不法其故；苟可以利民，不循其礼。"③ 意思是说：法令，是用来保护百姓的。礼制，是使人们行事适宜、恰当的。所以圣人如果能令国家强大不必效仿旧法，如果法律有利于百姓，不必因循古礼。保守势力的代表甘龙当即反驳："不然。臣闻之：圣人不易民而教，知者不变法而治。因民而教者，不劳而功成；据法而治者，吏习而民安。今若变法，不循秦国之故，更礼以教民，臣恐天下之议君。愿孰察之。"④ 他说完后，秦孝公当即表示赞同商鞅观点，反对甘龙的说道。商鞅也对甘龙的观点作了有力的反驳："子之所言，世俗之言也。夫常人安于故习，学者溺于所闻。此两者，所以居官而守法，非所与论于法之外也。三代不同礼而王，五霸不同法而霸，故知者作法，而愚者制焉；贤者更礼，而不肖者拘焉。拘礼之人，不足与言事；制法之人，不足与论变。君无疑矣。"⑤ 这意思是说，你所讲的这些话，是一般世

---

① 《孟子·公孙丑下》。
② 《孟子·离娄上》。
③ 《商君书·更法》。
④ 《商君书·更法》。
⑤ 《商君书·更法》。

俗所言，固守常规之人，固有旧有习俗，老学究拘泥于他的道理。通过这场大辩论，秦孝公才采纳商鞅"法后王"的建议，立即进行变革。以后，秦国经过几代人的努力，终于改革成功，到秦始皇时，终于统一了中国。"法先王"与"法后王"为历代改革的效仿。如王安石改革、张居正改革和戊戌变法均经历过争论。

三、关于法律的价值之争

自春秋战国时期开始，中国法理学上就对法律的价值展开了激烈的论争，通过论争，到汉宣帝才采用"霸王道杂之"的治国战略，得到了统一认识，认为法律首先要符合"正义"，同时必须要保障人们"利益"，使法的价值既弘扬社会正义，更要保护人民利益，使两者有机统一起来。

事实上，"义"与"利"之争，是中国古代法理学争议很大的问题，从春秋开始，儒家代表孔丘，特别是战国时期的孟轲，在会见梁惠王时有段对话很经典。王曰："叟不远千里而来，亦将有以利吾国乎？"孟子对曰："王何必曰利？亦有仁义而已矣。王曰：'何以利吾国？'大夫曰：'何以利吾家？'士庶人曰：'何以利吾身？'上下交征利而国危矣。"① 这段话，代表了当时儒家的法律价值观。就是说儒家强调的是"义"。这里讲的义即"正义"，在当时具体是指道德。但与儒家不同，法家代表如商鞅、韩非等从"趋利避害"的人性论出发，重"利"轻"义"，因此法家与儒家的"德主刑辅"不同，主张"不务德而务法"。②

墨家则认为"义"与"利"都重要，都是法律的价值。因此，它主张"义，利也"，"兼相爱，交相利"③，强调义利并重，主张法的价值是义和利的结合。荀子论证得更加明白，认为"义与利者，人之所两有也"。并指出："义胜利者为治世，利克义者为乱世，上重义则义克利，上重利则利克义。"④ 看来还是墨家说得对，荀子说得更全面。因此，法律与道德必须结合，不能偏向一面，只有法律与道德结合，既发挥法律的规范作用，又重视道德的教化作用，才能对社会

① 《孟子·梁惠王上》。
② 《韩非·显学》。
③ 《墨子·间诂》。
④ 《荀子新注》，中华书局1979年版，第456页。

起到更好的作用。

由于中国古代法理学对法律的价值进行认真的讨论，从而使中国古代法律与道德实现有机结合，才出现了诸如《唐律疏议》那样，成为了世界封建社会法律的典范，因而也使唐代的西安成为世界的贸易中心，甚至成为世界的政治中心。

中国法理学中关于法律价值的论争，实际上是关于法律与道德在治国中的相互作用，对我们正在推行的"全面依法治国"的治国方略有重大现实意义，是我们合理借鉴的法治本土资源，应结合当今实际，发挥法律与道德相互结合的重要作用。

其实，法律与道德就是法理学中永恒的主题，是一个常讲常新的问题，就目前来讲，最重要的，就是如何将社会主义核心价值观融于全面依法治国之中，要使其法制化。首先，在立法中要贯彻这项原则，要有具体体现的条款或原则。其次，在司法中要予以贯彻，检察官在控诉中要阐明罪犯走向犯罪道路的道德根源，道德问题的恶性发展必然走上犯罪道路。一般讲，任何犯罪行为，首先是违反道德行为，而且往往是从违反道德开始的。在监狱中，要对罪犯进行政治与道德教育，要认真纠正罪犯的世界观、人生观、价值观。

四、关于法律实行赦免犯罪的争论

根据法律适时变化的原则，对罪犯实行赦免，这是中国古代法理学的一个重要特点。当然，这是经过长时间的争论而形成的共识。对罪犯实行赦免，在我国古代大致有：大赦，即对全部罪犯实行赦免或对一定时间内的罪犯实行赦免。特赦，即对特定罪犯或对特定时间的罪犯实行赦免。大赦与特赦有如下不同：（1）大赦，是指赦免罪与刑；而特赦只赦免特定人的刑。（2）大赦既可以免除刑罚的执行，也可免除刑罚的追诉；而特赦只免除刑罚的执行，不免除刑罚的追诉，即只行于判决确定之后，不可行于判决确定之前。

我国古代法律的赦免罪犯，最早见于《尚书·舜典》，主要是指对因过失或灾害而不幸犯罪者予以赦免。《尚书·吕刑》又提到"五刑之疑有赦"。《周礼·秋官·司赦》中又有"三宥三赦"之说。但只是讲对疑罪的情况实行赦免，严格地讲不属于法律上的赦免。真正的赦免，最早起于《春秋左氏传·庄公·庄公二十二年》，这是儒家的"德治"与仁政的表现。尽管秦国最初反对赦罪，可是到秦二世时，面对陈胜、吴广领导的起义军兵临城下的局面，不得不被迫宣布"大赦天下"。

大赦之例一开，历代统治者相继推行。不仅皇帝登基继位、改年号、册皇后、立太子、圣皇孙要赦，就是平叛乱、皇帝生病、郊祀天地、行婚丧寿庆要大赦，甚至是获异兽珍禽也要赦。总之，名目繁多，不仅有大赦、特赦，还有"恩赦""郊赦""曲赦"等。其中，西汉的赦免最多，刘邦在位十二年，大赦九次；文帝在位二十三年，大赦四次；景帝在位十六年，大赦五次；武帝在位五十五年，大赦十八次。一直到哀帝，几乎每个皇帝都要进行大赦或特赦。到了东汉，也大搞赦免，甚至连一位将军临死前，还请求为他搞一次赦免。东汉末年的学者王符在其所著《潜夫论》中说："今日贼良民之甚者，莫大于数赦。赦赎数，则恶人昌而善人伤矣。"①

对赦免一事，古时素有议论。欧阳修撰《纵囚论》一文，对封建帝王任意赦免做过评论，认为"法乃天下之法，岂容个人之好恶乎？"② 认为放纵犯罪是不符合人民的意愿的表现。三国时期，孟光说："夫赦者，偏枯之物，非明世所宜有也。"③ 他还认为犯罪行为"上犯天时，下违人理"，应该受到制裁。如果大赦和特赦太多，则不符合人民的愿望。

当然，大赦和特赦是文明社会的一种表现，可以有，但不宜过多。中华人民共和国成立后，对犯罪分子实行宽严相济的刑事政策，依法打击犯罪。同时，根据形势的发展，先后搞过两次特赦，受到人民的拥护。如中华人民共和国成立10周年那次特赦，使中国末代皇帝溥仪释放后成为自食其力的公民。还有一批战争罪犯获得了释放，成为了守法公民。

五、关于废除肉刑和死刑的争论

奴隶社会和封建社会的显著特点之一，就是刑罚残酷，惨无人道。中国从夏代开始，特别是商、周、秦，其刑罚可以说残酷至极。光死刑的方式，就有十余种。即使法律上明文规定的墨、劓、刖、宫、大辟五刑也是惨无人性。因此，废

---

① 《潜夫论·述赦》。
② 《纵囚论》。
③ 《三国志·蜀书·孟光传》。

除肉刑是中国古代法理学界关注的问题。

肉刑，在我国古代由来已久，据古籍《尚书》里说，在尧舜时代即已有之；但作为刑罚则始于夏代。班固在《汉书·刑法志》里讲：夏代师祖禹"自以德衰而制肉刑"，称之为"五刑"，商、周两代沿用。这种极度残酷的刑罚是奴隶制和封建制本质的一种反应，因为当时的统治阶级根本不把劳动人民当作人看待，而是为了维护统治秩序而采取残暴手段。

自汉文帝刘恒起，就有了废除肉刑的观点。刘恒废除肉刑的起因是一个女孩的上书。《汉书·刑法志》叙述该事的始末：文帝十三年，齐太仓令淳于公有罪当刑，诏狱逮系长安。淳于公无男，有五女，当行会逮，骂其女曰："生子不生男，缓急非有益！"其小女缇萦，自伤悲泣，乃随其父至长安，上书曰："妾父为吏，齐中皆称其廉平，今坐法当刑。妾伤夫死者不可复生，刑者不可复属，虽后欲改过自新，其道亡（无）繇（由）也。妾愿没入为官婢，以赎父刑罪，使得自新。"书奏天子，天子怜悲其意，遂下令曰："制诏御史：盖闻有虞氏之时，画衣冠异章服以为戮，而民弗犯，何治之至也。今法有肉刑三，而奸不止，其咎安在？非乃朕德之薄而教不明与！吾甚自愧。"因此，刘恒决定废除肉刑，由其他刑罚代之。当时以笞三百代替劓刑，以斩右趾升格为死刑，后在执行中又有变化，由于代替肉刑的处罚不得体和不一致，之后又引起数次争论。第一次是东汉建武十四年，有不少人提出废除肉刑，出现了社会秩序不良、盗贼增多的情况，要求恢复肉刑，班固是当时的代表人物。第二次要求恢复肉刑，是东汉末年，当时天下大乱，郑玄、仲长统、崔亮等名儒按照"乱世用重典"的原则，主张再次恢复肉刑，曹操也表示同意，但孔子的二十世孙孔融坚决反对，只好在法律上作罢。第三次提出恢复肉刑，是三国时期的魏国曹丕，其理由实际上是刑法中的报复主义，之后又发生多次争论，但肉刑在立法上（包括魏律晋律）最终没有恢复。但实际上又适用很广，尤其是在战争和仇杀中经常使用。

直至东晋，肉刑的存废问题，一直争论不断，这不仅说明我国古代法理学家和实际工作者对肉刑的极度关注，而且也反映我国法学的不断发展和进步。直至隋文帝颁布《开皇律》，终于用新五刑，即笞、杖、徒、流、死取而代之。但在阶级对立的中国封建社会中，实际上肉刑并未废止，直至明清，仍然有割鼻子、挖眼睛，甚至五马分尸等残酷的刑罚，不过在立法上都废除了肉刑。这必是中国法理学家长期斗争的结果。

值得特别指出的是，唐代在法律上废除肉刑之后，又在刑罚上有了更新和更加值得称赞的创举，即从减少死刑到废除死刑。贞观四年，只有 29 名罪犯被判处死刑。同时，唐太宗又将死刑改为流刑 92 条，因此，《唐六典》特地赞扬了《贞观律》"比古死刑，殆除其半"。尤其是唐玄宗的"开元盛世"时期，开元二十五年被判死刑者很少，且未实际执行。至天宝六载（公元 747 年），他公开宣布废除死刑，并延续了 12 年。这是中国古代乃至世界古代刑罚史上的伟大创举，比西方国家废除死刑还要早一千多年。①

六、关于法律平等的争论

法律平等问题，是法理学的重要理念，古今中外均有过长期争论。尤其在中国古代法理学中交锋尤为激烈，并贯穿于中国古代法理学的始终。早在春秋战国时期，儒家坚持法律不应平等的观点，并将"八议"条款写进了法律条文之中，更在整个封建社会公开宣扬法律之不平等。这是中国古代社会的基本特点之一。

其实，据史书记载，原在西周时期，就有"刑不上大夫，礼不下庶人"之说，法律不平等已经公开化。所谓"小司寇摭以叙进而问焉，以众辅志而弊谋，以五刑听万民之狱讼……凡命夫命妇，不躬坐狱讼。凡王之同族有罪，不即市"。② 律学家郑玄注说："为治狱吏，褒尊者也，躬身也，不身坐者，必使其属若子弟也。"王安石解释说："命夫命妇不躬坐狱讼者，贵贵也；王之同族有罪不即市者，亲亲也；贵贵亲亲，如此而已，岂以故挠法哉。"③ 正式将法律不平等写进法律条文中，则始于曹魏时期，它将《周礼》中的"八辟"，即亲、故、贤、能、功、贵、勤、宾者犯法，以"八议"条款正式入律。隋朝的《开皇律》继承了《魏律》，保留"八议"条款，作为对贵族、官员们犯罪实行赦免的特权，并增设了"官当"制，对官员、贵族给予特殊的法律保护。

在封建社会中，反对法律不平等，也大有人在。春秋战国时期的法家就是杰

---

① 参见陈俊强：《惟刑是恤》，载《中国社会科学报》2018 年第 12 期，第 56 页。

② 《周礼·秋官·司寇》。

③ 参见《大学衍义补》。

出代表。如韩非就公开宣称"法不阿贵""刑过不避大臣，赏善不遗匹夫"。①
又说："明主之道，赏必出乎公利，名必在乎为上。赏誉同轨，非诛俱行……则
国治矣。"② 在此之前，商鞅已有法律平等的说法，即"刑无等级，自卿相、将
军以至大夫、庶人，有不从王令、犯国禁、乱上制者，罪死不赦。有功于前，有
败于后，不为损刑。有善于前，有过于后，不为亏法"③。总之，主张法律平等
的学者，历代有之。但由于历史的局限，我国古代社会一直公开实行不平等的阶
级特权社会。

在几千年的封建社会中，反对不平等的农民运动历代均有。从秦末陈胜吴广
领导的"大泽乡起义"，到北宋年间方腊、宋江的起义，再到清代的太平天国，
几乎都是因反对暴政和不平等制度揭竿而起的。但由于农民反对不平等的封建制
度，但没有提出先进的宣扬民主的政治制度，而最终导致失败。有些则分化变质
成为自己去开创封建王朝，如汉高祖刘邦、明太祖朱元璋等。

总之，反对不平等的政治斗争乃至思想斗争，是永远不可能停止的。但实施
法律上的平等是可能的。社会主义制度的建立，全面依法治国的实现，才能使法
律平等成为现实，并不断创造条件，为实现事实上的真正平等创造条件。最终，
促使人的全面发展，构建人类命运共同体，为实现世界大同而不懈努力！

第四节　关于土地制度的改革

土地是封建社会经济基础的核心内容，法律作为上层建筑的主要部分，自然
要受其制约和影响并对其赖以存在的经济基础起着积极的反作用，有力促使土地
制度的变更与发展，使之更加适应社会的发展，符合世界的潮流。

在我国远古时代实行的是土地国有制，国王就是代表。因此，当时是"普天
之下，莫非王土；率土之滨，莫非王臣"④。因此，当时的土地，禁止买卖，由
国王按等级分封或赐予，为便于管理实行以井田为形式的土地王有制。分封制始

---

① 《韩非子·有度》。

② 《韩非子·八经》。

③ 《商君书·赏刑》。

④ 《诗经·小雅》。

于西周，有两个特点：一是土地所有权和政治统治权直接联系在一起，周天子享有全国土地的最高所有权，然后按等级分封各级贵族；二是西周分封除一部分因功受封的异姓贵族外，基本上是按照宗法等级进行的。

当然，土地制度的变更与社会的发展，特别是与政治制度和法制改革有直接联系。如鲁宣公提出的"初税亩"，再到法家李悝的"尽地力之教"，特别是商鞅变法时发布的"开阡陌、封疆令"以及废除世亲世禄令和先秦时期的有关法令，基本上废除了井田制，实行土地私有。汉初，抑制土地兼并，汉初统治者多次颁布"限田"和"抑兼并"的法令。值得一提的是北朝和隋唐时期的《均田法》。据唐律规定，社会各阶层都依法取得土地所有权。到开元二十五年时，修订均田令，十八岁以上的男丁，可分永业田二十亩，口分田八十亩。其中永业田子孙可以继承。① 应该说，《均田法》是中国古代的伟大创造，与中国法理学者有直接关系，与提倡"法治"的帝王也有直接关系，如汉文帝履行节俭，关注民生，诏曰："农，天下之本也。"② 唐朝在均田制基础上实行"租庸调"税法，王安石变法中的"青苗法""方田均税法"，张居正的"一条鞭法"等，都是对土地制度的局部改革。可见，我国古代的法理学关于土地制度的改革与实践，在某种程度上推动了社会的发展，几乎每次改革都引起了社会政治制度的变化，甚至重大变更。如废除井田制便推动了由奴隶制向封建制的过渡。

分析、总结并借鉴我国古代法理学关于农村土地制度的改革，对我们在新时代中推进农村土地制度改革有重大意义。毫无疑问，农村土地实行集体所有制这个制度不能变，至少在目前几十年内不能改变，但进一步完善农村土地"三权分置"制是可以的，特别是农民对土地的占有方式可以多样化，可以随着农业现代化的需要，随着时代的变化而日益完善。城市房屋的土地使用权，其年限可以延长，使用方式可以多样化。

---

① ［日］仁井田升：《唐令拾遗》，栗劲等译，长春出版社1989年版，第542~550页。
② 《汉书·文帝纪》。

第二章　先秦时期中国法理学的兴起

第一节　历史文献中的法理学思想

一、《尚书》

《尚书》是我国最早的一部历史文献，是儒家经典《十三经》中的首篇。作品成文于殷商、西周年间，涉及远古时期的历史记载，直接呈现了殷周之际的政治思想和治国理念，反映了中国古代法理学的形成。《尚书》今存 58 篇，其中 28 篇为今文本，经史学家考证，今文本可以据为信史。其涉及面广，其中直接阐述和记载法理学思想的主要有：

1. 王权至上

这是中国古代社会政治法律的根本特点，也是古代法理学所关注的重点。"尚"即"上"，《尚书》乃"上古以来之书"。《尚书》中保存了商周，特别是西周初期一些重要史料，其中尤以法学资料最为丰富。据记载："武王胜殷，杀受，立武庚，以箕子归，作洪范。"[1] 弘扬"王权至上"的精神，公开宣称"天子作民父母，以天下为王"。王"要有三德：一曰正直、二曰刚克、三曰柔克"。要求臣民军队服从，如果臣民服从，则给予"五福"奖励："一曰寿、二曰富、三曰康宁、四曰好德、五曰考终命。"如果百姓不服从或反抗王的统治，上帝将给予"六极"惩罚："一曰凶、短、折，二曰疾，三曰忧，四曰贫，五曰恶，六

---

① 《黄侃手批白文十三经》，上海古籍出版社 1983 年版，第 33 页。

曰弱。"① "洪范"具有权威性，受到尊敬，因此，有学者称之为根本大法。尽管评论有些过高，但从法理学角度看，它具有法律性质是肯定的，是一种治国理念的表露。

2. 开创了部门法理学的先河

法理学既具包括基础性的一般法理学，也包含各部门的法理学。《尚书》中有关章节便起着部门法法理学的功能，如《尚书》中的《吕刑》篇便起到了这种作用，它不仅对我国老五刑的由来作了说明，而且对五刑的具体条款数量也作了列举。它指出，"蚩尤惟始作乱，延及于平民"，"穆王训夏赎刑，作吕刑"。② 其三千条，包括"墨罚之属千，劓罚之属千，剕罚之属五百，宫罚之属三百，大辟之罚属二百"。③ 同时，在《舜典》篇中，又对五刑之外的刑罚，如流、鞭、扑、金作了补充规定。其实，是隋唐新五刑的渊源。更重要的是，《尚书》还对刑罚的基本原则和刑法适用的司法原则也作了规定，这也是我国古代刑法原则的来源，使我国古代刑法有了比较完整的刑法法理学体系。

3. 提出了"明德慎罚"的基本思想

这是《尚书》对法理学的重要贡献，是我国坚持"明德慎罚"思想的最早来源。无论是该书《多方》篇的"克堪用德""惟典神天"，还是《吕刑》篇的"罔不惟德之勤"，都为西周时期贯彻以德为教、慎用刑罚奠定了思想基础和法理之源。

4. 揭示了"礼"与"刑"（法）的辩证关系，确立了礼乐政刑共治的治国理念

这一思想，对中国古代产生了深刻的影响。在西周，乐依附于礼，政刑往往并称，使礼乐政刑关系直接体现为礼刑关系。其实，西周的礼刑关系，既有一致，也有区别。礼刑相互补充，互为表里。（1）两者作用不同。正如西汉贾谊所讲："夫礼者，禁于将然之前；而法者，禁于已然之后。"④ 用现代话来说，就是礼防患于未然，刑禁于实然。（2）两种适用对象不同。按《礼记·曲礼》说法，

---

① 《黄侃手批白文十三经》，上海古籍出版社 1983 年版，第 34~36 页。
② 《黄侃手批白文十三经》，上海古籍出版社 1983 年版，第 67 页。
③ 《黄侃手批白文十三经》，上海古籍出版社 1983 年版，第 157 页。
④ 《汉书·贾谊传》。

所谓"礼不下庶人，刑不上大夫"。① 很显然，这里的"刑"是指肉刑。而大夫犯罪，可以削除爵位，并有减免的特权，就是被判死刑，多数也不公开执行，即使执行也是非肉刑的方法，如自刎或毒酒。后来，便演变为"八议"制度，但十恶除外。

5. 要求严格执法

周公死后，西周继承其遗训，坚持秉公执法，要求在法律执行与适用中，"无依势作威，无倚法以削，宽而有制，从容以和"②。就是说，无论行政、执法还是司法判案，都严格要求官员依法办事，不能违背法律，不能随便赦免，要求慎刑慎罚。

《尚书》在法学中的最大功绩就是初步提出了"民本"思想，并为历代所沿袭，成为中华文明之精华和中国古代法理学的精髓。《尚书》既彰显了中华法治文明的精要之处，更是维系中华大一统思想经久不衰的精神支柱。《尚书》是最早提出"以人为本"基本思想的历史文献，其反复强调"知民""化民""安民"。《尚书》在《尧典》篇中开宗明义地讲："克明俊德，以亲九族。九族既睦，平章百姓。百姓昭明，协和万邦。"③ 可以这样说，整个《尚书》始终贯穿"民本"思想，而"民本"思想正是中国古代法理学的灵魂，是法的出发点和落脚点。

二、"三礼"：《周礼》《礼记》《仪礼》

"三礼"即《周礼》《礼记》《仪礼》。"三礼"记载西周法理学思想的古籍，是它们的统称。"三礼"的共同点是以礼、礼治为中心内容，以西周为历史背景的历史文献。但三者是各有侧重的，《周礼》是以西周政治法律制度及其隐含的治国理念和法理学思想为研究重点，《礼记》主要是从法理学的高度来揭示和讲述法的基本原理，《仪礼》则侧重于记载一些具体礼仪的形式与具体做法。但三者都是直接、间接或隐含着法理学思想。以下分述之。

---

① 《礼记·曲礼上》。
② 《尚书·君陈》。
③ 《尚书·尧典》。

（一）《周礼》

《周礼》是记载西周时期政治法律制度，特别是刑罚制度及其隐藏的法理学思想的历史文献，因此，又称为《周官》。《周礼》系何人所作，至今尚是一个谜，说法不一，莫衷一是。但有一点是可以肯定的，其与周公有关。周公姓姬，名旦，亦称叔旦，系周文王之子，周武王之弟。曾与姜子牙协助武王灭商，建立西周。不久，武王逝世，成王年幼，周公辅佐。据史书记载："武王崩，成王幼弱，周公践天子之位，以治天下。六年，朝诸侯于明堂，制礼、作乐、颁度量，而天下大服。七年，致政于成王。成王以周公为有勋劳于天下，是以封周公于曲阜，地方七百里，革车千乘；命鲁公世世祀周公以天子之礼乐。"① 孔子说"周公制礼"，但也有人异议，但必须肯定的是，礼由来已久，据说始于夏、发展于殷、鼎盛于西周。周公的功绩就在于将分散的、零乱的礼治习惯规范，加以整理、充实、修正，加以系统化、规范化，并在实践中不断完善，而成为治国理政的基本理念，成为中国古代宗法制度的行为规则。从某种程度上讲，"礼"是中国社会精神文化和一切典章制度之源，渗透在中国古代社会各个领域，起着不同的作用，大多数符合国家民族之需要，有利于国家统一与民族团结，也有些礼因阶级偏见而有害于人民，但总的评价还是顺应潮流的，正如孟子所讲："见其礼而知其政，闻其乐而知其德，由百世之后，等百世之王，莫之能违也。"② 子产则对礼治评价更高："夫礼，天之经也，地之义也，民之行也，天地之经，而民实则之。"③

《周礼》内容庞杂，涉及方方面面，其中的法理学思想主要有：

1. 确立治国方略和理念

《周礼》指出，"掌建邦之六典，以佐王治邦国"，"刑典，以诘邦国，以刑百官，以纠万民"。④ 又说："掌建邦之三典，以佐王刑邦国，诘四方。"⑤ 这里虽然讲的是官职，但突出了法律在治国方面的作用。

----

① 《礼记·明堂位》。
② 《孟子·公孙丑上》。
③ 《左传·昭公二十五年》。
④ 《周礼·天官·大宰》。
⑤ 《周礼·秋官·司寇》。

2. 主张法律公开

在奴隶制度下，刑不可测是当时的主要观点，但《周礼》公开提到公布法律，这实质上是对法家子产在郑国"铸刑鼎"的支持，有利于人民群众学法、懂法和守法，是社会进步的表现。

3. 在适用法律上，《周礼》提出了要与时代潮流相适应的一些原则

《周礼》指出："大司寇之职，掌建邦之三典，以佐王刑邦国，诘四方。一曰，刑新国用轻典；二曰，刑平国用中典；三曰，刑乱国用重典。"① 这一原则，后世演变为盛世用轻典、中世用中典、乱世用重典。

4. 《周礼》还确定了刑罚量刑中的一些原则

如在《周礼·秋官·司寇》中便有"三赦"和"三宥"之法。三赦即赦幼弱、赦老耄，三赦曰蠢愚（即痴呆和精神病患者）。更重要的是，从犯罪主观方面作过失与故意的区分，即有所谓的"三宥之法"，即"不识""过失""遗忘"。"过失"与"遗忘"相当于现代刑法中过失的两种形式，即疏忽大意及过于自信，对这些罪行可以从宽处理。"不识"，是指刑法中的"错误"。同时，《周礼》还有对罪犯加重处理的规定。

5. 提出"五声听狱"的审判艺术

《周礼》提倡"以五声听狱讼，求民情"的审判艺术。《周礼》中说："一曰辞听、二曰色听、三曰气听、四曰耳听、五曰目听。"五声听狱，内含着深刻的法理学思想，贾公彦解释说："以五至民情"，"案下五事，惟辞听一是声，而以五声目之者，四事虽不是声，亦以声为本故也"。② 其实，《周礼》所说的小司寇责任重大，他不单纯是五声听狱，重要的是"掌外朝之政，以致万民而询焉。一曰询国危；二曰询国迁；三曰询立君"③。

必须指出的是，虽然《周礼》主要讲礼治中的国家政治制度与法律制度，但其背后都隐藏着深厚的法理，含有明显的法理学思想。

（二）《礼记》

《礼记》的重要使命，就是比较系统地阐述了礼和礼治的法理，其中重要的

① 《周礼·秋官·司寇》。
② 《周礼注疏》，上海古籍出版社1990年版，第523页。
③ 参见《黄侃手批白文十三经》，上海古籍出版社1983年版，第63页。

有下列几个方面：

1. 阐述和确定了"礼"与"礼治"的基本原则

在《周礼》所确立的有关礼的全部规范、治国理念、政治制度和礼仪中，始终贯穿如下基本原则："亲亲也，尊尊也，长长也，男女有别，此其不可得与民变革者也。"① 它体现在国家的各个领域，并贯穿始终。"礼记"不仅这样明确规定，而且作了比较详细的解释："亲亲"，就是指必须亲爱自己的亲属，特别是以父权为中心的亲属（长辈），即人们常说的长辈，子弟必须孝顺父兄，小宗必须服从大宗，分封和任命官吏必须任人唯亲。"尊尊"，是指下级必须遵从和服从上级，特别是服从作为天下大宗的天子和宗主国国君，等级秩序极为严格，不得僭越，更不得犯上作乱，否则将受到严厉处罚。"长长"，是指小辈必须服从和尊敬长辈。"男女有别"，是指男尊女卑和男女授受不亲。这里，"亲亲"和"尊尊"是根本原则，是维护宗法等级制度的灵魂，这显然有等级制度的偏见和封建宗法制度的旧习，无疑具有阶级性。但我们也必须看到，其中也孕育着中华大一统的基因，后来发展成为中华民族五千年文明经久不衰和国家统一的精神支柱。当然，这主要是靠人民的努力和民族的团结，我们应取其精华、去其糟粕。

2. 《礼记》对"礼"的适用范围规定得详细而具体

《礼记》讲："道德仁义，非礼不成，教训正俗，非礼不备。分争辨讼，非礼不决。君臣上下，父子兄弟，非礼不定。宦学事师，非礼不亲。班朝治军，莅官行法，非礼威严不行。祷祠祭祀，供给鬼神，非礼不诚不庄。"② 从国家立法、行政，到贵族士大夫和各级官吏的权利义务，礼的对象几乎无所不包，甚至具有近似国家根本法的性质。

3. 确定"为国以礼"的"礼治"的重要作用

《礼记》认定"礼治"是"定亲疏、决嫌疑、别同异、明是非"③ 的依据，发挥着"经国家、定社稷、序民人、利后嗣"④ 的特殊功能。在西周与法有着密切的联系，既相互作用，又相互补充，是中国古代实行"德法共治"治国理念的

---

① 《礼记·大传》。
② 《礼记·曲礼上》。
③ 《礼记·曲礼上》。
④ 《左传·隐公十一年》。

开端，一直延续了几千年。

4. 揭示了西周"礼治"的基本特征

即"刑不上大夫，礼不下庶人"。这里体现的是宗法等级制度，是公开的不平等。在"礼治"方针下，贵族享有特权，特别是世袭特权，平民、奴隶和农奴均不能享有，而只能承担礼所规定的各种义务。"刑不上大夫"，是指肉刑不上大夫。如果大夫贵族犯罪（特别是政治犯）依然要受到刑事处分，只是不施用肉刑，并且有时还可以减免。至于"礼不下庶人"，是指平民，特别是奴隶，根本不享有权利，奴隶主还可以任意打骂与买卖奴隶。这是剥削者社会特有的社会现象。

5. 西周的"礼治"被中国历代所沿袭

西汉时期，董仲舒提出的"三纲五常"就是"礼治"的恶性发展。隋唐时期的法律确认"十恶""八议"，以及清末的"礼法之争"，都足以说明"礼治"所确认的等级制度在中国的深远影响。当然，"礼治"也留下了"大一统"和官场的"规矩意识"等具有价值的思想，值得认真分析总结，是依法治国的法治本土资源，起着古为今用的借鉴作用。

（三）《仪礼》

《周礼》和《礼记》都属于理论和制度的范围，记载的大多是一些原则和理论。"仪礼"则记述和解释了一些具体的礼仪，但从具体的礼仪中也反映了法理学思想。

"士冠礼"在宗法等级制度下，既表明了进入士大夫阶层的荣耀，更彰显了"忠君"与"仁爱"思想。尽管礼节极为复杂，但当事人十分乐意。"士昏礼"意义重大，既表明士大夫要明确国与家的关系，也要夫妻和睦，更要求具有家国情怀。各种礼仪的形式与要求，也都体现了"礼仪之家"的深远影响。

所有礼仪都具有复杂性和宗法等级的特征，这都是"礼治"这一治国理念的要求。《仪礼》洋洋数千言，无非是弘扬"礼治"的精神，起着防患于未然的作用，使社会秩序安定，按照"礼""法"的行为规则而从事各项活动，以达到社会长治久安、天下太平的目的。其实，"礼"也是"法治"要求的一种秩序，讲"礼"，追求和谐相处，更是法理所要求的一种境界。因此，《仪礼》一书说的是礼仪，实质上则是要求"礼""法"相互依存、相互作用。

三、"三传"：《左传》《公羊传》《穀梁传》

(一)《左传》

《左传》，全名《春秋左氏传》或《春秋左传》，又称《左氏春秋》。《春秋》与《左传》是两本书。《左传》传说系左丘明所撰，后经学者考证，认为是战国初期由集体所作。由于该书记载的历史事实均系以鲁国为中心的编年史，因此，从属于《春秋》，故称之为《春秋左传》。当时，因《春秋》章法严谨，线索清晰，为后世年表、编年体所取法，所以合称为《春秋左传》。《春秋左传》以多种叙事手段和文学描写之笔法展开春秋史册，开创了中国古代传记文学的先河。其记载了中国古代法理学思想的形成过程，是法理学发展史形成的重要标志。

1. 对"礼"和"礼治"的肯定

昭公十五年，"三年之丧，虽贵遂服，礼也。王虽弗遂，宴乐以早，亦非礼也。礼，王之大经也"①。在这里，作者对"礼"作了充分肯定，认为是王之大法。其实，早在隐公十一年（公元前733年），当时还处于西周时期，作者就对"礼"给予了高度评价，认为"礼"的作用极大，指出"礼，经国家，定社稷，序民人，利后嗣者也"。② 此后，有关当政者，都反复肯定"礼"的权威地位，指出"礼，国之干也；敬，礼之舆也"。③ 总之，《左传》对"礼"与"礼治"作了充分肯定，认为凡对"礼"不敬者，一律要受到处罚。

2. 强调"礼""法"的稳定性

当政者认为"礼""法"绝不能朝令夕改，为了使百姓不至于无所适从，要求"为善者不改其度，故能有济也"。并说："诗曰：'礼仪不愆，何恤于人言。'吾不迁矣。"④ 当然，它也要求法适时而变，跟上时代的需要。

3. 既肯定"礼"在治国中的作用，也肯定"礼"对个人修身养性的特殊功能

---

① 《左传·昭公十五年》。
② 《左传·隐公十一年》。
③ 《左传·僖公十一年》。
④ 《左传·昭公四年》。

《左传》认为"礼"是做人的基本准则，明确提出"孝，礼之始也"①。当然，这是讲人在家庭中对"礼"的要求，因此"礼"要求"先大后小，顺也。跻圣贤，明也。明、顺，礼也"②。最后得出结论："礼，人之干也。无礼，无以立。"并告诫人们"学礼焉以定其位"③。

4. 主张宽严相济、德刑结合

《左传》认为，治理国家应宽严相济、德刑结合，明确指出："政以治民，刑以正邪，既无德政，又无威刑，是以及邪。邪而诅之，将何益矣!"④ 与此同时，《左传》还强调罪刑相适应原则，即要公正用刑。强调适用法律平等，公开提出："为政者，不赏私劳，不罚私怨"，⑤ "与其杀不辜，宁失不经"。⑥

《左传》还记述了一些重要的法律事件，如卫国与晋国的争论和周王室大臣间的诉讼等，都得到了合理的处理，基本上适用了主体平等互利、君臣上下有礼的礼法原则来处理。

总之，《左传》中的法学思想非常丰富，但基本上是按"礼"来处理。尽管当时的刑也带有法的因素，但"礼"与"法"毕竟有所区别。"礼"侧重宗法等级秩序的道德层面，而"法"则侧重于国家强制力。当然，从实质上讲礼还是属于法的范围。但毕竟当时还处于奴隶社会，习惯规范多一些，因此，从法理学角度上看，只能说是萌芽状态。尽管如此，中国法理学产生的历史比西方要早几百年，我国古代法治文明起步早、涉及面广，是当今全面依法治国很好的本土资源，值得总结和借鉴。

（二）《公羊传》

《公羊传》和《穀梁传》都传自子夏。子夏传与公羊高，作《公羊传》。《公羊传》又称《春秋公羊传》，是解释《春秋》的"微言大义"，它以解释《春秋》的义理为主，兼涉研讨《春秋》的文理和介绍有关史实。这里介绍《公羊

---

① 《左传·文公二年》。
② 《左传·文公二年》。
③ 《左传·昭公七年》。
④ 《左传·隐公十一年》。
⑤ 《左传·昭公五年》。
⑥ 《左传·襄公二十六年》。

传》在解释《春秋》时所坚持和隐含的法理学思想。

1. 《公羊传》的最大功绩在于它肯定并阐发了贯穿于中国社会发展全过程的"大一统"思想

正是这个"大一统"思想维系中华文明经久不衰，正是这个精神支柱引导各族人民团结在统一的大家庭内。如《春秋公羊传》里讲："元年者何？君之始年也。春者何？岁之始也。王者孰谓？谓文王也。曷为先言王而后言正月？王正月也。何言乎王正月？大一统也。"① 这段话是《公羊传》对《春秋》里隐公元年的解释，其意思是：元年是什么？是指国君就位的第一年。春是什么？是一年的开始。这里的王是指周文王。为什么先说王而后说正月？说周文王的正月是什么意思，就是尊重天下统一于周天子的意思。"大一统"这一理念的提出，不仅对当时周王统一各部落有积极意义，而且对中华民族国家统一具有历史价值。正是这个著名的理念和中华民族的共同努力，维系了五千年文明经久不衰的历史。正是这个理念在商鞅变法的过程中转化为行动，通过秦王朝几代人的努力，建立了统一的多民族国家，并延续至今。

2. 《公羊传》对"礼治"的基本原则"亲亲、尊尊、长长、男女有别"作了具体解释

亲亲，是维护和巩固宗法等级制度的重要观念，是"礼治"首先提倡的。《春秋》里讲述公子牙预谋篡弑，为公子友处死这段事实时，却避讳"杀"，而书"公子牙卒"。《公羊传》对此事却说：这是因为"缘季子（公子友）之心而为之讳"，公子友诛母兄是"君臣之义"，而他不直说诛公子牙而饮之，则是"亲亲之道也"。至于"尊尊"，在《公羊传》里处处可见，如《春秋·僖公二十八年》记载了城濮之战。以晋师、齐师、宋师、秦师为一方，以楚令、君子玉为另一方，《春秋》里不直书楚令君子王，却说"楚人"。《公羊传》认为称楚人为贬，为"大夫不敌君"而贬。就是说，在《公羊传》上对王是极为尊敬的，因为当时对王权是极为重视的，维护王权至上是当时礼法的根本要求。当然，自东周周王东迁后，王的威信下降，所以孔丘认为是礼崩乐坏，要求"克己复礼"。

整个《公羊传》除在义理上说明和解释《春秋》以及维护宗法等级制度外，

---

① 《十三经·春秋公羊传》。

还补充和修正了一些史实。应该说，在当时对弘扬"礼"和"礼治"的治国理念起了很大的作用。但以上的努力并没有阻挡历史的潮流，即中国古代社会实现奴隶制度向封建制度的过渡。但"礼治"作为一种治国理念，特别是其中的"大一统"观念却贯穿于中华民族发展的全过程。

（三）《穀梁传》

《穀梁传》亦称《春秋穀梁传》，系子夏弟子穀梁子所著。"春秋三传"均是对《春秋》一书的解释、说明和补充。其中，《左传》侧重于对史实的补充与说明；《公羊传》侧重于义理、并兼之以史实作补充；《穀梁传》则侧重于义理。三者无非是宣扬"礼治"理念，批评东周时期（即春秋）"礼崩乐坏"的史实，倡导"克己复礼"。但历史潮流浩浩荡荡，无法阻挡封建社会代替奴隶社会的历史进程。但"礼"与"礼治"的治国理念，防患于未然的客观需要，却是一份宝贵的文化遗产，值得分析总结与合理借鉴。

1. 汉宣帝对"春秋三传"中的《穀梁传》极为重视，并立为官学

其理由据清人钟文蒸解释有三：一是该书深得《春秋》精髓。据柳宗元讲，主要是《穀梁传》集中宣传儒学，弘扬"礼治"。鉴于《穀梁传》成书于汉初，受汉武帝重视，特别是汉宣帝主张儒法共治，更喜爱《穀梁传》。二是该书集中了"三传"中的大部分道理。三是该书对研究汉代以前的治国理念有重要帮助，它以理论与实践相结合的方式说明了各种治国理念的优缺点。

2. 该书对春秋时代的重要历史人物作了肯定，也提出了批判

该书对我国研究法理学的发展史有促进作用。《穀梁传》里讲："桓公葬而后举谥，谥所以成德也，于卒事乎加之矣。知者虑，义者行，仁者守。有此三者备，然后可以会矣。"意思是说：桓公安葬后，才能确定他的谥号。谥号是用来表彰君主生前功业德行的，所以只能在他死后才能加赠。有智慧的人思虑周全，讲道义的人遇事果断，行仁爱的人可以守护，一个国家有了这三种人，国君才能外出到别国会盟。

3. 赞同"春秋无义战"

春秋是历史上一个动乱的年代，也是中国古代从奴隶社会向封建社会过渡的时代。作者从儒家"和为贵"观念出发，对鲁宣公十五年（前 594 年）宋国与楚国媾和给予正面评价，指出："平者，成也，善其量力而反义也。人者，众辞

也。平称众，上下欲之也。外平不道，以吾人之存焉道之也。"① 这段话的意思是："平"就是成就和平，这是赞同宋楚两国正确衡量自己的实力，回到和平共处的道义上来。成就和平表明两国君臣都愿意这样做。鲁国之外的国家相互讲和意义很大，按惯例是不予记载的，但在这件事中鲁国的大夫起到了调停作用，所以就记载了。这是好事，应该记载！

总之，《穀梁传》作为《春秋》的解释与说明，其中所依据的义理和根据无疑是儒家学说，而"和为贵""和而不同"是儒家对外的基本观点，是其外交政策的指导思想。这一点，至今还是有"古为今用"的借鉴价值的。

四、《吕氏春秋》

《吕氏春秋》，亦称《吕览》，是公元前 239 年前后，由秦相吕不韦组织属下门客集体编撰的著作。《史记·吕不韦列传》对此作了详细记载，它成书于吕不韦生前。该书共二十六卷，内分十二纪、八览、六论，计一百六十篇。在总体上是一部杂家之作，但以法家思想为主。同时，又广纳百川、博采众长，以天子居天地中心的地位、以天下为公的圣人胸怀、以法后王为基本论据而展开论述。虽以法家学说为主，但又不讲重刑主义，而采取奖赏要重，刑罚要慎重的原则。因此，从某种意义讲，《吕氏春秋》是一部集春秋百家之大成，是兼容并蓄的杂家之说，故有人称之为"杂家帝王之学"。②

1. 坚持国家统一，强调天下为公

该书指出："昔先圣王之说治天下也，先为公。公则天下平矣。"又说："天下，非一人之天下也，天下之天下也。"③ 很显然，吕不韦等人主张天下为公，而不能尽为私。就是说，该书始终强调国家统一、天下为公，其目的是为秦国统一六国做思想准备。尽管后来秦王嬴政通过武力实现了建立统一封建帝国的愿望，但他并没有按照吕不韦在《吕氏春秋》中要求的那样：天下为公。而是天下为私，欲由始皇而至二世三世乃至万世。当然，建立统一的中央集权的国家，对

---

① 《春秋穀梁传·宣公十五年》。

② 刘元彦：《〈吕氏春秋〉：兼容并蓄的杂家》，生活·读书·新知三联书店 2008 年版，第 39 页。

③ 《吕氏春秋·贵公》。

中华民族的发展是有好处的。遗憾和痛心的是，秦始皇暴死，再加上重刑主义带来的失去民心的恶果，导致了秦王朝的灭亡。

2. 博采众家之长，主张儒法共治

尽管该书没有明确提出治国理念，但它重视德治，主张道德教化。该书在《功名篇》《用民篇》《知分篇》中反复提出道德教化的作用，明确指出："欲为天子，民之所走，不可不察。"又说"欲为天子，所以示民，不可不异也。行不异乱，虽信令，民犹无走。民无走，则王者废矣"。① 在这里，作者说出了一个重要原理：想做天子的人，对人民奔走的趋势不可不察。人心向背非常重要，如果人民不趋向谁，那么成就王的人就不会出现了，暴君就出现了，人民就绝望了。作者在书中反复告诫人们，要实行德治，要有圣君贤臣。尽管该书趋向法治，但要求国家统一，同时要求弘扬德治，使德法及道家的理论有机结合起来，共同治理国家。

3. 对战国时期诸侯之间的战争作了分类

《吕氏春秋》认为当时的战争有正义和非正义之分，主张正义战争有利于社会的发展。强调人在战争中的重要作用，明确指出："夫兵有本干，必义、必智、必勇。"② 认为战争胜负的关键在于是否合乎正义，同时，要注重人的智慧和勇敢。在他们看来，正义战争有利于国家的统一。很显然，这是吕不韦在为国家统一作舆论准备。

4. 提出"君虚、臣实"的著名观点

这个观点虽然不能与"虚君共和"的君主立宪问题并论，但对于一个刚建立的封建政权来说，却是难能可贵的，应该说在当时是中国法理学的创举。在吕不韦他们看来，人类应该按照天地之间的关系来建立君臣之间的关系，实行君臣各行其道、互不干扰，国家才能昌盛。因此，他们写道："主执圜，臣处方，方圜不易，其国乃昌。"③ 这种虚君思想，来源于道家的"无为而治"，但吕氏的"无为"只限于"君道"，认为君主只有通过"无为"，才能使臣下实

---

① 《吕氏春秋·功名》。

② 《吕氏春秋·决胜》。

③ 《吕氏春秋·圜道》。

现各尽其能。

5. 要求君主治其身，反诸己，强调修养身心、顺应自然

该书说："何为反诸己也？适耳目，节嗜欲，释智谋，去巧故，而游意乎无穷之次，事心乎自然之涂。"① 君主只做到天下为公，天下才能治理好。他们举例说："昔先圣王之治天下也，必先公。公则天下平矣。平得于公。"②

总之，《吕氏春秋》是先秦时期一部重要典籍，有着丰富的内容，是法理学必读的书。它不仅内容丰富、博采众长，而且观点明确，还有不少创新之处。它是中华民族宝贵的文化遗产，其中很多哲理、法理值得我们继承和弘扬。当然，由于历史条件和认识的局限，其中也有不少封建糟粕，我们应该合理借鉴，使之成为一份宝贵的法治本土资料。

五、《史记》

《史记》是我国最早的一部纪传体通史，也是我国第一部传记文学巨著，同时也是一部古代法理学思想比较丰富的典籍。它系著名史学家、文学家、思想家司马迁所著。司马迁系太史令司马谈之子，十岁学习古文，先向孔安国学习《尚书》，后向董仲舒学习《公羊春秋》。《汉书·司马迁传》详细记述了他的一生。班固称赞他"涉猎者广博，贯穿经传，驰骋古今上下数千载间"。《史记》是司马迁毕生之作，公元前 104 年开始创作，《史记》不仅是一部史学和文学巨著，而且记述了古代和他本人的法理学思想，现简要介绍如下：

（一）坚持和维护中华"大一统"思想

"大一统"思想源于"礼治"中的"亲亲、尊尊、长长"基本原则，成于《公羊传》。该书正式提出"大一统"理念，董仲舒把它系统化为一种理论，认为王者受命于天、各统一正，"所以明乎天统之义也"。③ 司马迁以此为依据，证明汉代得天下是"得天统"，他说："汉兴，承敝易变，使人不倦，得天统矣。"④ 当时，他所说的天统，无非与董仲舒一样，都是为"尊王"，维护封建王

---

① 《吕氏春秋·论人》。
② 《吕氏春秋·贵公》。
③ 《春秋繁露·三代改制质文》。
④ 《史记·高祖本纪》。

朝的"大一统"。

"大一统"理念为历代帝王所承袭，并进一步得到宣扬，成为维系中华民族经久不衰，维护与巩固统一多民族国家的精神支柱。当然，这主要归功于各民族人民用勤劳的双手共同建设美好的祖国，在爱国主义的旗帜下共同抵御外来侵略者，使中国成为世界四大文明古国中唯一没有分裂，更没有消亡的国家，并以更加旺盛的姿态屹立于世界的东方。可是，还有"台独""港独"等小撮分子，企图破坏"大一统"理念，搞分裂活动，是可忍，孰不可忍！这是全国各族人民绝对不会答应的事，我中华儿女必将为捍卫"大一统"理念而继续奋斗！

（二）正确对待刑罚，主张德法共治

司马迁系西汉初年学问家，他与大多数学者一样，总结秦代失败的教训，对"重刑主义"进行过批判，对秦始皇也做过评说，尤其是对秦代残酷的刑罚做过批判。但他并不否认刑罚，特别是没有否认法律的作用，他说："法令者，治之具。"① 他对严明执法者大加赞扬，在《史记》中对汉文帝的廷尉张释之予以评价："守法不失大理，守法不阿意。"更重要的是，他肯定了法令"禁奸止邪"的作用，并主张"德法共治"。他说："夫礼禁未然之前，法施已然之后；法之所为用者易见，而礼之所为禁者难知。"② 因此，他主张两者有机结合、互相配合，也就是后人所适用的"德法共治"。

在"德法共治"的理念中，司马迁强调以德为主，特别是重视和弘扬"为政以德"，这一儒家观点以"德治"作为一个朝代兴衰成败的决定因素。他在《史记·五帝本纪》中，认为轩辕"修德"而得天下，夏、商、周三代都因修德程度而兴衰治乱。

（三）主张"趋利避害"

尽管司马迁赞同并宣扬"德治"，但在思想基础上，他又赞同介于儒法两家之间并培养了大批法家弟子的荀况。就是说，他强调"为政以德"，又赞同法是"治国之具"，并赞同法家的理论基础"趋利避害"，这实质上是他"儒法共治"

---

① 《史记·酷吏传》。
② 《史记·太史公自序》。

思想的具体表现。在他看来，"趋利避害"是人的共性，他写道："天下熙熙，皆为利来；天下攘攘，皆为利往。"他甚至说："嗟乎！利诚乱之始也。"这些话与商鞅的说法"人君而有好恶，故民可治也"① 有相似之处。荀况也说过："好利而恶害，是人之所生而有也。"② 可见，司马迁在这个问题上的观点几乎与大家一致。

但是，司马迁在《史记》中把法家观点批评得一无是处，尤其是对秦始皇，将他批判为"残暴无比"。当然，法家实行"重刑主义"，刑罚残酷，应予以否定。但他主持修长城、车同轨、书同文、统一度量衡，尤其建立了统一的中央集权的封建制国家，这在当时是进步的，对后世也有很大影响。其实施的"以法为本，法术势相结合"和"以法为教，以吏为师"对现在还有借鉴价值。

（四）树立史书典范，是中华传统文化贡献者之一

司马迁在历史上是有功绩的，他不仅为"李陵事件"说了公道话而身受侮辱与摧残，而且以年迈与残疾的身躯写成千古绝唱的《史记》，这些都是值得称赞的；《史记》的文学、史学价值是值得大加赞赏的。尤其是他关于"人固有一死，或重于泰山，或轻于鸿毛"的至理名言，值得谨记！

中华传统文化，集五千年文明之精华，值得弘扬！树立文化自信，是中华儿女必备的素质，是民族复兴的力量源泉！我辈哲学、社会科学工作者，要为有司马迁这样的大家而感到自豪；同时，也要修正对法家的过失评论。

六、《资治通鉴》

《资治通鉴》简称《通鉴》，是我国历史上编年史书记述时间最长、具有极大治国理政价值的巨著。它共记载了 1362 年的史实（自周威烈王二十三年至五代后周世宗显德六年止，即公元前 403 年至公元 959 年）。此书的最大优点是对史实撰述有源有本、清楚明晰，史迹有根有据，文字优美。其在当时的最大价值，正如司马光自己所说："监前世之兴衰，考当今之得失。"。当然，其中包含了丰富的"法理思想"。

---

① 《商君书·错法》。
② 《荀子·荣辱》。

《通鉴》"鉴于往事，有资于治道"，故名为《资治通鉴》。也因其重要性，而为历代名人所关注。据说，毛泽东主席曾通读过该书 17 遍。据其贴身护士孟锦云回忆，这部书几乎陪伴了毛泽东的一生，他的床头总是放着一部《资治通鉴》，这是一部被读破了的书，有不少页码都是用透明胶贴住的。

这部巨著受到历代名家的称赞。著名爱国主义者王夫子作了深刻的评价。他首先对"资""治""通""鉴"作了科学的解释，特别是对"通"的解释令人受益匪浅。他说："其曰'通者'，何也？君道在焉，国是在焉，民情在焉……"① 当然，我们今天来读这部巨著，关键是要将古代法治资源予以借鉴，特别是其中的法理学思想，是全面依法治国的重要本土资源。现将《资治通鉴》中的法理学思想概述如下：

1. 坚持法为天下之器，力举公平正义，法律平等

在论述汉文帝大义灭亲判其舅父薄昭一案时，司马光发表如下评论："法者，天下之公器，惟善持法者，亲疏如一，无所不行，则人莫敢有所恃而犯之也。"② 司马光对汉文帝诛薄昭给予高度评价后，讲到了法的公平，强调法律平等是正确的法理念。法，依照马克思主义法学理论，是统治阶级意志的表现，这个意志是整个统治共同利益的表现，它不仅要求被统治阶级绝对服从，也要求统治阶级内部共同遵守，如果有个别内部成员不遵守法律，同样要受到法律的制裁。汉文帝大义灭亲，在当时确实值得称赞，这也是后来成就"文景之治"的重要方面，即严格执法是"文景之治"的重要特征。

2. 赞同改革，赞扬商鞅"徙木立信"，坚持法律的公信力

尽管司马光也反对同时代的王安石变法，但他的思想深处，实质上是与王安石变法要达到的目标一致。所以他与王安石的私交还是好的，正因为如此，他对商鞅导演的"徙木立信"是赞同的，尤其对法律的公信力也是坚持的。因此，他说："夫信者，人君之大宝也。国保于民，民保于信。非信无以使民，非民无以守国。是故古之王者不欺四海，霸者不欺四邻，善为国者不欺其民，善为家者不

---

① 引自瞿林东教授在《资治通鉴》再版时所写的序言。
② 转引自《无刑录》（卷十二），译注本第 208～209 页。

欺其亲。"①

3. 推崇法家人物，弘扬法治，实现富国强兵

司马光说："昔鲍叔之于管仲，子皮之于子产，皆位居其上，能知其贤而下之，授以国政；孔子美之。曹参自谓不及萧何，一遵其法，无所变更，汉业以成。"② 很显然，这既肯定了鲍叔牙的高姿态，更肯定了管仲、子产和曹参等人的治国雄才，表明依法治国的优越性。同时，对礼治、德治也给予了充分肯定，因为他们在"道德教化"和"防患于未然"等方面起到了重大作用。

4. 司马光编纂《资治通鉴》的目的在于"鉴于往事，有资于治道"

因此，《资治通鉴》受到历代统治者的好评，成为治国理政的重要参考。宋神宗为它命名并作序，高度评价为："其所载明君、良臣，切摩治道，议论之精语，德刑之善制，天人相与之际，休咎庶证之原，威福盛衰之本……"③ 司马光在总结历代治国理政之后，最后得出结论："儒法共治"是中国古代治国的根本经验。他说得非常具体和深刻，即"孔子之言仁也重矣，自子路、冉求、公西赤门人之高第，令尹子文、陈文子诸侯之贤大夫，皆不足以当之，而独称管仲之仁，岂非以其辅佐齐桓，大济生民乎"。④在这里，司马光非常崇尚管仲的思想，事实上，管仲辅佐齐桓公变法，执行"以法治国"，践行"以人为本"，成就了齐桓公春秋首霸。司马光既肯定了管仲这位法家先驱，也重视孔子之"仁"，力主儒法共同治理国家。他讲述管仲功勋后，又谈及了道德教化即"德治"的特殊功能，即"教化，国家之急务也，而俗吏慢之；风俗，天下之大事也，而庸君忽之。夫惟明智君子，深识长虑，然后知其为益之大而收功之远也"。⑤

总之，司马光编纂的《资治通鉴》是一本治国理政的好教材，是当今全面依法治国应该合理借鉴的法治本土资源。当然，由于历史条件的局限和当今社会背景的局限，其中也有不少不合时宜的观点，我们应该从实际出发，认真分析、合理借鉴，发扬古代法治文明的精华。

---

① 司马光：《资治通鉴》（第一册），岳麓书社1990年版，第12页。
② 司马光：《资治通鉴》（第三册），岳麓书社1990年版，第781页。
③ 司马光：《资治通鉴》（第三册），岳麓书社1990年版，第3页。
④ 司马光：《资治通鉴》（第一册），岳麓书社1990年版，第775页。
⑤ 司马光：《资治通鉴》（第一册），岳麓书社1990年版，第798页。

第二节　春秋战国时期法理学的兴起

一、春秋战国时期中国社会的性质和特点

春秋战国时期，中国法理学的兴起有着深厚的社会背景。众所周知，中国古代社会是一个基于血缘的家族本位的社会结构。在这个社会结构中，家是国家和社会的基础，国是家的扩大和集合。因此，每个中国人大多具有家国情怀和民族精神，容易形成"以人为本""天下为公"的共同理想。更重要的是，春秋战国时期是个大动荡、大变更、大调整的时代，各种不同思想和理念纷纷呈现在社会面前。尤其是各种治国理念纷纷呈现，如儒家的"德治"、道家的"无为而治"、墨家的"义治"、法家的"法治"等，呈现出一派"百花齐放，百家争鸣"的景象。与此同时，该时期正处于由奴隶社会形态向封建社会形态过渡的阶段，旧的制度纷纷瓦解，各国改革相继开始，各国之间的争斗更加激烈，都在寻找先进的治国理念。法家的"以法治国"思想自管仲提出并在齐国改革获取成功后，相继为各国效仿。尤其是商鞅变法促使秦国由弱变强，更使法家思想成为当时的主流，加速了各国由奴隶制向封建制的过渡。法理学在变革中兴起，并在各派中形成一些共识：法的公理；各学派提出的适合各国情况的法的原理，如法家倡导法律公开，主张"法先王"，而儒家则反对法律公开，主张"法先王"等。总之，春秋战国时期，是我国思想大解放和社会大变革时期，更是奴隶制向封建制的大过渡时期，这正是中国法理学的兴起时期。

二、法家的法理思想和治国理念

（一）管仲的法学基础理论和治国理念

管仲（？—前645），名夷吾，字仲，齐国人。公元前685年齐桓公继位，经鲍叔牙推荐，齐桓公任管仲为相，主持变法。他按法家思想实行改革，推行"以法治国"，富国强兵，辅佐齐王，"九合诸侯，一匡天下"，① 成为春秋第一

---

① 《史记·管晏列传》。

霸。管仲有如下深厚的法学基础思想：

1. 关于法的概念

据《管子》一书记载："法者，天下之程式也，万事之仪表也。"① 又说，法者，"尺寸也、绳墨也、规矩也、衡石也、斗斛也、角量也，谓之法"②。很显然，管子把法比作模式、仪表、尺寸、绳墨、规矩、衡石、斗斛、角量，都含有标准、规则之意，与我们现代所说的行为规则是一致的。就是说，管子已经明确把法说成是人的行为准则。这种对法的概念的界定和比喻，比西方关于法的概念和理论早了几百年。

2. 关于法的作用

管仲指出："法者，所以兴功惧暴也；律者，所以定分止争也；令者，所以令人知事也。"③ 就是说，法的作用是广泛的，既可以除暴安良，也可以定分止争，还可以引领人们依法进行管理和遵守法。管子认为，法是君主制定的，即所谓"法自君出"，但君主同样要守法，即所谓"生法者，君也"，"圣君亦明其法而固守之"。④

3. 关于法的遵守

管仲强调严格执法和守法，他说："是故先王之治国也，不淫意于法之外，不为惠于法之内也。动无非法者，所以禁过而外私也……是故先王之治国也，使法择人，不自举也。使法量功，不自度也。"⑤ 又说："当于法者赏之，违于法者诛之"，"合于法则行，不合于法则止"。⑥

4. 关于法的稳定性和适时性

管子认为，法要具有稳定性，不能朝令夕改，法没有稳定性，就会失去权威；但法又要适时修改。管仲对这两个问题都很重视，他说"国更立法以典民则祥"（更，改也；典，主也。言能观宜宣政法以主于人则国理，故祥也），又说

① 《管子·明法解》。
② 《管子·七法》。
③ 《管子·七臣七主》。
④ 《管子·任法》。
⑤ 《管子·明法》。
⑥ 《管子·明法解》。

"故曰：法者，不可恒也"（法敝则当变，故不恒）。①

管仲的法理学思想非常丰富，本书着重介绍两个重要的治国理念：

第一，"以人为本"。这是中国法治文明的重要内容，也是中华五千年文明的基本标志和精华。有一次，齐桓公问："敢问，何为其本?"管子答曰："齐国百姓，公之本也。"其后，管子进一步说："夫霸王之始，以人为本。"《尚书》加以发挥并为历代所沿用："民惟邦本，本固邦守"，随之又升华为"民本主义"，成为中华文明之精粹。孟轲以此为基础，提出了"民贵君轻"思想，即所谓"民为贵，社稷次之，君为轻"。两汉贾谊加以发挥："夫民者，万世之本，不可欺。"唐太宗以明君形象宣称："夫天地之大，黎元为本。"② 清末思想家王韬总结说："天下之治，以民为先；所谓民惟邦本，本固邦宁也。"③ 习近平总书记认真对待中华文明，并加以借鉴和升华，使之成为"以人民为中心的发展思想"深厚的本土资源。正是"以人民为中心的发展思想"引导将"全面依法治国"深入推进。

第二，"以法治国"。管仲主持春秋时期齐国的改革，其治国理念就是"以法治国"。对此，管仲有段长篇的讲话，他说："是故先王之治国也，不淫意于法之外，不为惠于法之内也。动无非法者，所以禁过而外私也。威不两错，政不二门，以法治国，则举措而已。是故有法度之制者，不可巧以诈伪……故先王之治国也，使法择人，不自举也。使法量功，不自度也。"④ 这段精彩的论述，不仅是中华法治文明之精粹，而且也是人类法治文明之开端，它比古希腊所讲的法治还早200多年，比英国提出的法治，即法的统治（rule by law）早2000多年。当然，管仲所提倡和实施的法治，与我们现在所讲的法治有本质区别。"以法治国"中的"以"字，"用也"，即用法来治国，是典型法律工具论。我们讲"依法治国"是把法律作为治国的依据，就是说法律具有至高性，即法律权威。尽管"以法治国"有其局限性，严格地讲，还是人治的性质，它维护的是君主的统治，但在当时，它却起了很大的作用，不仅使齐国由弱变强，成就了齐桓公成为春秋第

---

① 《管子·任法》。
② 《唐太宗集·晋宣帝总论》。
③ 《弢园文集·重民中》。
④ 《管子·明法》。

一霸主的伟业，而且也开启了一个时代，即法家的治国时代。遗憾的是，管仲不幸早逝，随着齐国放弃了"以法治国"方略，齐国也因此而衰落，齐桓公最终饿死于宫中。有幸的是，"以法治国"被法家继承下来，并在秦国发扬光大。这一历史表明，治国方略极为重要，正如《礼记》中所讲："国无法而不治，民无法而不立。"更可贵的是，管仲提出的"以法治国"便成为我们正在实施的"依法治国"合理借鉴的本土资源。当然，我们中国特色社会主义法治理论，是马克思主义法学理论，是马克思主义法学中国化、时代化、大众化的伟大成果。在这里之所以重点讲述这一点，其目的就是在于说明：中国特色社会主义法治不仅有光辉的、深厚的理论渊源，而且有深厚的法治本土资源，对于我国古代的法治文明和治国理念，要认真加以总结、分析和借鉴，深入挖掘古代文明的当今价值。

管仲的法学基础理论涉及面广，其中还有四个重要问题。

第一，"治国之道"与经济有着紧密的联系，因此，他在改革中把发展经济放在重要地位，他说："凡治国之道，必先富民。民富则易治也，民贫则难治也。奚以知其然也？民富则安乡重家，安乡重家则敬上畏罪，敬上畏罪则易治也。民贫则危乡轻家，危乡轻家则敢凌上犯禁，凌上犯禁则难治也。"①　正因为如此，管仲在主持改革中，十分重视经济，关注民生，把富国强兵作为改革之要义。

第二，重视道德在治国的作用，他认为既要以法治国，也要重视道德的教育与威慑，他提出"礼义廉耻"为国之四维，认为"正民以德"十分必要，因为人们不同于禽兽，不能用暴力，不以力使，而应以德使，主张"礼义廉耻"要皆出于法，只有在"法立令行"的前提下，才能使法律与道德有机结合。

第三，重视"重令"和"尊君"的关系，强调重视法律权威与尊重君权是不可分的。他说："凡君国之重器，莫重于令。令重则君尊，君尊则国安；令轻则君卑，君卑则国危。故安国在乎尊君，尊君在乎行令，行令在乎严罚。"结论是"治民之本，本莫要于令"。②

第四，强调法制统一。管仲重视国家法制的统一，法律既有稳定性，又要有

---

①　《管子·治国》。
②　《管子·重令》。

适时性，法律要"随时而变，因俗而动"。就是说，要维护法律的权威，维护法制的统一，同时，更要严格执法，刑罚要有统一的标准，赏罚要严明。

总之，管仲这位法家的先驱，当时开辟了中国法理学的新时代，从此，中国法理学按理早已屹立于世界法治文明之林了，只是没有总结，没有在世界范围传播而已。它以独树一帜的面貌屹立在东方了。我们的使命，就是发掘我国古代这一法治文明的本土资源。

（二）子产的法理思想

子产（？—公元前522），又名公孙侨，春秋时期法家先驱人物，郑国人，亦称公孙成子。他执掌郑国国政时间较长，从公元前543—前522年，其治国理念不明显，先倾向礼治，后又重视法治。对《周礼》中的有关制度进行了重大改革，重视法律的作用。因此，后人称他为法家先驱之一。其实，春秋早期诸子百家既有矛盾的一面，又有互相贯通的一面，现将其法学思想，主要是法理学思想概述如下：

1. 铸刑书

铸刑书开辟了公布成文法的先例。子产是中国历史上首位将自己的三篇法学论文铸在象征诸侯权位的金属鼎上的。子产作为郑国主持改革的执政，将自己涉及法律内容的有关论文公布于世，这在当时是个重大的举动。因为在奴隶社会有关法律的文件与论著是不能公开的，是不让老百姓知道的，实行愚民政策。而子产公开铸在鼎上的刑书，是他写的有关限制贵族特权的"制参辟"，公开这些论著，有利于改革的推行。

2. 重视法律的作用

子产"铸刑书"遭到奴隶主贵族的反对，晋国的叔向特地写信批评他："先王议事以制，不为刑辟"；还说"民知有罪，则不忌（敬）于上"；"民知争端矣，将弃礼而征于书。锥刀之末，将尽争之。乱狱滋丰，贿赂并行"。最后叔向警告说："终子之世，郑其败乎。"孔丘也有类似观点。因此，子产"铸刑书"遭众非议。然而，子产却理直气壮地回答："侨不才，不能及子孙，吾以救世也。"[1]

---

[1]　转引自《中国大百科全书》（法学卷），大百科全书出版社1984年版，第827~828页。

这充分表明了法家的勇气、才干和救国的信心。子产对刑法极为重视，提出了"宽""猛"两手的主张。"宽"是指统治阶级要有怀柔的一面，子产强调要"为政以德"，这一点受到孔丘的赞扬，认为子产是"惠人"，"其养民也惠，其使民也义"。子产提出的"宽""猛"两手，对后世产生影响，法儒两家曾因此而展开了争论。"猛"，即重刑主义，为法家所继承；"宽"即宽恕，则为儒家所承袭。从本质上讲，子产重视法律的作用，应为法家之先驱。

（三）李悝的法理思想

李悝（约前455—前395），战国时期法家代表之一，魏国人，魏文侯时为相国，主持改革，主张"为国之道，食有劳而禄有功，使有能而赏必行，罚必当"。李悝的功绩，就在于他编写了中国历史上第一部成文法典《法经》，并为历代所沿袭。其历史脉络大致是：《法经》—《秦律》—《汉律》—三国《魏律》—南北朝《北魏律》《南齐律》—《隋律》（《开皇律》）—《唐律》—《宋刑统》—《明律》—《清律》—消亡。

到战国时期，多数国家都有成文法，如"竹刑""刑书"等，但不系统，而且比较杂乱，李悝集各国立法经验和法律规范，汇编成册，并加以整理、修改、总结，集中撰写了《法经》六篇。由于年代久远，原文早已失传，《晋书·刑法志》记载了《法经》的指导思想和编目。直至明代董说所著《七国考》卷十二载有西汉末年桓谭《新论》，曾引用《法经》条文并加以解释，比《晋书·刑法志》更为详细。但该书在南宋时业已散失，此事是否可信，尚待查考。

作为法家的杰出代表，李悝和《法经》的主要法理学思想包括：（1）《法经》贯穿了"不别亲疏，一殊贵贱，一断于法"的法治原则，打破了奴隶制时代礼和刑一般不可逾越的界限。强调王子犯法与庶民同罪，按规定太子犯法也要实行笞刑，丞相、将军受金，或左右伏诛或本人处死。（2）以维护封建地主利益为核心。《法经》六篇，以盗、贼为前面两篇，列盗法为首，目的在于镇压农民的反抗，维护封建地主的利益。盗，即所谓"强盗"，就是指反抗统治者的农民；贼，是指偷盗犯罪。至于网法、捕法、杂法、具法均为前两篇服务。（3）《法经》不仅为中华法系成文法之蓝本，也有力地打破了儒家所宣扬的"刑不可知则威不可测"的迷信。当然，《法经》作为法家的成文法代表，也充分体现了重刑主义，如议论国家法律者处死刑，并没收本人及妻家财产。又如规定1人越城便处死刑，10 人以上越城，则全族、全乡人处死。《法经》用法律规范宣布"刑不上大夫，礼不下庶人"的破产。总之，《法经》的出现，是法理学史上的重大事件，否定"德治"，强调"不务德，而务法"，实行有功则赏，有罪必罚的原则；奖励耕织，禁民为非，在废除世亲世禄的同时，正式确认封建的等级制度及其相应的权利义务关系。

（四）商鞅的法理思想与治国理念

商鞅（约前 390—前 338），姓公孙，名鞅，原名公孙鞅。原在魏相公孙痤下做门客，又称卫鞅；后来在秦国因变法有功，封在商地，故称商鞅，亦称商君。令人痛心的是，商鞅变法成功，却被秦孝公之子杀死，是谓"法成人亡"。

商鞅变法共分两次，第一次是公元前 359 年（亦说前 356 年）；第二次，则始于前 350 年。两次变法在广度和深度上都超过了历史上的多次变法，如李悝、吴起等变法，变法内容历时近 140 年，使秦国由弱变强，为秦始皇统一中国奠定了基础。

商鞅变法充分发挥了法理学的引导和指导作用，这具体表现在：

1. 用法理学为变法鸣锣开道

这就是历史上著名的"法先王"与"法后王"之争，亦即变法与反对变法之争。秦孝公在重用商鞅伊始，便遭遇保守派代表，儒家的信奉者甘龙和杜挚的强烈反对，他们说："法古无过，循礼无邪"，明确提出要以"法先王"（效法先王，即三王五帝）来治理国家。商鞅理直气壮地回答："前世不同教，何古之法？帝王不相复，何礼之循？伏羲、神农教而不诛，黄帝、尧、舜诛而不怒，及至文、武，各当时而立法，因事而制礼。礼法以时而定，制令各顺其宜，兵甲器备各便其用。臣故曰：'治世不一道，便国不必法古'。"① 从此，在中国历史上，"法先王"与"法后王"便成为保守派与革新派、儒家与法家争论的重要问题，如宋代的王安石变法，司马光与王安石争论的焦点也是"法先王"与"法后王"，即祖宗之法不可变与可以变之争。戊戌变法中革新派与保守派之争也是祖宗之法是否可变的问题。其实，这是法理学的基本理论之一，即法的稳定性与适时性的问题。法是要稳定的，如果朝令夕改，法律就会没有权威；同时，历史是

---

① 《商君书·更法》。

不断发展的，形势是不断变化的，法必须适时更改，否则就没有生命力。两者存在矛盾，但矛盾的主要方面是法的适时变法。这也是商鞅变法经常讲到的问题。他的态度是"法古则后于时，修（循）今则塞于势"，并提出了"不法古，不修（循）今"① 的口号，就是说，法律与制度是随时代变化而变化的，既不能法古（复古），也不能保守，而是要革新要发展，正如习近平总书记所讲的，发展是人类社会永恒的主题。

2. 用法理学引导和指导变法的过程

在改革中，人们对"以法治国"和法律的重要性有一个不断深入认识的、相互比较的过程，特别是对"以法治国"与法律的重要性，必须在学习中才能加深认识，要讲清道理。商鞅强调："法令者，民之命也，为治之本也，所以备民也。为治而去法令，犹欲无饥而去食也，欲无寒而去衣也，欲东而西行也，其不几亦明矣。"又说："一兔走，百人逐之，非以兔也。夫卖兔者满市，而盗不敢取，由名分已定也，故名分未定。"最后他总结说："故夫名分定，势治之道也；名分不定，势乱之道也。"②

3. 用法理学思想导演了一场"徙木立信"的故事

通过"徙木立信"的故事引导人们特别是统治者树立"立法先立信"的理念，坚持立法权威。此事作为变法中的佳话传至后代，熟读古书的毛泽东同志，为此也专门写了《商鞅徙木立信论》，并赞赏"商鞅之法，良法也"③。

4. 坚持法理学中关于"严格执法"的法治环节

当时的法治（当然是"以法治国"中的法治）同样要求严格执法（包括行政执法和司法），并实行严格的责任制，既强调官吏严格执法，又强调百姓真诚守法。商鞅说："古之明君错法而民无邪，举事而材自练，赏行而兵强。此三者，治之本也。夫错法而民无邪者，法明而民利之也。举事而材自练者，功分明；功分明，则民尽力；民尽力，则材自练。"④

5. 商鞅在变法中坚持"刑无等级"的原则，坚持赏罚严明的政策

① 《商君书·开塞》。

② 《商君书·定分》。

③ 《毛泽东早期文稿》（1912.6—1920.11），湖南出版社1990年版，第1页。

④ 《商君书·错法》。

他主张厚赏重刑：有功，虽疏远必赏；有罪，虽亲近必刑，带有"法律面前，人人平等"的萌芽思想。他说："赏厚而利，刑重而威，必不失疏远，不私亲近。"① 更重要的是，在执行法律过程中，更不宜分别贵贱，亦不宜查问其过去是否有功，商鞅叫做"壹"，他解释说："所谓壹刑者，刑无等级，自卿相将军以至大夫庶人，有不从王令、犯国禁、乱上制者，罪死不赦。有功于前，有败于后，不为损刑。有善于前，有过于后，不为亏法。"②

6. 商鞅坚持"以法治国"，实行变法的原则是"富国强兵"

按当时有关法律规定，秦民欲得田宅奴婢，必须先受爵，而欲受爵，需有军功；而欲得军功，须有对外战争。于是，"民闻战而相贺也"。富国以农，强国以兵，合称"农战"。于是，富国强兵就成为当时秦国所追求的目标。经过近十代人的努力，秦国终于由弱变强，最后统一中国，建立了中央集权统一的封建帝国。这是符合时代潮流的，就是说商鞅变法的成功，不仅促进中国古代社会实现了由奴隶制向封建制的过渡，是"以法治国"的成功范例，也是法理学在中国古代一次成功的实施，是中国古代存在事实上的法理学的最好证据。

（五）韩非的法理思想与治国理念

韩非（约前280—前233），战国末期法家代表人物，系韩国公子，喜刑名法术之学，曾与李斯同学于荀况门下。曾多次上书韩王，建议变法图强，均未被采纳。后因秦王夜读其书，大为感叹并令起兵，迫使韩非赴秦。后因李斯、姚贾所诬害，冤死狱中。

韩非的事述，在《史记》中有所记载。韩非著述甚多，据《汉书·艺文志》记载：《韩非子》共五十五篇，但多数系韩非后学者之手。据胡适考证，在《中国哲学史大纲》中断定《显学》《五蠹》《定法》《诡使》《六反》《问辩》《难势》七篇为韩非亲笔，因此，有关法理学的论述，七篇应该为韩非之思想。概括起来，韩非有关法理学的精华主要有：

1. 关于法的本质

法家对法的论述，大多是从形式上予以概括，诸如"尺寸""绳墨""权衡"

---

① 《商君书·修权》。

② 《商君书·赏刑》。

"规矩"等，韩非则从实质上加以表述。他说："法者，宪令著于官府，刑罚必于民心，赏存乎慎法，而罚加乎奸令者也。"① 就是说，法家对法的理解特别是韩非把法与刑直接联系起来，把法作为定罪量刑的依据，这不仅把"法"与"礼"严格地区分开来，而且直接把法提高到治国安邦的高度。同时，也反映我国古代"刑民不分"的特点。当然，更重要的是，法家认为法是公平、正直的客观标准，这种观点也在古体汉字"灋"中得到体现。按《说文解字》中解释，"灋"，从水，表示像水一样公平，而右旁的"廌"，则是一种神兽，主持公平正义。据说，唐尧虞舜时期，法官判刑时，当遇到疑难案件时，便把"廌"牵出来，"廌"只有一个角，当它用角斗向谁时，那么该被斗者便败诉，如果是刑事案件，则当即判刑，而"廌"也随之去也。法家对法的本质的揭示，在当时是有进步意义的，它不仅说明法具有客观标准性质，而且也符合中国当代法与刑直接结合的情况。

2. 关于法的起源

在第一章中我们已经概括提到了关于法律起源的几种观点，诸如"神意说""暴力论""契约说"以及具有中国特色的"天命论"等。法家的特点从经济的角度出发，就是说当人们开始因分工而引起的交换活动，要有一定规则；特别是一旦产生了交换中的矛盾，于是作为"定分""止争"作用的法律便应运而生。商鞅和韩非都举了生动例子：一兔走，百人追之，积兔于市，过而不顾。何也？原因是市场上的兔子已有权利所有人，而在街上乱跑的兔子是野兔，没有权利所有人。这就表明有法律确定所有权的"名分"，人们便不会争了，于是，由于交换的需要便产生了法律，就是说法律是因"定分""止争"而产生的。韩非是持这一观点的，他赞同管仲的说法："法者，所以兴功惧暴也；律者，所以定分止争也；令者，所以令人知事也。法律政令者，使民规矩绳墨也。"②

3. 治国的理念与原则

韩非继承与总结法家的治国理念，并将其原则概括为"以法为本，法术势相结合"。他在解释"以法治国"时说："法者，宪令著于官府，刑罚必于民心，

① 《韩非子·定法》。
② 《管子·七臣七主》。

赏存乎慎法，而罚加乎奸令者也。"他把赏罚称为君主保证贯彻法令和维护统治的"二柄"，并说："明主之所制其臣者，二柄而已矣。二柄者，刑德也。何谓刑德？曰：杀戮之谓刑，庆赏之谓德。"① 当然，韩非的德与儒家的德有本质不同，专指以利益为奖赏的根据，如论军功、封大臣等。韩非的治国原则是"以法为本，法术势相结合"。"术"源于法家申不害，"势"则出自法家慎到，法、术、势三者结合才能使"法治"发挥更大作用。韩非进一步发挥说："术者，藏之于胸中，以偶众端，而潜御群臣者也。故法莫如显，而术不欲见。"② 又说："势者，胜众之资也。"③ "术"包括阳谋与阴谋，"势"即权势，即法律必须具有权威，违法者必须给予制裁。法的赏罚必须公正，他说："法之为道，前苦而长利；仁之为道，偷乐而后穷。圣人权其轻重，出其大利，故用法之相忍，而弃仁人之相怜也。"④

4. 主张在"以法治国"中，坚持法律适用一律平等

即要求司法人员"大公无私"，树立"法不阿贵"，"刑过不避大臣，赏善不遗匹夫"，指出："上古之传言，《春秋》所记，犯法为逆以成大奸者，未尝不从尊贵之臣也。而法令之所以备，刑罚之所以诛，常于卑贱，是以其民绝望，无所告诉。大臣比周，蔽上为一，阴相善而阳相恶以示无私，相为耳目以候主隙。"⑤

5. 提出法适时而变

"法与时转则治，法与时宜则有功。"他详细写道："是以圣人不期修古，不法常可，论世之事，因为之备。"又说："上古竞于道德，中世逐于智谋，当今争于气力。"⑥ 他认为，国家因保护人民安全与改善人民生活应运而生。因此，在当时有关"法先王"与"法后王"之争中，他坚持法家观点，赞同"法后王"，写道："孔子、墨子俱道尧舜，而取舍不同，皆自谓真尧舜，尧舜不复生，将谁使定儒墨之诚乎？"⑦ 因此，韩非说："法与时转则治，法与世宜则有功。故民朴

① 《韩非子·二柄》。
② 《韩非子·难三》。
③ 《韩非子·八经》。
④ 《韩非子·六反》。
⑤ 《韩非子·备内》。
⑥ 《韩非子·五蠹》。
⑦ 《韩非子·显学》。

而禁之以名则治，世知维之以刑则从。时移而治不易者乱，能治众而禁不变者削。故圣人之治民也，法与时移而禁与能变。"①

6. 提倡"以法为教，以吏为师"和普法教育

秦国是我国古代坚持法学教育较好的国度，这也是秦国取得变法成功的重要原因。这已在湖北云梦出土的文物中得到证明，其中文物《法律问答》和《为吏之道》就是很好的证明。实际情况是韩非是大力主张法学教育的，他说："明主之国，无书简之文，以法为教；无先王之语，以吏为师；无私剑之捍，以斩首为勇。是境内之民，其言谈者必轨于法，动作者归之于功，为勇者尽之于军。"② 这是秦国取得变法成功的思想基础，老百姓学法用法，统治者用法教法，形成了人人学法、懂法、用法的局面，为秦国的强大和统一中国做了很好的准备。

7. 韩非法治思想的人性基础

韩非与当时所有法家人物一样，其人性基础是"性恶论"。商鞅把"饥而求食，劳而求快，苦则求乐，辱则求荣"说成是"民之性""民之情"。③ 荀况认为"人之性恶""生而好利""生而有疾恶"④ 等。这不仅是法家的通病，也是所有法学家一个共同的假象。还因为有这个"假象"，才有扬善惩恶的必要，才有制定法律的必要。当然，马克思主义者并不是"性恶论者"，也不是"性善论者"，而是认为人的一切行动是由其世界观、人生观决定的，而世界观、人生观又直接由其所处的物质生活条件决定。因此，我们既不能肯定人生出来就是"性恶"的，也不认为人生出来就是"性善"的，而是由其所处的物质生活条件决定的。制定法律，实行法治的目的就在于惩恶扬善，在社会主义国家还有维护社会公平正义的功能。在西方，其表面上或者在某些法学者心里也有维护社会公平正义的诉求，但在资本主义制度下，客观上使他们逐步丧失这一想法，使其法律、法治偏离公平正义的轨道。

如果法学家与法律工作者不树立正确的法治观，则其理论将有意无意地偏离

① 《韩非子·心度》。
② 《韩非子·五蠹》。
③ 《商君书·算地》。
④ 《荀子·性恶》。

正确的轨道，而客观上起着危害社会的作用。我国古代法家的所作所为，在总体上是符合世界潮流的，是推动历史前进的。但其重刑主义，以及所谓"以刑去刑"的理论是错误的，这也是秦王朝灭亡的原因之一。因此，我们重视法家及其理论在历史上的作用，既要看到可取、可借鉴的一面，更要看到其不好的一面，要吸取教训。就是说，要弘扬其优点，克服其缺点，摒弃其错误，真正做到取其精华、去其糟粕，做到"古为今用"。

毫无疑问，法家的治国理念是正确的，客观上的确促进了历史的发展。但对其错误与缺点，要认真分析，予以分别对待，对错误必须摒弃、批判，对缺点要予以改正，并根据时代发展的需要添加新的内容，使之彻底改正，并在新的条件下发挥作用。

三、儒家的法理思想和治国理念

（一）孔丘的法律思想及其倡导的"德治"治国理念

孔丘（前551—前479），字仲尼，鲁国人（今山东曲阜人），早年父母去世，家境贫寒。孔子自称"吾少也贱"。20岁时，担任鲁国权臣季氏的家臣，从小好礼乐，以通晓礼仪而出名。30岁时，开办私塾，招收弟子。50岁后担任过鲁国司寇、司空等职，但为时不长。后长期从事私家讲学，据说有弟子三千，其中有名的七十二人。

鲁国系周公旦之子伯禽的封国，享受周室的优待，"周礼尽在鲁矣"。孔丘父叔梁纥曾以"相礼"为业。子承父志，他对周礼有系统研究。他崇拜"制礼作乐"的周公，想重新恢复西周初年的"成康盛世"。面对东周时期"礼崩乐坏"的现实，孔丘提倡"仁者爱人"，主张"克己复礼"，企图恢复以维护贵族等级制度为目的的"礼治"。

孔丘是春秋时期最大的学派儒家的代表，儒家在当时的主要法律思想与治国理念有：

1. 礼治

礼治本为周公旦所创，传说"周公制礼"。这个问题，我们已在上一节中谈到。以孔丘为代表的儒家对"礼治"作进一步发挥，明确提出了"为国以礼"①的主张。（1）严格遵守"君君、臣臣、父父、子子"的宗法等级名分。孔丘首创"正名"，反对犯上作乱。孟子宣称："内则父子，外则君臣，人之大伦也。"荀况则把它确立为"贵贱有等，长幼有差"的礼说成是"与天地同理""与万世同久"的"大本"。但历史是无情的，儒家的说教只是空想而已。（2）坚持"亲亲为大"的宗法原则。周礼原本是"任人唯亲"，儒家则发挥为"亲亲为大"。尽管孔孟也提倡过"举贤才"和"尊贤使能"，但其中亲疏有别。很显然，这种"礼治"将随着社会的进步而必然消逝，这是"克己复礼"的必然悲剧结局。当然，儒家在历史进程中，还不断增加礼治的新内容，但其原来意义的礼治基本消逝，哪怕后来的"三纲五常"、隋唐时期的"十恶""八议"以及清末的"礼法之争"中的"礼"，已不是原来意义上的内涵，正是这些宗法制度阻碍了中国社会的发展。

2. 德治

德治是儒家极力倡导的治国理念，事实上是在"礼治"基础上演变提升而形成的。孔丘总结经验，明确提出"为政以德"，强调圣君贤人，用道德来感化和缓和当时"礼崩乐坏"出现的矛盾。他要求"道（导）之以政，齐之以刑，民免而无耻；道之以德，齐之以礼，有耻且格"。就是说，统治者用政令和刑罚来统治人民，虽然可以使人不敢犯罪，但不能使他们认识到犯罪可耻；如果用道德感化，再加上强化礼教，便可以使百姓感到犯罪可耻而听从统治者。因此，他主张"宽则得众""惠则足以使人"②"宽猛相济""德主刑辅""有教无类"，反对"不教而诛"。当然，孔丘提倡"德治"的核心问题，是因为他认为"为政在人"，"其人存，则政举；人亡，则政息"。③ 这实质上是"德治"的理论根据和具体体现。德治强调：圣君先修身，而后治人。他对季康子说过："子帅以正，孰敢不正。"④ 所以"知所以修身，则知所以治人。知所以治人，则知所以治天

---

① 《论语·先进》。
② 《论语·阳货》。
③ 《礼记·中庸》。
④ 《论语·颜渊》。

下国家矣"①。又说："唯天下至圣……见而民莫不敬，言而民莫不信，行而民莫不说。"②

孔丘主张"德治"，是以"仁者爱人"为基础的。不过，他的观点与墨家有重大区别，墨家的"兼爱"是针对所有的人，而孔丘的"仁者爱人"则有亲疏的差别，甚至还有等级的不同。但不管怎样，对缓和统治阶级内部矛盾是有积极作用的。特别是孔丘所说的"孝悌之道""忠恕之道""礼尚往来"以及"温、良、恭、俭、让"等观点，影响了不少人。尤其是其中的"礼之用，和为贵"，在一定程度上体现了我国古代文明的风采。

孔丘提出了"仁政"的基本思想，认为"为政以德"必须"因民之所利而利之"。③就是说，要顺民之心，而民心所希望者不过富足而已，所以他又说，为政以德，须先富民；并指出："民之所以生者衣食也。……民匮其生，饥寒切于身，不为非者寡矣。"④这是孔丘在陈、蔡期间曾经饿肚子的切身体会。所以仁政以富民为先，孔子不但反对大贫，也反对大富，特别反对不均，强调"不患寡而患不均"。孔丘关于"仁政"的思想在孟轲那里得到了进一步发挥，而成为孟轲关于治国理念的核心。

孔丘是世界文化名人，他编写的四书五经，是中国传统文化的佳作，不仅在中国影响几千年，而且至今在世界上也有较大影响。其所讲述的一些"名言警句"至今还广为传播，他所讲的"和为贵""和而不同""己所不欲，勿施于人"业已成为解决当今世界的重要话语。他提出的"中庸之道"业已成为解决国际争端的重要指导思想；中国之所以成为世界礼仪之邦，与孔丘所传播的各种思想有直接关系。因此，在当今世界，我们要对我国古代的治国理念进行再认识，要用习近平新时代中国特色社会主义思想对其认真总结，取其精华，去其糟粕，使中国古代文明的重要部分——治国理念实现现代化、大众化，在新的历史条件下大放光彩。

孔丘是世界文化名人，无疑对人类文化的繁荣作出了杰出贡献，除了前述特

---

① 《礼记·中庸》。
② 《礼记·中庸》。
③ 《论语·尧曰》。
④ 《孔丛子》第四篇《刑论》。

别是在揭示法的公理上作出巨大努力外，还在下列几方面给整个人类留下了宝贵的精神遗产和法理理念：

（1）"中庸"思想。"中庸"思想是孔夫子给人类留下的最宝贵的哲理，也是具有普遍的法理。在中国思想史、哲学史上，孔夫子提出"中庸"这一个哲学范畴；在法学史上，也是孔夫子第一次论述了"中庸"这个法理理念。正如他自己所说："中庸之为德也，其至矣乎！民鲜久矣。"① 就是说，孔子认为推行道德的最好方法和道德实践的最高境界，就是"中庸之道"。在他看来，中庸是一种至德。"中"即中正不倚，"庸"就是有用。因此，"中庸"也可以"用中"。"中"就是合乎礼的无过无不及，也就是要求在对立面的统一中把握行为的合宜适度。孔子认为，如果违背中庸之道，超出了对立面相互制约的限度，则美德成恶德。因此，他说："恭而无礼则劳，慎而无礼则葸（畏缩不前），勇而无礼则乱，直而无礼则绞（急切）。"② 就是说，太过和不及都不符合道德要求。人们一般对"中庸"的解释为：不偏不倚，不过不及。郑玄在《礼记·正义》注解为"致中和""用中为常道"。

"中庸"是哲理，用于政治领域和社会领域，孔夫子依当时的社会背景，作了一个比喻或说法，叫做"君子和而不同，小人同而不和"，用此方法来处理当时的人与人的关系、诸侯国与诸侯国的关系是恰当的，用以反对当时诸侯国的混乱状态。在当今世界，亦可适用"中庸之道"，有利于各国和平共处，面对自然灾害、经济困境时共商、共建、共赢，构建人类命运共同体。

"中庸"也是法理，认识到法律在本质上是双方的协议，马克思说过，法律的最初形式是契约。在阶级对立社会里，法是统治阶级意志的体现，其政治统治一般得到被统治者的认同，或被统治者能生存和发展，即取得合法性。在和平时期，宪法往往是人民同政府签订的协议，具有一定的妥协性。在国际关系上，国际法往往是有关主权国家的共同协议的结果，甚至是相互妥协的产物。在这里，"中庸之道""和而不同"将发挥重要作用，就是在当今世界，正处在大发展、大变更、大调整时代，"中庸之道""和而不同"将会成为主导各国关系的重要

---

① 《论语·雍也》。

② 《论语·泰伯》。

纽带。就是说，无论是国内法，还是国际法，"中庸之道"必然是极为重要的法律原则。

（2）"大一统"思想。"大一统"思想是中华五千年经久不衰的重要支柱，是中华法治文明的精华，尽管它是全民族共同智慧和光辉实践的总结和体现，但以孔子为代表的儒家学说在其中起了关键作用。当然，就其渊源来说，它创始于周公坚持的系统化的"礼治"理念，其中亲亲、尊尊、长长和不可犯上原则的确定，为"大一统"奠定了思想基础。

儒家王道政治的一个重要原则，就是坚持与贯彻天下统一，反对封建割据。不过，他们往往把尊君与"大一统"联系在一起，从孔子坚持的"正名"，即君君臣臣父父子子，到他强调的"礼乐征伐自天子出"，孟子的"定于一"、行仁政而王，荀子的"隆一而治""一天下""隆君"等，一直到清末的"礼法之争"都强调"大一统"的重要性与必然性。在"大一统"关于君主与法律的关系中，不是法律在君主之上，而是法律在君主之下，所谓"法自君出"。

当然，正式提出"大一统"这个科学概念的是《春秋公羊传》，据《春秋公羊传·隐公元年》记载："元年者何？君之始年也。春者何？岁之始也。王者孰谓？谓文王也。曷为先言王而后言正月？王正月也。何言乎王正月？大一统也。"① 在此之前，孔子说过："天无二日，民无二王。"在此之后，孟子也说过"定于一"。就是说，儒家已经把"大一统"看成是天地间永恒的规律。其大成者，便是西汉的董仲舒，他明确地宣称："《春秋》大统一者，天地之常经，古今之通谊也。"② 在董仲舒的论述中，"大一统"的内容主要有两点：一是政治上实行君主专制，他说："有天子在，诸侯不得专地，不得专封，不得专执天子之大夫，不得舞天子之乐，不得致天子之赋，不得适天子之贵。"③ 强调中央集权，所谓"君也者，掌令者也，令行而禁止也"④。二是意识形态的一统，这个问题，王吉作了说明："《春秋》所以大一统者，六合同风，九州共贯也。"⑤ 董仲舒则

①　《春秋公羊传·隐公元年》。
②　《汉书·董仲舒传》。
③　《春秋繁露·王道》。
④　《春秋繁露·尧舜不擅移汤武不专杀》。
⑤　《汉书·王吉传》。

提出具体的方案："罢黜百家，独尊儒术"。与此同时，又提出了"三纲五常""春秋决狱"，实现伦理统一、法制统一等。

毫无疑问，"大一统"思想是儒家为了维护封建社会的统一而提出的理念。其阶级本质无疑是维护封建地主阶级的利益，但在客观上对维系中华民族团结统一和经久不衰起到了重大作用。当然，重要的是中华各民族用勤劳的双手共建了美好的民族大家庭，共同抵御了外来的侵略。"大一统"思想得到了全民族的支持，成为中华优秀文化中的瑰宝，至今仍在发挥其特殊作用。当然，在性质上要因时而变，但在当今时代，它仍然有其特殊价值。我们必须合理借鉴"大一统"这个优秀的本土资源，团结各族人民，为实现中华民族伟大复兴而努力奋斗！

（3）"忠恕之道"思想。这是孔子思想的重要内容，涉及很多方面，其中有一条很重要的原则，就是"己所不欲，勿施于人"。其既体现民本主义，又体现为官之道。"以人为本"源于法家先驱管仲，但对其最早作出解释的却是孔子。《荀子》一书记载了一段孔夫子在回答鲁哀公的问话，即"且丘闻之：君者舟也，庶人者水也。水则载舟，水则覆舟"①。孔子对当官从政，曾提出"尊五美""屏四恶"。在孔子的法律思想中，强调重人和讲人道；主张尊重人、相信人、教育人，不认为有天生的罪犯，重在教育、威化和禁犯罪于未萌。反对刑罚威吓主义，重视人的价值，立法上主张宽简，执法上要求中罚，不用重刑主义；要求以"忠恕"的仁道来哀矜折狱，追求无讼的理想境界。在对待人与人之间的关系上，主张"己所不欲，勿施于人"。

当然，孔丘作为文化名人，对中华传统文化的贡献是很大的，甚至立下了不朽功勋，对古代法学的贡献也不少，其担任过司寇，对维护社会秩序发挥过重大作用。但即使伟大如孔子也有不足之处，如反对法律公开、轻视妇女等。过去宣传法律，弘扬法治精神，对孔夫子的法律思想讲得少，尤其是法学界有段时间甚至轻视孔夫子对古代法治文明所作的努力，应加强对孔夫子法律思想的学习和发掘，特别是对他关于法的公理的揭示，如"以人为本""天人合一""天下为公""和为贵""大一统"思想的认识和借鉴，弘扬世界文化名人的光辉形象，把孔子学堂办得更好！

---

① 《荀子·哀公》。

（二）孟轲的法律思想及其治国理念

孟轲（前372—前289），战国时期著名思想家、教育家，今山东邹县人。受聘为子思的门客，历游齐、宋、滕、魏等国，一度任齐宣王客卿，因观点不同，退而与弟子万章等著书立说，是儒家的第二号人物，曾被称为"亚圣"。其治国理念主要如下：

1. 主张"仁政"

孟子一生以孔丘的继承人自居，他崇拜孔丘，认为"自有生民以来，未有孔子也"①。孟子一生主张"仁政"，是对孔丘的"仁者爱人"思想的继承与发展，因此：（1）孟子比孔丘更重视人心的向背，认为这是"得天下"或"失天下"的关键因素。所以他主张"以德服人"，反对"以力服人"，要求统治者"推恩于民"，"以其所爱及其所不爱"，施"仁政"于民。（2）把孔丘的"仁者爱人"发展为由调节统治的内部矛盾变成调节统治阶级与劳动人民之间的矛盾。（3）公开提出"性本善"的理念，所谓"孟子道性善，言必称尧舜"。②按"性本善"的理论，他将其"仁政"说成是"以不忍之心，行不忍人之政"。（4）反对"杀人以政"，强调"教以人伦"。

2. 在"以人为本"的基础上，提出了"民贵君轻"论

这是中国古代治国理念的最高峰，是中华文明的优秀遗产。在当时的历史条件下，孟子提出了"民为贵，社稷次之，君为轻"③的著名思想。孟子当时的意思是：民心的向背最为重要，他强调天子必须取得老百姓的信任，天子不能为所欲为，反对国君滥杀无辜。甚至主张："君有大过则谏，反覆之而不听，则易位。"④甚至还提出了"独夫可诛"的"暴君放伐"论。他针对齐宣王询问"汤放桀，武王伐纣"是否"君弑君"时，提出了一个大胆的，也是正确的观点："贼仁者谓之贼，贼义者谓之残。残贼之人谓之一夫。闻诛一夫纣矣，未闻弑君也。"⑤孟子这一言论受到百姓的称赞，但也受到一些帝王的反对，甚至谩骂。

---

① 《孟子·公孙丑上》。
② 《孟子·滕文公上》。
③ 《孟子·尽心下》。
④ 《孟子·万章下》。
⑤ 《孟子·梁惠王下》。

据说，明太祖朱元璋便下令不准孔庙供奉孟子。

3. 坚持"性本善"

孟子是儒家中唯一公开宣扬"性本善"的人，或者说"性本善"是孟子学说的根本出发点，他说："人皆有不忍人之心。先王有不忍人之心，斯有不忍人之政矣。以不忍人之心，行不忍人之政，治天下可运之掌上。"①

4. 关注民生，主张"民有恒产"

为了取得民心，孟子提倡在经济上"推恩"于民，并使人民富裕起来，要求"薄其税敛"，还提出一系列政策供国君参考。更重要的是，要使"民有恒产"，主张"富民"，反对"罔民"。

5. 孟轲的治国理念是"德治"，具体形式是"仁政"

其治国的原则，则是"以善养人"和"以德服人"。这就要求治国者不断提高自己的素质，用道德的力量感化和教育社会成员。首先，治国者应有仁民爱物的"良心"，要"爱民如子"，视人如己，他说："君仁莫不仁，君义莫不义。"②他发对治国者用自己的权势和国家机器的力量强迫老百姓的"以力服人"，也反对以道德教化作为手段来巩固自己统治的"以善服人"。他主张"以善养人"，强调道德熏陶，人性修养。因此，他说："以善服人者，未有能服人者也，以善养人，然后能服天下，天下不心服而王者，未之有也。"③

6. 孟轲的"仁政"是其治国理念

"仁政"也是孟轲的思想体系，是建立在"性善论"和"正名修养论"的基础之上，基本思路是"推己及人"，即"举斯心，加诸彼"。④ 就是说，统治者要用良心来治理国家，要细化"推己及人"的思路，简单来说，就是实行"王道"，反对"霸道"。就是说孟子始终坚持"人治"，反对"法治"。至于统治者权力的来源，孟子当时大胆提出了"天受"和"民受"两个方面。"天受"是指上天根据家庭出身、时代条件、机遇等，来接受某个人做国君（即天子）。"民受"是指由一个修养高且人民拥戴的人做国君。"天受"是一个人做国君的必要

---

① 《孟子·公孙丑上》。
② 《孟子·离娄下》。
③ 《孟子·离娄下》。
④ 《孟子·梁惠王上》。

条件，如周公、孔子有德有能，但没有"天受"做不成国君。"民爱"是指一个人长期做国君并保持政权巩固的必要条件，如夏桀、商纣王虽有"天受"，但由于他们修养太差，没有道德，结果不得民心，没有"民爱"的条件，最后以失败告终。

孟轲是儒家学派中特有的人物，其治国理念与原则是对的，但有两点是值得指出的：一是"性本善"不符合客观情况。因为一个人性善还是性恶，不是生而有之，而是由他所处的物质生活条件决定的，由他的道德修养和品性决定的。"性本善"与"性本恶"都不符合实际情况。二是"天受论"也是不正确的，因为一个人的前途命运是由他的行为决定的，是由他所处的物质生活条件决定的，是由他的思想及其支配的行为决定的。总的说来，孟轲的思想特别是他的治国理念和主要法学思想是正确的，是值得全面依法治国合理借鉴的，其中有些思想也是值得继承和弘扬的，因为它是中华五千年文明的精华。当然，这其中也有一些不正确观点，应该予以否定。

（三）荀况的法理思想及其对法律起源的论述

荀况（约前313—前238），名况，字卿。战国末期赵国人。早年游学于齐，应秦昭王聘入秦，对秦印象深刻。公元前255年，被楚相春申君任命为兰陵令。不久，免官，居兰陵，授徒著书而终，今本《荀子》共32篇。其弟子众多，包括韩非、李斯以及汉初的浮丘伯等。

荀况尊崇孔丘，重视儒家经典。他虽以儒家自居，却是儒法合流的先行者，他奉行"性恶论"，却是西汉的"经学博士"。他一方面继承儒家的"礼治"与"德治"，同时又大力宣扬"法治"精神。

1. 开创"儒法共治"（亦称"儒法合流"的先例）

荀子主张"礼法并用"，既"隆礼"又"重法"，吸收儒家之长，抛弃其短。他注重法治，主张制定和公布成文法典，不赞成孔丘反对公布成文法的主张。但他又强调"法不能独立，类不能自行"。在他看来，法是由人制定的，又是由人来执行的，有了圣君贤相，就能制定出好的法律；没有圣君贤相，即使有了好的法律，也不能很好地执行。因此，他的最后结论是：治理国家起决定作用的是人，而不是法。

2. 主张"性恶论"

荀况激烈批判孟轲的"性善论"，认为"人之性恶，其善者伪也"，"伪"是人为。在他看来，人的自然本性是"恶"的，"目好色，耳好声，口好味，心好利，骨体肌肤好愉佚"。这样发展下去必然会发生"残贼"和"淫乱"，从而使社会秩序遭到破坏，使人们怎能尊君、孝亲、循礼、守法？其实，遵纪守法是后天教育的结果。因此，他认为人类的一切政治法律和礼义教化，都是为改造人们的"恶性"。

3. 既否认"轻刑"，又反对"重刑"

荀况既反对儒家"治世用轻刑"的传统观念，又反对法家的重刑主义，反对轻刑重判，更反对"灭族"和"连坐"的残酷做法。在执法上，他坚持"刑当罪"，要求"刑不过罪"。

4. 论证法律的起源

应该说，荀况是我国古代最早正式提出"法律"理论的人。他认为"天地合而万物生，阴阳接而变化起"。① 在他看来，没有什么东西在主宰自然界的变化与发展，自然界是不以人的意志为转移的。他说："天行有常，不为尧存，不为桀亡。"② 即人左右不了天，因此，他反对"天命论"。荀况认为国家与法律的起源不是什么"神意说""天命论"，而需要从人类社会本身和人的本性去寻找国家与法律的起源。因此，他在《王制篇》中说，为了使人各守本分，分工合作，就必须要有国家与法律。特别是：一是要"明分"；二是要用法律对"性恶"进行改造，于是法律就应运而生了。

四、道家的法理思想和治国理念

(一) 老聃及其治国理念

老聃（约前571—前477），姓李，名耳，字聃，著名的哲学家、法学家。其名著《道德经》，共五千言，具有朴素的辩证法思想，是客观唯心主义者，其法学思想比较丰富，主要有：

1. 治国理念特殊，提出著名的"无为而治"

---

① 《荀子·礼论》。
② 《荀子·天论》。

"无为而治"并非放任的不作为，而是要求统治者在治理国家中，避免因私心、私欲去妄为而扰民，而是"我无为而民自化，我好静而民自正，我无事而民自富，我无欲，而民自朴"①。

2. 揭示法律的客观规律性

老子反复强调：道是万物的根源和基础，是统领和支配天地万物和人类社会的总规律、总法则。他说："有物混成，先天地生。寂兮寥兮，独立而不改，周行而不殆，可以为天下母。"② 并进一步指出："人法地，地法天，天法道，道法自然。"③ 就是说，法律也有其客观规律性。

3. 提出"天人合一"的著名思想

在那个时代能明确提出"天人合一"，崇尚自然，强调人和自然的和谐统一，确实是十分先进的。至今这一思想仍具有现实意义，对我们在全面依法治国中注重对大自然的保护，强调对环境的重视是有现实意义的，应予以提倡。

4. 强调慈、俭、不争

维护社会秩序，提倡"小国寡民""惟道是从""天网恢恢疏而不漏"，从而保障社会安宁、和睦相处。

5. 老聃的思想为其后继承者沿袭和发展

如庄周的"彼窃钩者诛，窃国者为诸侯"，对剥削者社会进行了揭露。刘安的《淮南子》对道家的"无为而治"思想进行了全面阐释。

老子的思想和道家的"无为而治"在西汉初年得到了贯彻与执行，"黄老哲学"成为西汉初年治国的理念。当时，称之为"黄老哲学"，是把黄帝时期无为而治思想与老子的"无为而治"结合起来，在实践中起到了安定人心，让老百姓休养生息的积极效果。1973 年长沙马王堆汉墓出土的帛书《黄帝四经》，是战国时期黄老学派的代表作，提倡虚静、不扰民，"节民力以使，则财生"，主张法家的"以法治国"的正当性，认为"道生法""法度者，正（政）之治也"。就是说，道家的理论与实践，并不是完全消极的东西，正如陆贾在《新语》中所讲：

---

① 《道德经》第五十七章。
② 《道德经》第二十五章。
③ 《道德经》第二十五章。

"以秦为鉴，道莫大于无为。"同时，又指出当时的治国理念虽然以"黄老哲学"中的"无为而治"为主导，同时也融合了法家与儒家的思想，实际上综合了三家的优点而收到效果。

（二）庄周的法律虚无主义

庄周（约前369—前286），姓庄，名周，战国时期宋国人（今河南商丘东北），毕生安于贫贱，隐居不仕，学识渊博，其思想"其要本归于老子之言"①，与老子思想一脉相通，世称"老庄"。现存《庄子》三十三篇，其中内篇七为庄子自作，外篇十五、杂篇十一出于后学。其中心思想贯穿了法律虚无主义。

1. 提倡绝对"无为"，否定法律、道德与一切文化

庄子继承老子以道为核心的世界观，认为"有一而未形"②，把"道"看成是万物的本源，认为一切都要"无为而治"。他反对儒家与法家的观点，也反对墨家的看法，他主张取消一切规范、制度和文化。可以说庄周否定一切精神文明与物质文明，因而也是"法律虚无主义"的始作俑者。

2. 主张"顺世安命"的处世方法

庄子继承与发展了老子顺应自然的思想，并将其发展为一种顺世安命、随遇而安的处世方法与人生态度，他说："安时而处顺，哀乐不能入也，古者谓是帝之县解。"③ 就是说，在他看来，一切哀乐之情不能进入心怀，很显然，这是一种消极的态度。其实，这也是不可能的，是行不通的。人是社会中的人，尤其是在现代社会，与世隔绝是不可能的。

3. 揭露和批判法律制度

庄周对当时的统治者和当时的社会极端仇恨，对当时的法律制度进行揭露和批判，明确指出"彼窃钩者诛，窃国者为诸侯，诸侯之门而仁义存焉"④。甚至认为法律、道德之类，不但对这些窃国者起不了制裁作用，反而成为他们可以利用的工具。这些观点有一定的正确性，但否定一切法律对社会进步和民族兴旺的作用也是不合乎实际情况的，因为人类社会在总体上是进步的，中华民族对本国

---

① 转引自张锡勤主编：《中国伦理思想史》，高等教育出版社2015年版，第66页。

② 《庄子·天地》。

③ 《庄子·养生主》。

④ 《庄子·胠箧》。

而且对世界也是有贡献的。

4. 提倡绝对自由

庄周认为人世间生死存亡，穷达、富贵，人是无法掌握的，只能"安时而处顺"，陷入了宿命论，因而他主张绝对自由，不受任何限制。其实，这也是不可能的，人只要顺应潮流，遵循"真善美"，还要有所作为。何况绝对自由是不可能的，因为个人自由就是对法律的遵守，离开法律便不可能有真的自由。当然，从哲学角度看，人类社会是由必然王国向自由王国发展，而这种自由也是以遵循客观规律为前提的。

庄周的法律思想与老子的"无为而治"，严格地说，是有区别的。老子的"无为"是让老百姓"有为"，要求统治者不干预老百姓的生活，让他们有自由发展的空间。事实上，西汉初年实行黄老哲学的"无为而治"，让百姓休养生息，促进了社会的发展。而庄周则是典型的法律虚无主义，对国家与社会的发展是不利的。

五、墨家的法理思想和治国理念

墨翟（约前468—前376），又称墨子，战国时期宋国人，出身小手工业者，自称"贱人"，是墨家学派的创始人。其家境贫寒，木工出身，做工精湛，可与著名工匠鲁班（公输班）媲美。他没有做过大官，但学识渊博，其弟子"充满天下"，使墨家成为当时与儒家对立的最大学派。同时墨家又是一个具有严密纪律和组织的团体，其成员被称为"墨者"，墨翟被奉为领袖，死后称为"巨子"。其学说保存于由其弟子整理的《墨子》一书中。据《汉书·艺文志》记载，该书共71篇，今本只有传下来的53篇。据传说，墨翟并不是姓墨，曾有过囚徒生活，脸上烙有印记，故以墨姓之。墨家作为一个学派，其学术思想丰富，尤其有独特的法理学思想和著名的治国理念，现概括如下：

1. 墨家学说以正义为其核心

故其治国理念称之为"义治"，所谓"天子唯能壹同天下之义，是以天下治也"①。认为义是国家生活、社会生活、道德生活的最高原则。他说："义者，正

---

① 《墨子·尚同上》。

也。何以知义之为正也？天下有义则治，无义则乱。我以此知义之为正也。"①墨子的义，与儒家的义是不同的，孔丘讲的义是同礼相联系的，即所谓"礼以行义"，强调由等级制度和秩序规定的言行才能称之为义。而墨家的义有两方面含义：一种含义是指实际上的"兼爱"，即"兼即仁矣，义矣"②。这种义要求人们从物质和精神上帮助有困难的人，提倡患难相助。另一种含义，就是指不侵犯他人的利益。即"大不攻小也，强不侮弱也，众不贼寡也，诈不欺愚也，贵不傲贱也，富不骄贫也，壮不夺老也"③。同时，墨子还指出了三种不义行为：（1）贻误农时，破坏生产，斩断老百姓衣食之源。（2）抢劫财富，不劳而获，杀人越货，攻人之国。（3）残害无辜，掠民为奴。这就是说，墨子的义包括"善政""重农""劳作"。后期的墨家学说，把义解释为利他主义，甚至于损失个人利益，体现一种舍己为人、自我牺牲的崇高精神。因此，他们说"万事贵于义"④，结论是："天下有义则生，无义则死；有义则富，无义则贫；有义则治，无义则乱。"⑤ 于是，墨家把义上升为"治国理念"，有利于国富民强。很显然，墨家的义是值得提倡的，"义治"是值得借鉴的。

2. 倡导"兼相爱"

在这里墨家突出"兼爱"有两方面含义：一是含有"普通"的含义，便于与儒家的"爱人"相区别。因为孔丘的"仁者爱人"主要指贵族内部，即等级制度内部的"爱"；墨家则强调："天下之人皆相爱。"⑥ 二是含有"平等"的意思，要求"爱人若爱其身"，而不分远近，不分亲疏，一视同仁，即所谓"爱无差等"，反对儒家的"爱有差等"。很显然，"兼相爱"具有进步意义，具有朴素的、原始的"法律面前，人人平等"的意思，值得借鉴、总结和升华。

3. 墨家的"兼相爱"与"交相利"是互相联系的

严格地讲，"兼相爱"是以"交相利"为基础的。他们认为，天下之人之所

① 《墨子·天志下》。
② 《墨子·兼爱下》。
③ 《墨子·天志下》。
④ 《墨子·贵义》。
⑤ 《墨子·天志上》。
⑥ 《墨子·兼爱中》。

以不相爱，其根源就在于"亏人自利"。依作为小私有者出身的墨家子弟看来，所谓"交相利"就是尊重对方的所有权，要求等价交换。他们说："吾不识孝子之为亲度者，亦欲人爱利其亲与？意欲人之恶贼其亲与？以说观之，即欲人之爱利其亲也。然即吾恶先从事即得此？若我先从事乎爱利人之亲，然后人报我以爱利吾亲乎？意我先从事乎恶人之亲，然后人报我以爱利吾亲乎？即必吾先从事乎爱利人之亲，然后人报我以爱利吾亲也。"① 墨家所主张的统治者与被统治者之间的互爱互利，在实践中是不可能实现的。但在当今历史条件下，人们面临严重危机的时刻，在利益交融、安危与共的背景下，人们都不能置之度外，使人们团结起来，共同构建人类命运共同体成为可能甚至必然。

4. 倡导"义利并重"的思想

墨子虽然主张义是道德的最高原则，也是治国理念的核心，因此说，"义，天下之良宝也"②、"万事莫贵于义"③。同时，墨家强调义与利是统一的，义以利为内容、目的和标准。他们讲的利有三个方面的内容：一是"他利"，即他人的利益；二是公利，即国家、社会和万民之利，而"利人"和"利天下"是判断行为义与不义的价值标准，也是人生的价值目标；三是私利，即个人利益。墨家从不否定个人的私利，尤其是后期，墨家发展了其功利主义思想，他们说："义，利也。"④ 强调义利合一，强调动机与效果的结合。墨家这些观点对社会发展是有利的，也是符合实际情况的，值得我们总结和借鉴。

5. 提倡"尚贤"，实行"赏当贤，罚当暴"方针

墨家极力提倡"尚贤之为政之本"，他们认为，要治理国家，必须"不党父兄，不偏贵富，不嬖颜色。贤者举而上之，富而贵之，以为官长，不肖者抑而废之，贫而贱之，以为徒役"⑤。其为贤之道指"有力者疾以助人，有财者勉以分人，有道者劝以教人"⑥。由于墨家"尚贤"，因此在法律上，他们提倡"赏当贤，罚当暴"⑦。

---

① 《墨子·兼爱下》。
② 《墨子·耕柱》。
③ 《墨子·贵义》。
④ 《墨子·经上》。
⑤ 《墨子·尚贤中》。
⑥ 《墨子·尚贤下》。
⑦ 《墨子·尚贤下》。

6. 坚持在法律上实行"杀人者死，伤人者刑"原则，但绝不滥杀无辜

对"杀人者死"有严格限制，将杀人与杀盗人区分开，并对犯罪的原因要具体分析，不轻易定罪，要有证据。

总之，墨子及其弟子，大多是劳动人民出身，而且多有一技之长，因此，主张社会和平共处，反对剥削他人，更反对以侵吞为目的的战争，倡导"非攻"，他们甚至主张帮助被侵略的弱小国家。无疑，他们在社会上受到尊重，对社会发展起着促进作用。

六、名家的法理思想和法学教育实践

（一）邓析的法理思想与私塾法学教育

邓析（公元前545—前501），春秋末期郑国人，法家先驱和名家创始人。其事迹散见于《左传》《列子》《吕氏春秋》等史籍。邓析的遗著《邓析》早已失传，今本《邓析子》应为后人所作。

邓析是中国历史上第一个开办私塾进行法学教育的人，也是中国历史上第一个帮助别人打官司的人，也可以说是历史上没有被国家认可的讼师。当然，他还是历史上第一个私刻《竹刑》的人。由于他主持正义，常帮助他人打官司，并反对"礼治"那一套观念，遭到统治者的不满，尤其是提出"事断于法"的主张，给统治者造成了严重威胁，以致出现"郑国大乱，民口欢哗"的局面。统治者对邓析怀恨在心，郑国驷颛杀害了邓析，但留下了他编写的《竹刑》。

邓析是法家先驱，他赞扬"法治"，反对"人治"，并著有法理学专论两篇，即《无厚》《转辞》。① 现抄录其中一段，足见其法理功底深厚："势者君之舆，威者君之策，臣者君之马，民者君之轮。势固则舆安，威定则策劲，臣顺则马良，民和则轮利。为国失此，必有覆车奔马折策败轮之患，安得不危。"又曰："循名责实，察法立威，是明王也。夫明于形者，分不遇于事；察于动者，用不失则利。故明君审一，万物自定。名不可以外务，智不可以从他，求诸己之谓也。"还曰："治世位不可越，职不可乱，百官有司，各务其形。上循名以督实，

---

① 《先秦诸子系年考辩》卷一，第十七、十八两篇。

下奉教而不违。所美观其所终，所恶计其所穷。喜不以赏，怒不以罚，可谓治世。"① 所引这段论述，直接表明了法家思想的实质是维护封建统治者君主的权威，也表明了名家"循名贵实"的观点。

当然，邓析还有其他名家的观点，因与管仲、商鞅的观点大致相同就不再重复了。

应该说，邓析给人们印象最深的还是他私办法学教育及其著名的讼词，其中最有名的就是"两可说"，有人称之为诡辩词，其实不是诡辩，而是雄辩。现摘录如下：《吕氏春秋·离谓》中记载了这样一个故事，当年洧水发大水，淹死了郑国富户家的一员，尸体已被别人打捞起来。富户的家人要求赎回尸体，然而捞到尸体的人却要价太高，富户的家人不能接受。于是富户家人便找邓析出主意，邓析便说："你安心回去吧，那些人只能将尸体卖给你，别人是不会买的。"捞到尸体的人等急了，也去找邓析问主意，邓析同样回答："你放心，富人家属除了向你买，再无别处可以买回尸体了。"这个例子表明邓析对同一事情的对立双方都是同样的回答，却对事实作出了两个相反的结论，表面看来，似乎不合道理，有些诡辩，其实，这是朴素的辩证法，是对立的统一，最后使问题得以合理解决。当然，这样的例子还有许多，足以表明邓析学以致用，是将法学理论与实践相结合的典范。

《邓析子》对后世影响最大的就是给"法学"这个治国理政的学问在其初便取了好听的名字，就是历史上曾经使用的"刑名之学"或"刑名法术之学"，从而开启了中国古代"法学"学科之先河。从此，古代法家把"刑名"和"法术"联系起来，把"名"引申为法令、名分，主张循名贵实、慎赏明罚，韩非将其概括为"刑名者，言与事也。为人臣者陈而言，君以其言授之事，专以其事责其功"②。由于邓析自办私塾，传授法令知识，敢于提出自己的法学见解，顺应了当时变法思潮，甚至出现了"郑国大乱，民心欢哗"的局面，于是当时统治者将其杀害，却留下了他编写的《竹刑》。从此，刑名之学因李悝《法经》的出现，商鞅携带《法经》入秦，改"法"为"律"，是为秦律。此后"刑名之学"便

---

① 《四库全书总目·子部·法家类提要》。
② 《韩非子·二柄》。

被"律学"所取代。自汉高祖入咸阳约法三章深入人心，于是法学随之兴起，流传至今。其中，有段时间，将"法"与"律"合体，称之为"法律学"。为了达到规范化的作用，从清末开始至中华人民共和国成立后30年，学界统称"法律学"，各大学也设"法律系"。为了统一各学科名称，从20世纪80年代起，教育部在专业目录的设计上，一律将"法律学"改为"法学"，以便与世界各国同步。

(二) 尹文子的法学思想

尹文，战国时期人，尊为尹文子，《汉书·艺文志》中有论及，著有《尹文子》一篇，列为名家。现存《尹文子》上下两篇，系后人伪托。尹文与邓析、公孙龙均为名家。邓析已在上文中介绍了，此处不赘述。公孙龙属于诡辩之类，所以这里仅介绍尹文的法学思想。其实，名家与法家的治国理念很接近，法学在古代又称"刑名之学"，故司马迁在《史记》中将它们放在一起讲了。

名家的出现并非偶然，春秋战国时期，天下大乱，不仅"礼崩乐坏"，而且名实混乱，于是便有一派出来正名，后称为"名家"。尹文子说："名也者，正形者也。形正由名，则名不可差。故仲尼云'必也正名乎!'名不正，则言不顺也。"①

名家的出现反映了当时儒法合流的倾向。尽管儒法合流是汉昭帝以后的事，春秋战国时期儒法是对立的，尤其在治国理念上根本不同，但名家的论述，却为两者提供了合流的空间，而名家的观点是倾向法家的，尹文子是重视法治的。他说："以度审长短，以量受少多，以衡平轻重，以律均清浊，以名稽虚实，以法定治乱，以简治烦惑，以易御险难，万事皆归于一，百度皆准于法，归一者简之至，准法者易之极。"②

尹文子认为："法有四呈，一曰不变之法，君臣上下是也。二曰齐俗之法，能鄙同异是也。三曰治众之法，庆赏刑罚是也。四曰平准之法，律度权量是也。"③ 很显然，尹文子已觉察到他对法的分类并不能令人满意，于是他强调庆

---

① 《尹文子·大道上》。
② 《尹文子·大道上》。
③ 《尹文子·大道上》。

赏刑罚之法，反复指出："庆赏刑罚，君事也；守职效能，臣业也。君料功黜陟，故有庆赏刑罚。臣各慎所任，故有守职效能。君不可与臣业，臣不可侵君事。上下不相侵与，谓之名正。名正而法顺也。"①

　　法由谁来制定呢？尹文子说，法只能由人主制定，人主即君主能制法，因其有势，即权势。"势者，制法之利器，群下不得妄为"②，就是说，法自君出，要保证法制的统一。名家强调守法的重要性，认为法律要少而精，而守法极为重要，强调君主依法办事的必要，所以尸子说："明王之治民也……事少而功多，守要也。"③

　　很显然，名家和法家一样，重视"以法治国"，重视遵守法律是"以法治国"的基础。当然，他们这种治国理念，对当今深化依法治国实践具有一定的借鉴意义，我们应认真总结并予以借鉴和升华。

---

①　《尹文子·大道上》。
②　《尹文子·大道上》。
③　《尸子·卷上·分》。

第三章　秦汉时期的法理学

第一节　秦始皇与李斯的法家治国理念与方式

一、秦始皇的治国理念与方略

秦始皇（前259—前210），姓嬴，名政，战国末期政治家，中国第一个封建王朝的皇帝。系秦庄襄王之子，公元前246年立为秦国国君，继续奉行商鞅变法以来的治国理念，在法家人物李斯等人的协助下，于前221年建立统一的中央集权的封建帝国，坚持"以法治国"。于公元前210年游泰山途中，暴死于沙丘（今河北广宗西北大平台）。他毕生奉行法家治国理念，是中华千古一帝的君王，其功过历来受人评说，笔者认为，对秦始皇要有一个正确评价，其法律思想主要有：

1. 坚持国家统一，是中央集权的封建帝国的创立者

坚持中华民族的统一，是人民的愿望，也是历史发展的必然要求。秦始皇认为，诸侯混乱的局面是裂土分封和法度不明造成的，指出"天下苦战不休，以有侯王"①。为了国家统一，他采纳李斯等法家人物的建议，推行郡县制，大权归于中央，他自称"始皇帝"，后世以计数，二世三世至于万世，传之无穷。这固然反映了封建制度的"家天下"理念，同时，在客观上也体现了中华儿女的共同愿望。就是说，建立中央集权的统一的封建帝国，是符合历史潮流的，对中华民

---

① 转引自《中国大百科全书》（法学卷），中国大百科全书出版社1984年版，第479页。

族的生存与发展，特别是对整个世界的发展是有重大历史功绩的，这一点应该予以肯定。

2. 坚持"以法治国"的理念和方略

史称秦始皇"刚毅戾深，事皆决于法"①。他坚持执行法律，尽管其法律过于严厉与繁琐，但对整个国家的发展与社会的进步是大有好处的。更重要的是，全国"以法为教，以吏为师"，人人学习和运用法律，尤其各级负责人首先要学法、用法，充当法学教师，这无疑是件好事。

3. 重视人才，重用法家人士

据古籍记载，秦始皇（当时叫秦王）读了韩非的著作《孤愤》和《五蠹》之后，极为感慨："嗟乎！寡人得见此人与之游，死不恨矣！"② 随后，他甚至不惜动员十万将士发动了一场对韩国的战争，迫使韩非赴秦。尽管由于种种原因，特别是因李斯的迫害，他很少采纳韩非的建议，甚至使韩非冤死于狱中。但这件事却反映了秦王对法家人才的重视。其实，他不只重视法家人士，对一切有用之才，他都予以重用，打破了过去用人的界限。正因为重视人才，国家才得以兴旺。

4. 重视农桑，发展经济

秦国地处西北，土地贫乏，农业落后，秦国自商鞅变法开始，便重视耕战，在废除世亲世禄的基础上，对有军功的农民，同样给予奖励，使当时的农业有了大的发展。统一六国后，又实行了统一"度量衡"的改革，有力促进和活跃了农业经济，使秦国由落后的农耕国家很快强盛起来，为国家统一奠定了物质基础。

5. 统一了文字，促进了文化的交流和中华民族的融合，为建立统一的多民族国家奠定了文化基础和思想基础

这也是中国作为世界四大文明古国中唯一不衰败的原因，更是中华民族绵延五千年经久不衰的原因。尽管中华民族也有过较短的分离，但深厚的文化积淀，使中华民族团结一致，维护统一。

---

① 转引自《中国大百科全书》（法学卷），中国大百科全书出版社 1984 年版，第 479 页。

② 《史记·老庄申韩列传》。

6. 秦始皇在中国历史上最大的功绩就是维护祖国统一，加强民族团结，建立了中央集权的封建帝国，并为历代所沿袭

当代中国还是一个统一多民族国家，只是性质不同而已，我们不能忘记秦始皇使国家统一这一功绩。事实上，也不能忘记万里长城这个世界八大奇迹之一仍然屹立在世界东方，它对于抵御外来侵略，的确起到了重大作用。我们不能忘记秦始皇统一度量衡的决策；不能忘记秦始皇统一文字的举措，即"书同文"；不能忘记使道路畅通的举措，即"车同轨"；不能忘记他对少数民族的政策，使我们这个多民族的国家一直团结一致，共同用勤劳的双手建设统一的多民族国家。很显然，秦始皇的功勋业已写在史册里。

当然，秦始皇也是有过错的，如何来评价他的过错，一直是两千年来有争议的问题。我们不妨从法理学的角度来分析一下。首先，贬低、谩骂秦始皇的大多是儒家学派，这也是可以理解的，因为秦始皇是法家人物，无论从基础理论或具体实践来看，儒法两家都是根本对立的。据笔者考证，评价秦始皇是从汉高祖开始的，楚汉战争结束后，刘邦为了论证汉代刘家政权的合法性，他对臣下说：你们替朕好好研究一下秦朝为什么灭亡，汉代为什么会建立。其下一派儒家弟子如陆贾、贾谊、司马迁，当然，更包括董仲舒这样的铁杆儒家。在这些人中，又以贾谊、司马迁为首。贾谊专门写了一篇文章《过秦论》，其中写道："秦王怀贪鄙之心，行自奋之智，不信功臣，不亲士民，废王道而立私爱，焚文书而酷刑法，先诈力而后仁义。以暴虐为天下始。"① 笔者仅就法理学有关问题，对贾谊这段说辞作如下分析：

第一，"废王道而立私爱"。废王道，这是事实，秦始皇执行的是法家的治国理念，强调的是"以法治国""事断于法"，这一点不说自明。至于"立私爱"，贾谊没有提出具体事实。据历史记载，秦始皇是一个勤奋的皇帝，每天从早忙到晚，都在为国家着想，总在审批上千斤的奏折，事无巨细一般都要亲自过问。就是说，"废王道"是真，"立私爱"有假。

第二，"焚文书而酷刑法"。这个问题与事实有出入。汉武帝"罢黜百家，独尊儒术"后，使那些以儒家理念行事的儒生，有意将原本简单的历史事实加以

---

① 《过秦论·中篇》。

复杂化、悲情化。事实上，秦始皇并未坑杀过儒生。他确实杀了一些蛊惑人心的方士，这些人曾多次欺骗秦始皇，携骗得的巨款一走了之。秦始皇在愤怒之下，将这些方士坑杀了。当然，杀人肯定不对，即使是封建帝王也不能随意杀人。但秦始皇杀这些方士确实事出有因，再说坑杀的的确不是无辜的儒生，而是大骗子卢生等人。这一点司马迁在《史记》中有记载，也说坑的是方士。至于焚书坑儒一事，《史记》中谈论以亡秦为戒的有 81 处，直接指责秦始皇暴政的有 67 处。汉代儒士和司马迁为什么毫不留情地把秦始皇妖魔化呢？大概有下列原因：其一，是为了争取民心，为新兴的政权——刘氏政权寻找"合法性"。这些儒生在皇帝的授意下便开始将秦始皇妖魔化。其二，以秦朝灭亡为戒，敦促统治者励精图治，不要走秦始皇的老路。其三，以司马迁为首的儒生们，借秦始皇来说事，意在含沙射影奉劝汉武帝。因为刘彻也有求仙长生不老的做法，加之他也大修陵墓，广建宫室等。

至于"酷刑法"，应该说确有其事。因为法家的重要政策，就是"重刑主义""以刑去刑"。一般说，凡是封建制国家，一般都采取重刑主义，只是嘴上不说而已。毫无疑问，法家的重大毛病之一，就是重刑主义。因为他们的理论基础是"性本恶"，刑法上是采取报复主义的。不说法家，儒家又何尝不是如此，因此，鲁迅说，翻开二十四史，就是"吃人"二字。当然，这是有点过了，因为二十四史上还有"以人为本"和"民贵君轻"的思想。话又说回来，剥削阶级刑法的共同特点就是"刑罚残酷"。至于秦始皇是否像贾谊所说的那样，需要看事实。据出土的《云梦睡虎地秦简》的几则律文来看，其实并非贾谊在《过秦论》说的那样残酷和不讲道理。按《秦律》规定："夫盗千钱，妻所匿三百，可以论妻？妻智夫盗而匿之，当以三百论为盗；不智，为收。"[1] 这条规定，同现代法律有某些类似之处。就是说，丈夫行窃，妻子匿三百，如果妻子知道，则是窝藏赃物，当然要受处罚；如果不知道，便不处罚，这同现代刑罚基本相同。又如："甲盗钱以买丝，寄乙，乙受，弗知盗，乙论何也？毋论。"[2] 就是说，甲偷钱，买丝后寄存在乙那里，乙接受了，但他不知道甲盗钱的事，问乙该怎么处

① 《云梦睡虎地秦简·法律答问》。
② 《云梦睡虎地秦简·法律答问》。

理？说不以论罪。上述两条法律规定看来还是讲道理的，均以是否明知为前提，有一定合理性，难道这样的刑法也是"酷刑法"？当然不能这么说。可见，《秦律》并不是蛮不讲理的，严格地讲，谈不上酷刑法。当然，总的来说，封建制度的刑法是残酷的，而从《秦律》这两条规定和其他出土的法律条文来看，秦始皇制定的刑法并不是像宣传的那样残酷。当然，法家总的方面是推行"重刑主义"的，这一点也不能否认。这里列举的两条秦代刑法规范，只是说明秦始皇制定的刑法并不是最残酷的，从云梦出土的秦简来看，其中约17000字记录了秦代从政治到经济、从民事到刑事多方面的法律规范，说明秦代的国家治理工作开展得还可以，法律条文在封建社会特别是中国古代社会，其法律制度不是最残酷的，贾谊的说法有些夸大了。

贾谊还指责秦始皇不信功臣，诡诈权势，也不符合事实。从秦始皇13岁继位至50岁去世这段时间来看，他应该算是一个决策力、判断力超群的帝王，是一个从谏如流、广纳贤士的君主，无论是丞相李斯，军事家尉缭，还是科学家郑国，以及来自东方六国的很多贤才，都能在秦国大显身手，并流传后世，可见秦始皇重视人才、重用人才。他在建国后还能善待有功之臣，如王翦、蒙恬等功臣。

长期以来，秦始皇被认为是一个暴君，这是一桩遗留数千年的冤假错案。我们在研究中国法理学的学说史时，应该以法学家的气魄，还秦始皇有功于中华民族的真相，尽管他有不少缺点，但他绝不是一个暴君，而是有益于国家统一的明君。

二、李斯的治国理念

李斯（？—前208），秦代政治家、法学家。楚国上蔡人（今河南上蔡西南人）。青年时代与韩非同为荀况学生，接受法家代表人物商鞅、慎到、申不害的法学观点。战国末年入秦，先为相国吕不韦的舍人，后被秦始皇任客卿、廷尉，直至相国。秦始皇死后，曾与赵高狼狈为奸，害死太子扶苏，最后被赵高所杀。其主要法律思想与治国理念有：

1. 坚决贯彻法家维护国家统一、富国强兵与中央集权的方针

他在入秦时，就明确地说："夫以秦之强，大王之贤，由灶上骚除，足以灭

诸侯，成帝业，为天下一统，此万世之一时也。"① 他主张对六国采取离间君臣关系，分化瓦解，各个击破的策略；对内建议用人唯贤，网罗人才，采取富国强兵和中央集权的方针。李斯这些建议，均被秦始皇采纳，起到了很大作用。

2. 提出的"焚书坑儒"建议被秦始皇采纳

他提出焚烧《秦记》以外的列国史记，和属于博士官私藏的《诗》《书》等限期交出并烧毁，有敢议论《诗》《书》的处死。禁止私学，欲学法令者必须以吏为师。此时值公元前 213 年，亦即秦始皇三十四年。第二年（前 212 年），将侯生、卢生等方士处死。据说凡攻击秦始皇的，经御史查证属实的共 460 多名方士与儒生均被坑杀于咸阳，史称"焚书坑儒"。当然，不少学者对此有不同看法。

3. "以法为教，以吏为师"

秦国自商鞅变法以来，整个国家坚持"以法为教，以吏为师"，以执行"以法治国"方略，人们对这一做法有两种看法：一种认为，这是思想文化专制主义的体现，因为李斯曾经说过：今天下一统，应当在思想文化上分清黑白，使之定为一尊。可有些人不师而学古，"道古以害今"，因此对这些人应予处置，其建议被秦始皇采纳。另一种认为，"以法为教，以吏为师"是贯彻"以法治国"的需要，不仅要求全民学法，而且要求各级官吏起表率和教师作用。这种做法，对我国正在深入推进的"全面依法治国"有一定的借鉴作用，对作为"关键少数"的领导干部带头学法，认真贯彻国家法律有直接的启示意义。这个观点本是韩非首先在《五蠹》中提出的，是李斯作为国策向秦始皇建议的。

4. 人主独尊，法自君主

这是中国中央集权的封建帝国的基本特征，也是李斯提出的重要理念。他认为，君主应"独制天下而无所制"，"莘然独行恣睢之心而莫之敢逆"。只有这样，吏民百姓才不敢反抗，统治者才能处尊位。基于上述思想，在秦始皇的授意下，李斯与丞相王绾、御史大夫冯劫一起，议帝号，称颂秦始皇"兴义兵，诛残贼，平定天下，海内为郡县，法令由一统"②。实现了中央集权的帝业，从此，

---

① 转引自《中国大百科全书》（法学卷），中国大百科全书出版社 1984 年版，第 368 页。

② 《史记·秦始皇本纪》。

中国独特的古代法自君主，命为"制"、令为"诏"，皇帝自称"朕"，"制"与"诏"也就成为了法律的重要渊源。李斯为中央集权制度的构建，曾起过重要作用，但他的自私又毁了秦王朝。

李斯入秦并得到秦王重用不久，发生了韩国水利专家郑国的"间谍案"。当时因为开凿河渠，灌溉农田，以至于大量消耗了秦国的人力与物力，使秦国无力东征。这一阴谋被发觉后，秦国不少大臣先后上书秦王，恳请大王驱逐各诸侯国来秦当官的人一律出境。秦王随即下达"驱客令"，李斯也在计划被驱逐的客卿之列。面对这一情况，李斯写了长篇《谏逐客令》予以劝阻，并详细陈述了驱逐客卿的坏处。首先，他指出：自秦穆公招揽人才以来，先后从西戎争取了由余，从楚国赎得了百里奚，从晋国聘来了公孙支、丕豹。这些贤人并不出自秦国，秦穆公重用了他们，得以征服了 60 多个小国，使秦国称霸西戎。孝公重用商鞅的新法，使秦国国力强大，功德一直影响至今。惠王用了张仪的计策，攻下三川地区，拆散了六国的合纵。昭公得范雎为丞相，稳固了王室，于是免穰侯魏冉，斥逐华阳君，巩固了政权。从历史上说，客卿并没有对不起秦国的地方，而是有很大的功劳。如果国家疏远人才，那么国家便没有强大的威名了。

秦王采纳了李斯的意见，于是废除"逐客令"，并恢复了李斯的官职，后来又晋升李斯为廷尉，过了几年又升他为丞相，辅佐秦王统一了六国，建立了中央集权的封建制国家。当然，李斯毕竟私心太重，他不仅害死了自己的同学韩非，而且被赵高利用，合谋杀害了太子扶苏，谋害了蒙恬，最后葬送了秦国。当然，秦国的灭亡还有更重要的原因，就是"重刑主义"。

李斯的一生，对中国的统一、秦代法制的建立和一系列国家制度的建立，特别是中央集权和郡县制度的建立是有重大贡献的。他提出的君主"独操主术以制听从之臣，而修其明法，故身尊而势重也"的极端专制思想，强调对人臣的"督责"与"重罚"，影响甚至培育了一代又一代暴君。同时，他的自私与贪心害死了韩非与谋杀了扶苏与蒙恬，而使其成为一代奸臣。这个事实告诫人们：害人必害己；也告诫人们：为官一任，应造福一方。尤其是一些高官，更应注重个人修养，树立良好的个人品德，否则，官越大，可能害的人就越多，对国家与人民都是有罪的，甚至遗臭万年。

第二节　汉代法理学的发展

一、萧何的法理思想

萧何（？—前193），沛县（今江苏沛县）人。汉初三杰之一，刀笔吏出身，崇尚法家，推崇黄老哲学。随汉高祖起兵，功劳显著，被封为第一功臣，担任相国，因治国有方而拜爵封侯。无论在法理上，还是在法制建设上，萧何均有重大建树，现分述如下：

1. 倡导"无为而治"的治国理念，宣扬黄老哲学的法理思想

"黄"即皇帝，"老"即老子，黄老哲学的实质就是"无为而治"，这在连年作战，正需要休养生息的西汉王朝收到了良好效果。不久，便出现了"文景之治"的盛世局面，这当然与倡导"无为而治"的萧何有关。"无为而治"的核心，就是政府不要过多干扰百姓生活，要充分发挥人民的积极性。

2. 重视立法，加强法制

萧何不仅在刘邦进咸阳时协助他"约法三章"，即"杀人者死，伤人及盗抵罪"，取得了民心、稳定了秩序，而且，在《法经》的基础上，制定了《九章律》。西汉初年，刘邦等人感到"约法三章"不足以御奸，于是萧何受命"攈摭秦法，取其宜于时者，作律九章"。《九章律》现已失传，据《唐律疏议》记载，其九章的篇名是在李悝《法经》的盗、贼、囚、捕、杂、具之后，增加《户律》《兴律》《厩律》三篇，是为《九章律》，作为汉律的核心，后又增加《傍章》《越宫律》《朝律》。

3. 搜集治国理政资料

这为汉初稳定社会秩序，消除各种危害因素起了很大作用。特别是在整顿经济秩序，征集赋税上作用明显，是我国古代依法管理经济，促进经济发展的典范。楚汉之争几十年，需要强大的经济作为后盾，萧何积极支持前方作战，源源不断供给刘邦在一线的兵源财源，确实立下了不朽功勋。

4. 唯才是举

萧何还积极为刘邦推荐人才，如"萧何月下追韩信"，为刘邦推荐了打败项

羽的帅才。他临终前，还为汉文帝推荐了陈平、曹参这样的治国贤才。西汉初年的文武高级官员，多数都是萧何所推荐，这为西汉的发展奠定了人事基础。

总之，萧何的功劳是很大的，有关历史文献都作了相应记载，如《史记·淮阴侯列传》《汉书·萧何曹参传》《汉书·刑法志》及王充的《论衡》中均有记载。尤其是司马迁在《史记·萧相国世家》中更是大加赞扬，认为萧何"必将名声流传于后世，永垂不朽"①。萧何作为相国，在封建制度下，是一人之下、万人之上的存在，对国家起着关键作用。西汉王朝是我国发展较快的封建王朝，尤其在坚持法制、弘扬法治精神上，发挥了承前启后的作用，在中华法治文明史上也留下了不少印记。

二、"文景之治"的法理学

汉文帝刘恒，系汉高祖刘邦的第四子，被封为代王，王城在中都（今山西省平遥县）。吕后死后，吕氏家族吕产等人作乱，被汉朝大臣共同诛杀，立代王为帝。文帝当政以后，信奉黄老哲学，实行"无为而治"的治国理念，任命陈平为相。有段故事辨明陈平确实践行了黄老哲学，汉文帝为了更加掌管国务，在朝会时，问右丞相周勃："天下一年判决的诉案有多少？"周勃答"不知"。又问："天下一年金钱和谷物的收支各多少？"周勃惭愧不知所答。于是文帝问左丞相陈平，陈平回复说："这些事都有主管的官吏。"皇上问："主管的官吏是谁？"陈平说："陛下若问决狱的事，就责问廷尉；如问钱谷之事，就责问治粟内史。"皇上接着问"假如各事各有主管的官吏，那你所主管的是何事？"陈平谢罪说："主管官吏，陛下不知我资质驽钝低下，能使任职宰相。宰相对上辅佐天下，顺理阴阳四时，对下要善化育万物，对外则镇服安抚天下的夷狄和诸侯，对内则使百姓归附，使卿大夫各能胜任其职责。"陈平对汉文帝的回答，表明陈平身为宰相，确实是在"无为而治"。因为连年战争，老百姓和各行各业都需休养生息，国家无须过多干预百姓平静的生活。这也是历史上西汉初年的"让步政策"。当然，"无为而治"并不是不干事，而是让下属和老百姓增强主动性，是"无为"中的"有为"，就是说统治者"无为"，百姓才能"有为"，即统治者不要扰民，

———————————

① 《史记·萧相国世家》。

要让百姓休养生息。

当然，汉文帝的治国理念也有积极的一面，这就是历史上所讲的"废除肉刑"。按历史上传下的"五刑"（即"老五刑"）太残酷，五刑即黥刑（又称墨刑，即在脸上刻字）、劓刑（即割鼻子）、刖（即砍足）、宫（即破坏生殖器）、大辟（即死刑，种类极多）。汉文帝准备将五刑废除，但这项工作非常艰巨，直到唐朝才基本将"老五刑"改为"新五刑"，即笞、杖、徒、流、死。这就是说汉文帝很重视刑罚制度的改革，这也是其法律思想的主要方面。与此同时，汉文帝还积极引导官员严格执法，带头依法办事，留下了不少佳话。更值得一提的是，西汉初年汉高祖要求群臣总结秦代灭亡的教训，并论证新政权的合法性，以便从思想上维护刘家王朝的统治，这在汉文帝即位后讨论得更为激烈，其中影响较大的就是贾谊的《过秦论》。

贾谊（公元前200—前168），河南洛阳人，从小好学，20岁时，被汉文帝召为博士，一年后升任太中大夫，因主张改革，遭周勃等人的排挤，贬为长沙王太傅，著有《过秦论》《治安策》《吊屈原赋》等，其主要法学思想有：（1）夺取天下与治理天下是有区别的，应采取不同政策与方略，前者靠的是武力，后者必须实行"仁政"，执政靠的是"仁义"，应以人为本。（2）主张"立君臣，等上下"，为封建正统的法学思想与法律制度奠定了基础。（3）论证西汉政权的合法性，这具体表现在他的《过秦论》一文中。他对秦始皇是这样评价的："秦王怀贪鄙之心，行自奋之智，不信功臣，不亲士民，废王道而立私爱，焚文书而酷刑法，先诈力而后仁义。以暴虐为天下始。"这就是说，秦始皇怀着贪婪卑鄙之心，只想施展个人的才华，而不信功臣，不亲近士民；他还抛弃仁政王道，树立个人权威，他废除诗书古籍，实行严刑峻法，把诡诈权势放在前头，把道德仁义放在后头，以残暴苛虐作为治理天下的前提。贾谊这段话被历代儒家弟子广泛引用、认同。这显然是儒家的看法，与历史有较大出入。秦始皇13岁亲政，50岁暴亡，从其亲政37年来看，应该是一个判断力与决策力超群的领袖，也是一个从谏如流、广纳贤士的皇帝。秦始皇之所以被人们理解为暴君，与焚书坑儒的事件有关，多少年来，中外学者都认为这是历史上的一桩冤假错案。本来，这个事件在汉初有关史书中并没有出现，后来说是焚书，并未提到坑儒；文献说的也是坑杀骗秦始皇钱财的方士。自汉武帝"罢黜百家，独尊儒术"后，有些儒家人士有意将原本简单的故事弄得复杂化、悲情化。事实上，从出土文物来看，并没有发生过坑儒事件。因此，我们应以事实为根据来评价历史人物。至于贾谊等人论证西汉政权的合法性的问题，我们是历史唯物主义者，西汉统治者确实制定了休养生息的政策，使经济社会得到了恢复，尽管有一定欺骗性，但当时政权是稳定的，这是事实。

"文景之治"的另一个重要人物，就是汉景帝时期的晁错，其治国理念属于法家性质，力求政权集中统一；反对分封，主张撤藩。晁错（公元前200—前154），今河南禹县人，因通晓文献典故而出任太常掌故，曾任太子（景帝）的老师。景帝即位后晁错任内史、御史大夫，坚持中央集权，反对分封。晁错多次上书更改法令，先后共更改律令30章，其立法目的很明确："尊主安民而救暴乱也。"① 后来，晁错在"七国之乱"中，因景帝中了叛乱者"清君侧"之计，被冤枉处死。

总之，"文景之治"是中国封建社会的盛世，践行的是黄老哲学，即"无为而治"。当然，贾谊与晁错两人均不是道家，但他们拥护中央集权，支持"文景之治"的治国理念，即按道家观点："我无为而民自化，我好静而民自正，我无事而民自富，我无欲而民自朴。"

三、淮南王刘安及其《淮南子》

刘安（前179—前122），今江苏沛县人，刘邦之孙，才思敏捷。汉文帝时，袭父封淮南王，主持编写《淮南子》（亦称《淮南鸿烈》）。刘安的法理学思想较为丰富，主要体现在《淮南子》之中。

1. 刘安认为法律是治国的根本

刘安说："所谓亡国，非无君也，无法也。""法生于义，义生于合适，合适生于人心，此治之要也。"又说："法者，非天堕，非地生，发生于人间而反以自正。"② 就是说，法律不是从来就有的，也不是上天所赐予的，而是人类自己的创造物，是人类制定的。很显然，刘安这一观点在一定程度上符合马克思主义关

---

① 《汉书·晁错传》。
② 《淮南子·主术训》。

于法的产生的理论。

2. 强调"严格执法"

强调法律必须得到严格执行，否则等于无法，即"有法者而不用，与无法等"①。

3. 法律在适用中一律平等

刘安指出："法定之后，中程者赏，缺绳者诛。尊贵者不轻其罚，而卑贱者不重其刑，犯法者虽贤必诛，中度者虽不肖必无罪，是故公道通而私道塞矣。"②

4. 重视法律秩序的建立

刘安认为法律是维护统治的工具，明确指出："法制礼仪者，治人之工具也，而非所以为治也。"③

5. 倡导"治国，太上养化，其次正法"

刘安倡导"利赏而劝善，畏刑而不为非，法令正于上而百姓服于下，此治之末也"④。

6. 指出人在执行法律中的作用

刘安引用孟子关于"徒法不足以自行"的观点，进一步说："有道以统之，法虽少，足以化矣；无道以行之，法虽众，足以乱矣。"⑤ 因此，刘安强调执法者人的修养、素质。

7. 强调以体现国家利益的法律制度为刑赏的客观标准

即"明主之赏罚，非以为己也，以为国也"⑥。

刘安在《淮南子》中的中心思想，是推崇道家的"无为而治"的治国理念，他说："君道者，非所以为也，所以无为也。"⑦ "人主之术，处无为之事，而行不言之教。" "一日刑之，万世传之，而以无为为之。"⑧ 刘安倡导无为而治，是

---

① 《淮南子·主术训》。
② 《淮南子·主术训》。
③ 《淮南子·氾论训》。
④ 《淮南子·泰族训》。
⑤ 《淮南子·泰族训》。
⑥ 《淮南子·缪称训》。
⑦ 《淮南子·诠言训》。
⑧ 《淮南子·主术训》。

要求法的精神不变，而具体的法律制度及其适用原则应适时而变，明确指出："天下岂有常法哉！当于世事，得于人理，顺于天地，祥于鬼神，则可以正治矣。"① 刘安在政治上反对中央集权，并怀有野心，但对于治国理念却有所研究，推崇老子的"无为而治"，这在当时是适时的。由于他在根本上违背时代潮流，所以最终在叛乱后被武帝所杀。

《淮南子》共 21 篇，系统总结了西汉以前治理国家的兴亡成败和祸福的经验教训，尤其认真分析了秦王朝灭亡的原因和汉初"无为而治"兴起的原因，认为君主治国的根本大法是"无为"，宣称："君道者，非所以为也，所以无为也。何谓无为？智者不以位为事，勇者不以位为暴，仁者不以位为患，可谓无为矣。夫无为，则得于一也。一也者，万物之本也，无敌之道也。"② 就是说，国君治国之道，不是使其有所为而是要使其无为。什么叫无为呢？《淮南子·主术训》中作了概括的说明：君主的无为不是那种无思无虑，更不是凭一时冲动而轻易妄动，而是赏罚公正，执法严明，依靠群臣的"有为"的"无为"，以达到政治目的。《淮南子》认为，人类社会如同自然规律一样，存在着客观运行的法则，因此，要顺应客观规律来治国理政，而不能随意妄为。从这个意义来讲，"无为而治""道法自然"是有一定意义的，正因为如此，汉武帝因淮南王刘安系"七国之乱"的首谋，当即处死，而刘安主持编写的《淮南子》中的一些观点却保存下来，融入儒学之中。我们认为，《淮南子》倡导的治国理念，所主张的"无为"中的"有为"，强调顺应客观规律，这对新时代全面推进依法治国有一定借鉴意义。我们必须从国情出发，尊重客观规律，各民族共同为中华民族伟大复兴而努力奋斗，为建设社会主义现代化强国而竭尽全力！

四、董仲舒的法学思想

董仲舒（前179—前104），西汉哲学家，今文经学大师，《春秋决狱》的炮制者。广川人（今河北景县西南），为儒家宗法思想的典型代表，其封建性、保守性更为突出。其主要法学思想有如下几点。他著有《春秋繁露》《举贤良

---

① 《淮南子·氾论训》。
② 《淮南子·诠言训》。

策》等。

1. 提出"三纲五常"

董仲舒假借天意，把神权、君权、父权、夫权贯穿在一起，形成中国封建神学体系。"三纲"即君为臣纲、父为子纲、夫为妻纲；"五常"即仁、义、礼、智、信。这些两千多年来，一直奉为封建社会正统。其虚伪性、欺骗性显而易见。

2. 主张"性三品"

董仲舒把人性分为上、中、下三品（即所谓"圣人之性""中民之性""斗筲之性"）。他认为圣人之性是至善，小人之性是至恶的。他说："圣人之性，不可以名性；斗筲之性，又不可以名性。名性者，中民之性。"① 他还专门批判了孟子的性善论和荀子的性恶论。就是说，董仲舒全面证明了封建等级制度的合理性。

3. 宣扬"天人感应"

董仲舒将"天道"和"人事"牵强比附，全面论证"道之大原出于天，天不变，道亦不变"，假借天意，把封建统治秩序神圣化、绝对化，企图引导人们服从封建君主和地主阶级的统治。

4. 倡导"罢黜百家，独尊儒术"

董仲舒明确向汉武帝建议只尊崇儒家学说。汉武帝建元元年（公元前140年），董仲舒建议独尊儒家学说，罢黜诸子百家，只有通晓儒家经典的人才能做官，借以统一思想，巩固专职的中央集权制度。汉武帝接受其建议，后来在太学专设五经博士，用儒家经典教育子弟，选拔官吏也以儒家为标准。从此，儒家思想便成为维护封建统治的正统思想。

5. "春秋决狱"

董仲舒完全否认法律的作用，他建议以孔丘唯一的著作即关于鲁国的编年史《春秋》作为判案的依据，作出了很多啼笑皆非和违背常理的判决。既冤枉了好人，也放走了坏人，是对封建法制的极大破坏。"春秋决狱"又称"公羊春秋决狱"，亦称"引经决狱"。据《后汉书》记载："董仲舒老病致仕，朝廷每有政

---

① 《春秋繁露·实性》。

议，数遣廷尉张汤亲至陋巷，问其得失。于是作《春秋决狱》二百三十二事。"①根据《通典》与《太平御览》解释，所谓"春秋决狱"，就是在对刑事犯罪定罪量刑时，直接以儒家经典《春秋》作判案的依据。很明显，这样最容易导致冤假错案，导致儒家经典直接破坏法制，更严重的是，开儒家思想法律化之先河，直接影响魏晋以后法律儒家化的进程。

五、桑弘羊和《盐铁论》

桑弘羊（前 152—前 80），洛阳人，汉武帝时，任治粟都尉，领大司农，推行重农抑商政策，实行盐铁官营，边疆屯垦。曾与霍光等辅政汉昭帝。在盐铁会议上，就治国理念方略与政策等各方面展开激烈的争论。桑弘羊的观点记载在桓宽所写的《盐铁论》之中。

公元前 81 年，由西汉昭帝主持，各地推举的贤良文学 60 余人到京城举行会议，反对盐铁官营，与御史大夫桑弘羊反复辩论，内容涉及极为广泛，这里仅就其治国理念和治国思想所记载的有关桑弘羊的观点简述如下：

1. 提出"因时局立法"的法律进化论思想

桑弘羊说："善声而不知转，未可为能歌也；善言而不知变，未可谓能说也。"② 又讲："故射者因势，治者因法。"③ 就是说，如果政治有了毛病，本来可以执行现行法令的，却要按古时的礼制来处理。这就如同起火后不用近处屋边池塘的水来扑灭，而非要用大江里的水来救火一样，这是不切实际的做法。这个道理告诉人们，法律要适时而变，要根据时势的变化而增加新的规定，或者干脆就制定新的立法，使之适应新的变化发展。

2. 强调以法治国，讥讽儒生提倡的教化

桑弘羊认为破坏社会秩序的犯罪分子是因为"网疏则兽失，法疏则罪漏"。在他看来，只有依法打击犯罪，才能收到"累其心而责其意"的效果。

3. 提出"以刑正民"的法律思想

---

① 《后汉书·应劭传》。
② 《盐铁论·相刺》。
③ 《盐铁论·大论》。

法律本来就是统治阶级意志的体现，是统治阶级维护其政权的主要工具，但不是纯工具，它还有更大的作用，如治国理政、教育教化的作用。桑弘羊反对的是"纯工具论"，认为法律确实是一种工具，但又不只是一个工具。因此，他说："人君不畜恶民，农夫不畜无用之苗。无用之苗，苗之害也；无用之民，民之贼也。鉏（锄）一害而众苗成，刑一恶而万民悦。……故刑所以正民，鉏所以别苗也。"①

桑弘羊系西汉重臣，汉武帝死后，由其子昭帝继位，按武帝遗命由霍光与桑弘羊等一起辅佐昭帝，他是有功劳的，尤其是主管盐铁对当时经济起了很大作用。在盐铁会议上，他的观点是正确的。但后来，因他与霍光政见不一，再加上他有参与叛乱的意图，被杀害于宫中。

六、秦汉时期的法学教育

法学教育是法理学关注的重要方面，不仅有理论上的论证，而且有实践方面的成就。我国古代法学教育，起步很早。在春秋时期，就有法学先驱邓析开办私塾，专门从事法学教育，影响很大。但国家开办法学教育则始于秦代。鉴于秦代奉行法家治国理念，开创了"以法治国"的先例，对法学教育极为重视，整个国家就是一个法学的大学堂，践行着一个伟大而空前的事业，即法家的重要信条："以法为教，以吏为师。"这样以国家为范围开展法学教育，而且只办法学教育，这不仅在当时是空前的，而且也是绝后的。因为当时世界范围内没有一个国家举办这样大范围的法学教育，而且以后包括当今世界，也没有一个国家只办一种教育即法学教育。当时，还有正规的教材，这就是 1975 年 12 月在湖北云梦睡虎地发掘的《法律答问》和《为吏之道》，还有 20 多部单行法规，共计法条 600 余条，佐证了秦国"以法为教，以吏为师"的历史事实。还有，法家大师韩非早在其名著中就有过论证。他说："故明主之国，无书简之文，以法为教；无先王之语，以吏为师；无私剑之捍，以斩首为勇。是境内之民，其言谈者必轨于法，动作者归之于功，为勇者尽之于军。"② 就是说，从商鞅变法开始，历经十一个君

①　《盐铁论·后刑》。
②　《韩非子·五蠹》。

主，长达一百多年，坚持"以法为教，以吏为师"，终于收到了巨大效果，是秦始皇统一六国、建立中央集权的封建帝国的重要原因之一，也是我国历史上法学教育最辉煌的一页。按商鞅变法时期的明确规定，要建立"吏民知法令者，皆问法官"的制度，宣称"故圣人必为法令，置官也，置吏也，为天下师"。① 秦律还要臣民"若欲有学法令，以吏为师"。② 据说，秦代还专门设立"博士"职，专管法学教育。《汉书》已有记载："博士，秦官，掌通古今。"③

汉承秦制，也设有博士，其中有律博士、五经博士、武博士等。与律博士近似的，还有专管衙门案件的"司爷"，他除管庭审记录，还起法律教育与参谋的作用。据说西汉初年的相国萧何与曹参，都是"刀笔吏"出身，都是学法律、懂法律、以法律为职业的。当然，现有史料可查的和官书记载的，我国的官办法学教育始于东汉末年的"三国时期"魏明帝。据史料记载，明帝即位，卫觊奏曰："请置律博，相传教授。"④ 据说，当时有个大臣叫胡寅，极力反对。但魏明帝还是采纳了卫凯的意见，正式设立律博士一职，专司法学教育。从此，法学教育便成为一种制度，为历次王朝所沿袭。据《册府元龟》所记载：北齐有律博士 4 人，隋有律博士 8 人，其中有名有姓的有侯坚固、杨衡之、司马锐、傅霖等人。

七、王充的法哲学思想

王充（27—97），字仲任，浙江会稽上虞人。6 岁读书，8 岁进学馆，15 岁进太学学习，出任过几任地方小官。由于性格刚直，做事认真，往往不受重视，于是干脆远离仕途，闭门著述。先后著有《讥俗》《政务》《养性》等书，但均已失传，仅存《论衡》一书。王充是我国古代著名的唯物主义哲学家，他的法哲学思想如下：

1. 反对"天人感应"，批判"君权神授"

王充是系统反对"天人感应"，批判"君权神授"的代表人物。他以唯物主义为理论基础，对"天"与"人"作了唯物主义的说明。首先，他把"天"规

---

① 《商君书·定分》。
② 《史记·秦始皇本纪》。
③ 《汉书·百官公卿表序》。
④ 《三国志·魏志·卫觊传》。

定为"自然之天",说"天地,含气之自然也"。① "夫天者体也,与地同。"②
因此,他认为天与地一样,都是由物质性的元气构成的物质实体,并不神秘。在
这个基础上,王充强调"况天与人异体"③,认为天与人并完全同构,反对把自
然现象拟人化,有力地批驳了"天人感应"的谬论。明确指出:"圣主治世,期
于平安,不须符瑞。"④ 进而否定了"君权神授"的种种谬论。当然,王充在反
对唯心主义的先验论时,基本采取经验论的思维途径,因而不能正确解释一般与
个别的辩证关系,这一历史局限在当时具有不可避免性。从社会发展来看,该书
的历史价值是客观存在的,因为它批驳了"君权神授",认为皇帝、天子并不是
上天或上帝授予的,指出人们不要迷信君权的神秘性。

2. 否认孟轲的"人性善",又反对荀况的"人性恶"

王充对"人性"问题,有独特的见解,既否认孟轲的"人性善"观点,也
反对荀况的"人性恶"理论,更批判唯心主义神学宣扬人性由"天意"决定的
谬论。他明确指出:"论人之性,定有善有恶。其善者,固自善矣;其恶者,故
可教告率勉,使之为善。"⑤ 他认为人性的形成,不是天赋的,而是受后天的教
育和环境而影响的,因而也是可以改变的。这一观点,对于我们认识马克思主义
法学中法的内容是由统治阶级的物质生活条件决定的这一科学论断有一定价值,
是我们弘扬马克思主义法学精神有力的本土法治资源。当然,我们也必须看到,
王充关于教育与环境的改变可以直接影响人性的观点,缺乏必要的阶级本质,是
不妥的。毛泽东同志指出:"在阶级社会里就是只有带着阶级性的人性,而没有
什么超阶级的人性。"⑥ 关于"人性善"与"人性恶"的问题,是法理学中必
须弄清的基本问题,马克思与恩格斯在《德意志意识形态》中早已说得很明
白:法的内容是由统治阶级的物质生活条件决定的,不存在什么天生的性善与
性恶。

---

① 《论衡·谈天》。
② 《论衡·祀义》。
③ 《论衡·变虚》。
④ 《论衡·宣汉》。
⑤ 《论衡·率性》。
⑥ 《毛泽东选集》(第三卷),人民出版社1991年版,第870页。

3. 弘扬法治，主张法律平等

王充继承和弘扬法家的法治思想，坚持"法后王"观点，提出"汉高于周"的观点，强调革新、法治，反对复古、人治。他对汉初"文景之治"评价很高，对汉文帝的执法思想尤为赞扬。如对汉文帝维护法律尊严，依法制裁其舅父薄昭的做法予以肯定，指出："法乃天下名器也，法可宥焉，天子不得以私诛；法可诛焉，天子不得以私宥。"① 王充对文帝坚持法律平等的赞扬，对后世产生了较大影响，从唐代的文人吕温到宋代大儒司马光，直至清末的著名法学家沈家本，都高度评价了汉文帝坚持法律平等思想和王充对汉文帝弘扬法治进行赞扬的行为，从而使法律平等在中国古代家喻户晓，所谓"王子犯法与庶民同罪"已成为一句格言。

王充的法哲学思想，在中国古代影响很大，尤其是他的哲学著作《论衡》流传甚广，研究该书的学者历代有之。《论衡》一书，旁征博引、自由发挥，形成了王充学术的独特风格。法家学者，读之大多茅塞顿开、恍然大悟、受益匪浅。

八、法律解释的兴起及其在东汉的运用

法律解释是法理学中的重要问题。中国古代法律解释，始于秦代。具体体现为 1975 年《云梦睡虎地秦简》的出土，为我们掌握秦代法律注释提供了样本，其中《法律答问》就是比较系统的法律解释的实例。它不仅是研究秦代法律的珍贵文献，而且对整个法理学的发展，也是一个有力的推动。

西汉对秦代的法律解释有了新的发展，出现了董仲舒等以经释律的大师。董仲舒原本是经学博士，是研究经学即以经释律的大师。他运用儒家学说《春秋公羊传》来解释法律，共处理了 232 个案例，无论在当时还是对以后都产生了巨大影响，在社会上用经书来处理和解释法律案件，出现了很多冤假错案，于是政府逐渐失去了公信力。但这时却有一些学者运用儒家经典相继解释法律，诸如公孙弘、路温舒等。

东汉的注释法律活动在西汉的基础上有了新的发展，不仅人数多，诸如许慎、马融、郑玄、何休、应劭等；而且范围广、数量多。据《晋书》记载："后

---

① 转引自杨鸿烈：《中国法律思想史》，中国政法大学出版社 2000 年版，第 173 页。

人生意，各为章句。叔孙宣、郭令卿、马融、郑玄诸儒章句十有余家，家数十万言。凡断罪所当由用者，合二万六千二百七十二条，七百七十三万二千二百余言。"① 遗憾的是，上述的法律解释都没有流传下来。而且，都只是一些文法解释，没有也不可能出现立法解释、行政解释和司法解释。必须指出，律章句是东汉学者解释法律的常用方法，据何勤华教授考证，这可以从其他古书中找到旁证。② 下面介绍两位注释法学家。

马融（79—166），今陕西兴平人。汉安帝时，任武都太守，桓帝时为南郡太守。马融有关生平与贡献在《后汉书·马融传》和《晋书·刑法志》里均有记载。除注释大量经书外，马融还在法律书籍上，注释了《淮南子》一书，以及《尚书》中"明居"一词，他注释说："明居，民之法也。"据此，我国在商代时既有刑法，又有民法。因此，民法教材中所说"民法"一词源于古罗马法中的"市民法"一说，就值得商榷。马融学生很多，共一千余人，法律解释家郑玄便是他的学生。

郑玄（公元127—200），字康成，今山东高密人。经马融教学古文经学，集汉代经学之大成，还保存了不少法律文献。其注释有关法学的书籍主要是《三礼注》，此事在《后汉书·郑玄传》和《晋书·刑法志》中均有详细记载。"周礼"有不少法律问题，特别是刑法，郑玄注释得很详细。《三礼注》是一本有重大参考价值的古书。

九、曹操的法学思想与治国理念

曹操（155—220），字孟德，沛国谯（今安徽亳州）人，宦官家庭出身。曹操举孝廉为郎进入仕途，因反对董卓而起兵，又因镇压黄巾起义而拥兵自重，并在建安元年迎汉献帝于许昌。从此，曹操"挟天子以令诸侯"，用武力清除一批地主军阀，在官渡之战中以少胜多，打败了豪强袁绍。赤壁之战后形成魏蜀吴三国鼎立局面，自封魏公，于建安二十五年（220 年）病逝。曹丕以魏立国，尊曹操为魏武帝。曹操在长期的政治生活和军旅生活中形成了其法理思想。

---

① 《晋书·刑法志》。
② 参见何勤华著：《中国法学史》，法律出版社 2006 年版。

1. 崇尚法治

曹操在长期的政治、军事活动中，以法治军、以法理政、打击豪强、整顿吏治，彰显了浓厚的法治思想。正如傅玄评价的那样："魏武好法术，而天下贵刑名。"①

2. 主张"共治"

曹操历来强调儒法共治，既重视法治，又强调礼治，认为"治定"，需"以礼为首"，注重礼义教化。他这一思想，受到了"德主刑辅"的影响。实质上，曹操用的是内儒外法。他的一生，严格地讲，是重刑主义，他在打击豪强势力时，毫无手软。

3. 强调法律平等

且不说要求别人一律依法办事，就是对他自己和他的家人，都一律按照法律办事。据说他有次骑马，在军中踩踏了不少青苗，他立刻割鬓发以示惩处。其子曹彰不听军令，也吃了军棍。他杀人虽多，但一般不乱杀，至于《三国演义》讲的曹操乱杀无辜，需要认真考察，不要过早下结论。

4. "恤慎刑狱"，公平判案

公元 214 年，曹操准备东征东吴，规定凡是反对者，一律处死。丞相府主簿贾逵等认为不宜出兵，上书劝阻，曹操顿时大怒，当即逮捕贾逵等人。后来曹操根据形势判断，认为自己不对，立即下令释放贾逵等人，并说："逵无恶意，原复其职。"这就是说，曹操在处理案件时，还考虑到了人犯主观上是否有过错，无恶意者不追究其罪。

曹操是中国历史上家喻户晓的人物，我们应该实事求是地予以评价。从历史发展的角度看，曹操作为推崇法家的人物，应该说功劳是主要的，他统一了北方，对稳定社会秩序是有进步意义的。

十、诸葛亮的法理思想和治国理念

诸葛亮（181—234），东汉末年三国时期著名的军事家、政治家和法学家，字孔明，今山东沂南县人，早年丧父，随叔父诸葛玄至荆州（今湖北襄阳市）。

---

① 《晋书·傅玄传》。

在隆中躬耕读书，博古通今，隐居二十余年，被人尊称为"卧龙"。公元 207 年，经徐庶推荐，刘备三兄弟"三顾茅庐"，请其下山。诸葛亮纵论天下，提出著名的"隆中对"，助刘备东联东吴，北拒曹操，占荆州，取益州，建立西蜀政权，被任命为相国。刘备死后，又辅佐刘禅。诸葛亮勤俭治国，并率军三出祁山，功勋卓著。于公元 234 年，病死于五丈原。诸葛亮的事迹，见于《三国志·蜀书·诸葛亮传》，其著作编成《诸葛亮集》。

诸葛亮是著名的政治家，也是有名的法学家。其法学思想特别是法理学思想和治国理念主要有：（1）秉承法家思想，在蜀国坚持法治，健全各类法律制度，惩治贪污腐败，使蜀国逐渐强大。（2）坚持国家统一，反对国家分裂，尽其毕生精力三出祁山，直接威胁北魏政权，企图中兴刘氏正统政权。（3）在治国理政方面，他曾提出"先教后刑""赏罚必信""执法公允"等一系列执法原则和要求。（4）团结少数民族，形成"彝汉和睦"的良好局面，其"三擒孟获"的壮举，深得彝族人民的爱戴。

诸葛亮还有几件具体执法事例，被后世传为佳话。第一，秉承汉高祖基于秦代"政苛民怨"而采取"轻刑"方针。他在蜀国也面临豪强"专横恣肆""欺压民众"的情况，遂采取"威之以法"打击豪强侵吞土地的做法，扶植军民，给人民以休养生息的时间。第二，反对腐败，重视证据，迫使李严等人如实交代了自己的罪行，合理处理了统治阶级内部的矛盾。第三，最重要的是，诸葛亮一生为人清廉，为民为国，能高法明，深得人民敬爱。第四，诸葛亮主张严格执法，从国家富强的高度给人民以实惠，反对"大赦"。他视赦免为小惠，他说："治世以大德，不以小惠。"他认为："岁岁赦宥，何益于治？"他还主张："科教严明，赏罚必信。"①

诸葛亮的一生，是勤奋廉洁的一生。他身为蜀国宰相，从不徇私，其子本有才能却不委以重任；他为国为民，没有任何私心，在封建社会的确是个难得的好官。同时，他又勤奋好学，是一个德才兼备的政治家；他执法严明，是一个维护公平正义的法学家。

---

① 转引自《中国大百科全书》（法学卷），中国大百科全书出版社 1984 年版，第 813 页。

第四章　两晋至隋唐时期法理学的发展

一、中国古代法律体系的形成

法律体系是法理学中的重要理论与实践问题，在我国古代法理学中已引起了重视，并开始从理论与实践上加以研究。

中华法系源于李悝的《法经》，商鞅携《法经》入秦，改法为律，主持秦国延续一百余年的改革活动。虽然，增加了一些具体法律，但篇目仍然未有变化。直至西汉初年，萧何制定《九章律》，就是在《法经》六篇的基础上（即《盗法》《贼法》《囚法》《捕法》《杂法》《具法》）增加《兴律》《厩律》《户律》，就是说，初步形成了由九个部门法构成的法律体系。

在魏晋时期，法律体系又有了进一步完善。魏律将《具律》列为首篇，并改名为"刑名"，主要规定刑法条目、体例和一些原则，对《汉律》结构进行了改革，确定为十八篇。晋律又在魏律的基础上，进一步完善，将魏律的"刑名"篇分为"刑名"和"法例"两篇，列于律文之首，作为刑法的总则部分。同时，对法律体系又作调整，共计二十篇，已粗具规模，基本上能适应当时的需要。应该说，在南北朝时期，《北齐律》的法律体系是比较完整的。因此，法史学者把《法经》的发展沿革一般表述为：《法经》—《秦律》—《汉律》—《魏律》—《北齐律》—《隋律》—《唐律》—《宋刑统》—《元典章》—《明大诰》—《清律》。到清末，中华法系的法律体系基本消亡，而由现代法律体系所代替。当然，这里也经历了不少斗争。应该说，隋朝的《开皇律》是一个重大变革，不仅体系庞杂，而且条目众多，高达数百条，还有一些法律原则（主要是一些刑法与刑诉原则），为唐代制定带有标志意义的封建法律体系——《永徽律》（即保存下来的《唐律疏议》）奠定了基础。

这一时期中国法理学发展有重大贡献，不仅有了比较完备和相当完善的封建法律体系，并有了在中国周围产生了重大影响的《唐律疏议》，而且还提出了一些法律原则（主要是刑法原则）和刑法总则方面的理论。这主要有：

1. 关于共犯方面的理论

在《唐律》中确定了"共同犯罪"的犯罪形态，并将它划分为"正犯"和"从犯"两种，不仅在犯罪情节上有区别，在量刑上也有不同。一般来讲，正犯判刑从重，从犯则作从轻或减轻处理。《中华人民共和国刑法》中关于主犯、从犯的划分，便是对我国古代刑法的合理借鉴。

2. 罪刑法定原则

这个现代刑法的重要原则，在我国古代刑法体系中也可以寻找到它的渊源，我国古代就有学者提到过这条原则。"又律法断罪，皆得以法律令正文，若无正文，依附名例断之，其正文名例所不及，皆勿论。"① 当然，这是学者的观点，但在当时影响很大，事实上对判决产生过实际作用。

3. 判例法的运用

中华法系，历来不承认判例的法律效力，就是说，不承认判例法，即使现在也是如此。但是，却不否认判例的参考价值，尤其在刑法方面，因每个具体犯罪情节不同，不可能适用判例法；但在民事裁决上，参考判例是有一定意义的。《晋书·刑法志》便论述了好几个民事判例的适用。

4. 确立了源于礼法制度和封建等级特权的刑事法律制度

从曹魏开始便有将"八议"列入刑法典的主要内容，特别是《北魏律》和《北齐律》，正式将"十恶"与"八议"一起写进刑法。起初，"十恶"称为"重罪十条"，《开皇律》改名为"十恶"，即"一曰谋反，二曰谋大逆，三曰谋叛，四曰恶逆，五曰不道，六曰大不敬，七曰不孝，八曰不睦，九曰不义，十曰内乱"。"十恶"属于重罪，有"十恶不赦"之说，即根据礼法制度的要求对十种犯罪要加重或从重处罚。"八议"的情况则相反，将犯有八种犯罪的罪犯交由中央处理，使封建贵族特权在刑法上有明显体现，即八种犯罪可以由中央从轻处

---

① 转引自栗劲：《秦律通论》，山东人民出版社1985年版，第183页。

理。这八种人犯罪，"大者必议，小者必赦"。① 这八种人是"亲"（指皇帝的宗室亲戚）、"故"（即皇帝的故旧）、"贤"（指贤人君子）、"能"（即政治、军事方面有才能的人）、"功"（有大功勋的人）、"贵"（有一定级别的官爵者）、"勤"（对国家有卓越贡献的人）、"宾"（指前朝皇帝及其后裔）。

5. 法律形式的变化

汉代法律形式基本定型为律、令、科、比。律，即国家制定的法律规范总称。令是汉代承袭秦代的法律形式，主要指将皇帝发布的诏令整理为系统的令。科，主要是对律令条文的解释与细化。比，是指已经判决并经朝廷认可的典型案例。到了晋朝，将律与令严格区别，有所谓"律者八，以正罪名，令者八，以存事制"②，明确规定为三种法律形式，即律、令、敕事三种。律指国定之法律规范，令指一时的法律制度。违令有罪者，依律定罪处刑。敕事，与"科"相同，指判决之案例，但一般不具有法律效力，可作参考。

6. 进一步细化民法制度

我国古代法律大多是刑法，即使有些民事法律也规定在刑事法律之中，如户律、田律等。自晋代以后，民事立法，如婚姻、财产和土地等有关规定进一步细化，如《晋律》中，曾颁布过"占田令"或"均田令"等封建土地等级占有制。

7. 法律解释的范围与作用越来越大

自北魏开始，法律解释的作用越来越大，特别是晋律对魏律的改进，如张裴、杜预等律家对法律的解释起了很大作用。这时的法律解释，已由文法解释（即字义解释）发展到扩充解释和限制解释，直到《唐律疏议》前后已与被解释的法律具有同等法律效力，使法律解释成为法理学中的重要内容之一。

二、《晋书·刑法志》的法理价值

《晋书·刑法志》是中国古代二十五史上不仅在文字意义上，而且在法学意义上，有重大法理学价值的优秀史书。它由后世即唐初的著名大臣房玄龄、褚遂良、许敬宗监修，并由大部分法学史家撰写的一部官修史书。该书的史料是依据

---

① 《隋书·刑法志》。
② 杜预：《律序》。

南北朝史家的作品，又经唐太宗下令重修而成，可以说是南北朝时期很有价值的法学著作，尤其是其中有关法理学的观点价值更大。现简述如下：

1. 法学形成了独立的学科

中国法学同世界各国法学一样，起初并不是一门独立的学科，虽然有法学家和著名的法学理论，但尚未形成一门独立的学科。自晋以后，大有变化，经过长期努力，终于形成独立的学科。这表现在：第一，有专管法学的机构和官员，通称律博士，人数寥寥无几。自晋以后，律博士众多，还有律学生。据《册府元龟》记载，北齐有律博士4人，隋有律博士8人，其中有名有姓的就有侯坚固、杨衡之、司马锐、傅霖等后来做了官的人。到了唐宋，法学已正式成为一个专业，在科举制度中专门设立了明法科，即有了法科出身的进士。在博士下面，还有律学生。据《唐六典》说：律学生以律令为核心课程，格、式、法例兼习之。《新唐书》还具体说到了律学生的人数与年龄。"律学，生五十人"，"律学十八以上、二十五以下"。① 同时，还有法学的专业教材。如徐天麟编著的《东汉会要》中便有"律学"。南齐学者崔祖思对律学大加赞扬："汉来治律有家，子孙并世基业，聚徒讲授，至数百人。"② 公元1070年，宋神宗颁布《保甲法》，置"刑法科"。1073年，王安石公开设立"律学"，作为国策与改革之一。总之，这个时期，我国律学正式独立成为一个学科，并成为治国理政的主要学问。尽管在这以前，法学已经起到了这方面的作用，但自晋代以后，法学作为治国理政的学问已经家喻户晓了，甚至成为历代政治改革的主要理论依据。同时，法学也成为历代名人成功的主要法宝，更成为老百姓的救命符，正如《荀子·礼论》中所讲："国无法而不治，民无法而不立。"

2. 丰富了法理学的内容

《晋书·刑法志》表达了中国古代的法学世界观，认为法律这一社会现象，对人类、对社会发展起着很大的作用，认为法律特别是其中的刑罚是上天赋予君主治理国家与人民的一种主要手段，是自然界变化的一部分，因此，制定法律和实施刑罚时，不能违背上天的意志，也不能违背自然界的运行规律。《晋书·刑

---

① 《新唐书·选举志》。
② 《南齐书·崔祖思传》。

法志》还描述了黄帝、唐尧、虞舜在行使刑罚时，有上天相助的情形。这当然是一种君权神授思想的反映，这是不符合实际情况的，也是不正确的。但有一点应予肯定：在制定法律和实施刑罚时，不能违背客观规律。它告诉人们：法律既有主观性，也有客观性。

3. 提到了法律与道德的紧密关系

在立法中，将道德教化作用与法律规范作用结合起来，要求儒法共治（即儒法合流或内法外儒），对巩固封建政权、维护国家统一起到了重大作用。从某种意义上讲，它是维护中华五千年文明的重要治国理念。对法律与道德相互关系认识的深度，在司马亮的上奏中可以看出来："夫礼以训世，而法以整俗，理化之本，事实由之。"① 熊远在奏议中更是以辩证论之："礼以崇善，法以闲非，故礼有常典，法有常防，人知恶而无邪心。"②

4. 总结了部门法基础理论的进展

《晋书·刑法志》在中国法理学发展史上具有重要地位，还因为其不仅概括了法学理论即法的一般理论的成就，而且总结了这一时期部门法基础理论的进展，如罪刑法定原则、依法用刑原则、共同犯罪理论等，在法理学中的法律解释（包括对法律名词和法律条文的解释）和司法心理学方面都有了较大的进步，使法学以独立的学科位列于学术之林，大大提高了法学的威信，特别是流传了一些法律格言，如"人命关天""王子犯法与庶民同罪"，等等，并出现了一些执法如山、嫉恶如仇的清官、谏官。如大理寺丞狄仁杰一年内审理决断案件一万七千多件，而"无冤诉者"。又如侍御史崔仁师，依法办案，在青州处理了一批老百姓造反案件，他通过调查研究，只判处几名要犯、首犯，其余的一律释放。至于清官，事实上也是法官如包拯等人，名扬千古的事迹就更多了。

《晋书·刑法志》也存在一些问题，如对董仲舒的一些错误观点宣扬过多。例如，对董仲舒的"原心定罪"和"春秋决狱"不仅没有批判，而且还加以肯定。同时，张斐等律学家对法律的解释起到了一定作用，但是也有解释不当之处，如扩张解释、类推解释，有扩大解释范围之嫌。再就是对历史上的重大

---

① 《晋书·刑法志》。
② 《晋书·刑法志》。

法律事实做了真实的记录，但有些评价失当，如在废除肉刑过程中几经反复，该书对保留肉刑的做法是肯定的，这显然不符合历史潮流。

总之，在当时的历史条件下，《晋书·刑法志》是一部好书，应该予以肯定；但也存在一些问题，甚至还存在个别错误。但总体说来，《晋书·刑法志》对中国古代法学特别是对法理学的发展有重大促进作用。

三、阮籍、嵇康的法理思想

阮籍（210—263），字嗣宗，陈留尉氏（今河南开封）人。出身经学世家，自幼攻读经书，出任过大司马府的步兵校尉。崇尚老庄，与嵇康齐名，均为"竹林七贤"。后隐居山林，《晋书》说他"志气宏放，傲然自得，任性不羁"。其实，他关心政治，具有特定的法理学思想。

嵇康（223—262），字叔夜，谯国铚县（今安徽省濉溪县）人。原姓奚，后为躲避仇家迁居，改姓嵇。他与阮籍均为"竹林七贤"之一。崇尚老庄，对司马氏集团挖苦讽刺，他与阮籍一样，具有独特的法理学思想。

1. 表面上反对"礼教"

嵇康表面上反对司马氏集团宣扬的"礼教"，批评他们"安知仁义之端，礼律之文？"① 而事实上，对封建正统等级分明、礼法具备的制度是赞同的，极力拥护"刑本惩暴，今以胁贤"和"赏罚虽存，莫劝莫禁"。②

2. 提倡礼教与自然相统一

阮籍提出："刑教一体，礼乐外内也。刑弛则教不独行，礼废则乐无所立。尊卑有分，上下有等，谓之礼。人安其生，情意无哀，谓之乐。"③

3. 宣扬"越名教而任自然"的礼法观

嵇康在《释私论》中说："人道无违，越名任性。"这代表了两人对礼法的总的思想观念。他们认为，名教与自然不应该是调和的，而应该是以"自然"之是来否定名教之非。这里讲的"自然"，显然是指客观规律，就是说，礼法应该

---

① 《嵇康集·难自然好学论》。
② 《太师箴》。
③ 《阮籍集·乐论》。

符合客观规律，而不应该任意妄为。这一观点有一定的借鉴价值，法律是主客观的统一，任何法律只有在符合客观规律的前提下，才能对社会发挥正面的作用。

当然，阮籍、嵇康逃避现实、隐居山林的做法，是不应提倡的。如果对现实法律有不同看法，可以提意见，甚至用改革或其他手段对不合时宜的法律予以废止，而不应采取消极手段避世，这是不可取的。阮籍、嵇康系著名文学家，阮籍以咏怀诗的形式发泄他对司马氏政权的不满，他的 82 首《咏怀诗》和嵇康临终前的《幽愤诗》既表露了他们对当时政权的不满，也反映了他们的法学思想。"良马既闲，丽服有晖。左揽繁弱，右接忘归。风驰电逝，蹑景追飞。凌厉中原，顾盼生姿。"① 在这首诗中，嵇康想象自己处在军中而雄姿英发的形象，似乎有满腔抱负在胸中，表达了其多么希望用正确的礼法思想、科学的法理学来治理国家的愿望。

四、葛洪的治国理念

葛洪（283—363），东晋理论家、法学家。字稚川，自号抱朴子，今江苏句容县人，是当时著名的道教人物。晚年辞官谢客，修道炼丹，既从儒，又信法，力倡"共治"。他虽系道家人物，但对治国理念有所研究，其治国理念如下：

1. 认为法律是"国之神器""安危之源本"

葛洪主张严刑峻法，轻罪重判。因为重刑为人所畏，"夫以其所谓禁其所玩。峻而不犯，全民之术也"②。他驳斥了"秦以严亡"的观点，指出秦是靠严刑峻法统一全国的，秦亡是"穷奢极泰，加以威虐"，而不是以严失国。因此，他主张恢复肉刑。

2. 强调执法不分贵贱亲疏，适用法律平等

葛洪认为"善为政者"要"诛贵以立威，赏贱所以劝善"，要求"不曲法以行意，必有罪而无赦"，要求严格依法办事。

3. 倡导国家统一，君主专制

针对当时国家分裂、豪强肆虐的政治局面，力荐国家统一，强调尊君和君主

① 《赠秀才入军·其九》。
② 《抱朴子·用刑》。

集权，提出了"夫君，天也，父也"的观点。明确提出了君主独揽立法、行政和司法的大权，强化君主专制。

4. 主张儒道法思想共治

葛洪说："道者，儒之本也。儒者，道之末也"①，"刑罚者，捍刃之甲胄也"②。

应该说，当时正值国家分裂之际，强调国家统一，实为可贵。这既是对法家思想的继承，又是对法家思想的捍卫。这也表明了中国古代法理学的巨大作用。一个崇尚道教的学者，对治国理念如此敬重，也足以表明中国古代法理学所阐发的观点对人的影响之深。宋代欧阳修在评论陶渊明时曾说过两晋无大家，唯陶渊明是。笔者看，两晋大家不仅有陶渊明这样隐居世外桃源的大家，更有葛洪、崔浩这样心系祖国统一和治国理念的法学大家。

五、陶渊明的法理思想

陶渊明（约365—427），名潜，字元亮，自号"五柳先生"，浔阳柴桑（今江西省九江市）人。其曾祖父陶侃系东晋名臣，其父亦曾入仕，但在陶潜年幼时便已去世。因此，陶氏在当时显系寒门，这在氏族门阀当政的东晋，显然是没有出路的。陶渊明虽经过努力，当过彭泽县令，但为官80余日便辞官而归，虽博学多才，也只能长期隐居"世外桃源"。即便是隐居生活，其诗文也受到后人的一致好评，其中含有丰富的法理学思想。如宋代大儒欧阳修说，"晋无文章，惟陶渊明《归去来兮辞》一篇而已"③，其文不仅文章深刻，而且法意很浓。

1. 《桃花源记》和《桃花源诗》是陶渊明虚构的理想世界

在这个理想世界里，人们享受着和平、宁静的生活，这里没有苛捐杂税，没有人剥削人的情况。和平、自由、宁静是人类共同的心愿，公平、正义是人类的共同理想，也是法理学所追求的人生价值，也是法理学倡导的人权保障的生动体现。

---

①　《抱朴子·明本》。

②　《抱朴子·用刑》。

③　引自李公焕：《笺注陶渊明集》（卷五）。

2.《归去来兮辞》是陶渊明的代表作

由人间回归自然，这是对人性的重新发现。法理学强调人是法律之本，"构建人类命运共同体"，提倡公平、正义、自由、平等、博爱。当然，法理学要求的是人以积极的态度去争取自由和人权保障。尽管陶渊明道出了人类的共同理想，但不是用积极的方式去争取，而是采取与世隔绝的方法显然是不可取的。就是说虽然理想是好的，但仅仅是虚构的，需要人去争取，而不能逃避现实。这种虚构理想世界的做法，在西方也有"乌托邦""利维坦"以及19世纪的空想社会主义，但不能停留在虚构中，而应体现于行动中。

3. 陶渊明有些警句是值得弘扬的

如"悟已往之不谏，知来者之可追"便是发人深省的格言。的确，人需要不断总结经验，既要总结本人的经验和教训，又要总结历史的经验和教训，要做到古为今用，认真借鉴我国古代的法治资源。尽管陶渊明这两句话讲的是人生哲理，但对法理学有重大借鉴意义，我们在依法治国的伟大实践中，要认真总结、借鉴和升华。

总之，陶渊明的诗歌承汉魏之风骨、接魏晋之风流，既有古诗的质朴，也具民歌之自然。其中，不乏深刻的哲理，内涵法理之奥秘，值得我们学习、总结、借鉴。

六、孔稚珪的法理思想

孔稚珪（447—501），字德璋，会稽山阴（今浙江绍兴）人。曾任南齐尚书、右丞、御史中丞、都官尚书等司法要职。他文武双全，但所有文论全部散失，明人辑有《孔詹事集》一书。

1. 强调"法理"

孔稚珪认为国家治理必须依据法制，要求严格依法办事。明确指出："匠万物者，以绳墨为正，驭大国者，以法理为本。是以古之圣王，临朝思理，远防邪萌，深杜奸渐，莫不资法理以成化，明刑赏以树功者也。"① 当然，孔稚珪讲的法理带有启蒙性，专指封建统治之理。他崇尚儒学，其"以法理为本"无非是指

---

① 《南齐书·孔稚珪传》。

以礼义为原则的封建法制之理，这是历史的局限、阶级的偏见。但是，如果去其糟粕，取其"以法理为本"的精华是有实践意义的。我们已进入全面依法治国的时代，领导干部和国家工作人员，在执法或司法过程中，应该"以法理为本"，以法理的高度和深度来认识执法与司法的重要性。

2. 主张在司法上坚持"公平正义"

孔稚珪说："断狱之职，自古所难矣。今律文虽定，必须用之；用失其平，不异无律。"① 他反复强调，用法必须符合法之"理"，如果法吏对律书不解，"既多谬僻，监司不习，无以相断，则法书徒明于帙里，冤魂犹结于狱中"②。可见，明法理才有公平正义。

3. 重用明法理的人

由于孔稚珪强调法理的重要性，故南齐重视法学教育，突出法理之精要。因此，南齐在选拔法官和执法者时，认为"寻古之名流，多有法学"③。他们主张要奖励判案准确的法官，重用那些明法理、忠于朝廷的人。

我国古代重视法治，弘扬法治的人不少，法家人物的功绩为众人所熟知，但真正懂法理的法家并不多，他们往往将法家与重刑主义（"以刑去刑"）联系在一起。因此，虽然法家对社会进步有过贡献，但由于他们强调重刑主义，受人敬重的人并不多。强调司法人员要熟习法理，主张公平正义，孔稚珪便是其中的典型代表。其作为封建时期的司法官吏，能如此重视法理实践实为少见，这也说明中国古代法理学不仅有理论，而且有实践，真可谓法治文明的实例。

七、刘勰的法理思想

刘勰（465—532），山东莒县（今山东省莒县）人，南朝梁武帝时期任县令、宫中通事舍人，后又投笔从军，任步兵校尉。刘勰是中国文坛著名的文学评论家，著有《文心雕龙》一书；同时，他又是当时法家的代表人物。刘勰终身未婚，并于晚年出家为僧。

---

① 《南齐书·孔稚珪传》。
② 《南齐书·孔稚珪传》。
③ 《南齐书·孔稚珪传》。

1. 赞同法家观点，主张法因时而变，不必法古

刘勰说："是以明主务循其法，因时制宜。苟利于人，不必法古；必害于事，不可循旧"，"成化之宗，在于随时，为治之本，在于因世。未有不因世而欲治，不随时而成化，以斯治政，未为衷也"。① 这就是说，法要适应时代的变化，要从治国理政的现实需要出发，而不能因循守旧。

2. 提倡法要趋利避害

刘勰指出："人皆知就利而避害，莫知缘害而见利，皆识爱得而憎失，莫识由失以至得……樊石止齿龋之痛，而朽牙根，躁痛虽饵，必至生害，此取小利而忘大利，惟去轻害而负重害也。"② 为了使人不为小利而受大害，唯有重法。他说："治民御下，莫正于法，立法施教，莫大于赏罚。赏罚者国之利器，而制人之柄也。"③ 很显然，刘勰在这里完全继承了法家的观点，强调法在趋利避害中的特殊功能。

3. 总结法家教训，强调法之执行关键在人

君主不能独治天下，而必须求贤。他说："夫龙蛇有翻腾之质，故能乘云依雾；贤才有政理之德，故能践势处位。"④ 因此，执法必须要有法律人才，而这种人才必须具有贤德，应是德才兼备的人。

4. 提出明德宽刑的主张

刘勰指出："刑罚者，民之寒暑也；教令者，民之风雨也。刑罚不时则民伤，教令不节则俗弊……是故善为理者，必以仁爱为本，不以苛酷为先。宽宥刑罚，以全人命；省彻徭役，以休民力；轻约赋敛，不匮人财，不夺农时，以足民用，则家给国富，而太平可致也。"⑤ 很显然，刘勰具有"德法共治"的思想，收到了良好的效果。

刘勰作为著名文艺评论家，有德法共治思想，这在当时是难能可贵的。当然，他的贡献首先还是在文艺评论上，他所著的《文心雕龙》，尤其是其中的

①　《刘子·法术》。
②　《刘子·利害》。
③　《刘子·赏罚》。
④　《刘子·均任》。
⑤　《刘子·爱民》。

《风骨篇》，不仅有文学家刚健清隽、豪迈光华的艺术风格，而且有法家气贯长虹的气魄，不愧为中华文化的瑰宝。

八、拓跋宏的法学思想及其改革成就

拓跋宏（467—499），即北魏的第七代皇帝魏孝文帝，是中国历史上有作为的少数民族政治家和改革家。他少年即位（约 5 岁），24 岁亲政，当即进行改革，迁都洛阳，改姓"元"氏。拓跋宏的事迹，见于《魏书·孝文帝纪》，其法律思想与政治改革的成就有：

1. 运用法制改革，颁布新法，推行汉化方针

因为当时北魏系少数民族聚居区，其中主要是鲜卑族，旧俗严重。为了加强民族团结，推动鲜卑族进步发展，当时，便确立以汉语为官方语言，提倡汉服，并改姓氏祖籍。

2. 加强法律修订工作，极力主张法律是治国的根本

拓跋宏以身作则，率先遵纪守法。更主要的是，他亲自听狱断讼，坚持运用法律不别亲疏，不避权贵，切实严格执法，是历史上守法突出的皇帝。

3. 正确认识与处理"礼"与"法"的关系

拓跋宏既重视礼的教化作用，又重视法的规范作用，但把"法"放在"礼"的前面，提出"齐之以法，示之以礼"①。比较合理地将礼与法有机结合起来。

4. 惩治贪腐，改革管制

拓跋宏效仿汉族建立俸禄制度，编制《职员令》，使官吏的活动有法可依，实行494 年制定的《考绩之法》，并规定汉族地主也有参政的机会。

5. 在刑法上反对株连无辜

拓跋宏废除连坐之法，并废除残酷的车裂、腰斩等刑罚，使法律的运用日益进步。

6. 主张民族和睦，国家统一

拓跋宏坚持民族之间取长补短，将北方在农业上的一些成功之作，尽量推广到南方，而让鲜卑等少数民族效仿汉族的服饰。在其当政期间，各民族间团结互助，为后来南北统一奠定了基础。

---

① 《魏书·刑罚志》。

中华民族五千多年文明史，绝大多数时间统一于中华帝国，但也有少数时间处于分裂局面。南北朝就是分裂时间较长的时期。在这个期间，有不少政治家、法律家仍然主张民族团结，国家统一。拓跋宏就是其中主张民族团结，民族之间互相尊重与学习，希望达到国家统一的皇帝。

九、杨坚的法学思想及其《开皇律》

杨坚（541—604），即隋文帝，弘农郡华阴（今陕西）人，北周人，袭父爵为随国公。其女为宣帝皇后，静帝年幼即位，杨坚为丞相，总揽朝政，封为隋王。大定元年，废静帝自立，建立隋朝。公元 1587 年灭梁，随之灭陈，结束南北朝局面，实现统一。其法律思想和主要功绩有：

1. 结束了南北朝分立局面，实现了国家统一

这是继秦始皇后，再一次实现中华民族的统一，特别是将北方少数民族纳入了统一的民族大家庭，并开始南北的文化交流与生产互动，发展生产力，为隋朝成为富裕的朝代奠定了基础。

2. 制定承前启后的《开皇律》

自李悝自编《法经》形成"中华法系"以来，经东西两汉的发展和南北朝的沿袭，隋文帝总结其经验教训，创造性通过立法，制定《开皇律》，共十二篇，形成以刑法为主的法律体系。严格地讲，中华法系应该从《开皇律》开始，后经过修改和删节，至唐代永徽年间，即唐高宗时期，业已形成了规模宏大、体系完整且有逐步解释的，在东亚甚至全球有名的《唐律疏议》。

3. 改革官制，形成了比较系统的封建官僚制度

杨坚在位期间，九品以上官吏一律由中央任免，从国家机构上完善了中央集权的封建帝制。特别是中央三省的设立，即尚书省、中书省和门下省，为后世所沿袭。

4. 开创了科举制度

科举制度为封建社会选拔人才提供了一个很好的机制，为清除旧官僚体制创造了条件。但是，随着社会的发展，这种人才选拔机制的局限性越来越不合时宜。尽管后来增加了"明法科"等科目，但它的呆板性、不科学性日益显露，后来不得不加以废除。

隋朝是我国历史上的重要年代，它对中国经济的发展起了很大作用。据说，唐太宗曾经派人清点隋代遗留的粮食可供唐朝食用十余年。隋朝的灭亡，主要是因为隋炀帝胡作非为，倒行逆施，残酷压迫人民，人民被迫起义，终于将隋炀帝杀死于宫中。李渊在混乱中乘机夺取了政权，建立了唐朝。

应该说，隋文帝执行的是法家路线，重视法治，维护祖国统一，促进了中华民族的繁荣，特别是在立法上很有建树。在人们的心目中，大多因隋炀帝的残酷，而予以批判，这无疑是对的，但隋文帝父子推崇法家、潜心建国的事迹，也不应该忘记。

十、唐太宗的治国理念和"贞观之治"

唐太宗（599—649），即李世民，唐高祖李渊的次子，公元626年被迫发动玄武门之变，迫使李渊退位，次年改元"贞观"，因治国有方，史称"贞观之治"。唐朝是我国古代史上有名的朝代，并在国际上产生了巨大影响，成为东方著名的国家，出现"八方来朝"的盛况。李世民在位二十余年，其业绩在《旧唐书·太宗本纪》和《贞观政要》中均有记载。

1. 综合治国，坚持儒法共治，贯彻"偃武修文""安人宁国"的方针

贞观七年，唐太宗发动群臣，共同讨论治国之道，魏征等人主张"德治"，太宗当即采纳，同时，太宗弘扬法治，指出"法者，非朕一人之法，乃天下法"，"法，国之权衡也"，并采取一系列措施加强法治建设。对于道家的"无为而治"与墨家的"义治"，也予以重视。就是说，贞观时期，合理借鉴与利用各家的治国理念，确立了"德礼为政教之本，刑罚为政教之用"的原则，采纳众家之长，综合治国，取得了显著效果，形成"贞观之治"。明太祖朱元璋曾称赞："惟唐太宗皇帝英姿盖世，武定四方，贞观之治，式昭文德。有君天下之德而安万世之功者也。"

2. 纳谏如流，君臣合体，艰苦创业

"贞观之治"的主要特征就是唐太宗的纳谏如流，广泛听取各种意见。其中，典型就是太宗认真采纳魏征一些尖锐的谏言，试举一例：贞观六年，群臣反复奏请，太宗终于应允，独魏征认为不可，太宗接连提出六个问题，魏征均予回答："高矣""厚矣""安矣""服矣""至矣""丰矣"。太宗继续问："然则何为不

可封禅?"魏征对曰:"陛下虽有此六者,然承隋末大乱之后,户口未复,仓廪尚虚,而车驾东巡,千乘万骑,其供顿劳费,未易任也。且陛下封禅,则万国咸集,远夷君长,皆当扈从;今自伊、洛以东至于海、岱,烟火尚希,灌莽极目,此乃引戎狄入腹中,示之以虚弱也。况赏赉不赀,未厌远人之望;给复连年,不偿百姓之劳;崇虚名而受实害,陛下将焉用之!"太宗听了之后,虽有不同看法,但仍当即从之。正因如此,魏征只认可自己是个"良臣"而已。他认为,只有明君之下,才有良臣,而昏君之下,则是"忠臣"。正是魏征等人忠心耿耿,君臣合体,勤俭建国,才有"贞观"盛世。据说魏征死时,连一个吊孝的房子都没有,国家只好为其搭了一个棚子,以示吊念。魏征去世后,太宗哭诉:朕失去一面明镜。

3. 以人为本,本固邦宁

唐太宗另一个显著特征,就是法家提出的中华民族的瑰宝"以人为本,本固邦宁",处处关注民生,他在教育太子时说:"舟所以比人君,水所以比黎庶。水能载舟,亦能覆舟。尔方为主,可不畏惧?"他反复要求其继承者,关注民生,坚持以人为本,实现本固邦宁。在此基础上,"为政之要,唯在得人","能安天下者,唯在用得贤才"。他先后五次发布求贤诏令,并认真改革科举制度,重视论述治国方略《策论》。

4. 坚持发展经济,实行"农商并举"

唐初,因战争造成的经济困难重重,太宗即位,关注民生,大力发展经济,实行"农商并举"的政策,重修水利,发明水车,很快使农业丰收。同时,大力发展商业,筹办各种商业市场,特别是开展国际贸易,使长安、成都、苏州、扬州、广州成为当时重要的国际城市,使商业、手工业有了较大发展,使"丝绸之路"初步形成。总之,贞观年间,中国成为了国际贸易中心。

5. "有容乃大",坚持与各国往来,促进文化交流

早在太宗时期,他就重视国际交流,"有容乃大",既包括对内畅所欲言,接纳不同意见,也包括加强对外交往。太宗说:"自古帝王都贵中华,贱夷狄,朕爱之如一。"又说:"王者视四海如一家,封域之内,皆朕赤子。"在实践中,除接收大批移民外,同时加强与各国的友好往来,并与各国互派留学生,互相学习先进文化。仅日本在贞观年间,就公派留学生达七批之多,每批达几百人。

6. 明正赏罚，"一一于法"

贞观年间，重视法制。在修改律令，制定统一的"贞观律"的基础上，要求严格执法，明正赏罚。太宗在"三复奏"的基础上，确定"五复奏"，此事由太宗错杀张蕴古起。太宗在自责的同时，要求以后严格掌握判处死刑的标准，提出了"五复奏"，规定以后判处死刑的案件，要经过五次向皇帝复奏，经批准后才能执行。就是说，严格控制死刑的范围与标准。从此以后，判处死刑一律要经皇帝批准才可切实执行，不得有任何误差。不仅死刑，而且包括一切案件，必经"一一于法"，即必须以法律规定为准。

7. 社会秩序安定

据有关史籍记载，贞观年间，路不拾遗，夜不闭户。就是说，当时社会秩序十分安定，出现了"国泰民安"的良好景象。当时，很重视家风、民风，全社会尊老爱幼已成风气。唐初颁布的约法12条，对民间影响很大。当然，最根本的还在于唐太宗综合治国，效果明显。当时，留下不少执法美谈，如太宗负姊杀赵节、戴胄力驳偏祖案、李乾祐直谏法度等。

十一、长孙无忌与《唐律疏议》

长孙无忌（？—659），河南洛阳人，系长孙皇后的兄长，著名的法律解释学家，随着李世民征战多年。太宗去世时，受命辅佐唐高宗李治，执掌国事多年。《贞观政要》对其政绩做了详细记载。长孙无忌的重大贡献，就是修改与注释法律，先后注释了《武德律》与《贞观律》，特别是受命于唐高宗，与李绩、于志宁等人一起，全文注释了《永徽律》，即现存的唯一的一部古代法律，将我国古代法律解释发展到一个全盛的阶段。如果说古代的罗马法是奴隶制法律的典范，1804年《法国民法典》（即《拿破仑法典》）是第一部完整的资本主义法律，那么，《唐律疏议》则是封建社会的一部世界性法律。它不仅是我国古代立法上的重大成果，而且也是法律解释学的一个重大突破。其中不少方面促进了中国法理学的发展，其主要内容概括如下：

1. 名词解释

《唐律疏议》共对190多个法律专有名词做了解释。鉴于唐律是民刑合一的综合性法律，现对民法、刑法和诉讼程序三大方面的主要名词作概述。

（1）民法方面，共解释了约 70 个名词，如唐律对物权和债权都做了一种科学的解释，虽然用语有所不同，但含义与今世民法中的名词大致相似。如将"物"分为"自然之物"与"财产之物"。"财产"又分为"动产"和"不动产"，前者如畜产，后者如土地、房屋。对唐律第 447 条关于田宅的解释为"私田宅，有人借得，亦令人佃作"。对债也作了解释："负债者，谓非出举之物，依令合理者，或欠负公私财物，乃违约乖期不偿者。"如一方当事人不履行债务，另一当事人可以去官府告状。对婚姻家庭的有关规定，也做了解释，认为"婚书"是指"男家致书礼请，女氏答书许讫"，即男女双方同意，则表示"已报婚书"。不过，婚书必须是书面的，双方各自的尊长做主，且有媒人从中搭桥。同时，对离婚要求较严，即"七出""三不去"。"七出"为"一无子，二淫佚，三不事舅姑，四口舌，五盗窃，六妒忌，七恶疾"。但有三种情形除外，"有所取无所归（无娘家可归的），不去；与更三年丧（曾为公婆守孝三年的），不去；前贫贱后富贵，不去"，即这三种情况可以"不去"。唐律（《永徽律》）虽然对继承的规定不多，但同时期颁布的"户令"却比较详细。不过，《永徽律》对养子女却做了规定，《唐律疏议》又做了解释："若所养父母自生子及本生父母无子，欲还本生者，并听。即两家并皆无子，去住亦任其情。"这就是说，养父母后来生了孩子，养子可以回原来父母那里，也可以留在养父母那里，由养子自己决定。《唐律疏议》虽然是以刑法为主的综合性法律，但对民法的解释还是很清楚的。此外，还有关于"侵权行为""违法责任"以及其他有关解释，这里就不列举了。

（2）刑法方面。《唐律疏议》对刑法中的每个罪名都作了解释。同时，对刑法中部门法理学的名词也作了解释。如对"故意"与"过失"的解释是，故意应包括三方面的内容：一是主观上追求后果的发生；二是明知会发生某种后果，却放任后果的发生；三是起初不知情，后来知情后，也不报告。按律规定，故意犯罪要罪加一等。至于"过失"，一般都用"不觉""不知"或"不知情"。过失犯罪要从轻处罚，一般有减三等、五等和一等。还有"连坐之官不知情者，以失论"。更有甚至，在我国首次对"共同犯罪"作了解释。"共同犯罪"也称"共犯"，是指二人以上共谋及共同实施的犯罪。共犯分"首犯"与"从犯"两种，对首犯科刑要重。对"教唆犯"虽未规定，但第 378 条有类似规定："诸诈教诱人使犯法，及和令人犯法……皆与犯法者同坐。"同时，唐律也对数罪并罚作了规定。

2. 限制解释

《唐律疏议》对解释方法有了新的发展，除名词解释即语义解释外，还有限制解释、扩张解释和类推解释。限制解释就是指司法人员就某种犯罪适用的对象、范围和刑种等一些界限问题作了限制性解释。如犯"十恶"罪者本应缘坐，老、疾免者，虽免罪，但身有官品者，亦应除名。

3. 扩张解释

凡律文没有规定的事项，均纳入同类法律规范的范围，就是说使用了大量的扩张解释。

4. 类推解释

凡律文没有规定的事项，可以类推，但必须是对整个社会秩序有损害的行为，而且在适用律文的具体条款时要严格把握。

总之，《唐律疏议》是封建社会比较典型的法律，不仅是中国法制史上的一件大事，而且也是法律解释学的重要里程碑。

十二、柳宗元的法理思想

柳宗元（778—819），字子厚，河东解县（今山西运城西南）人，有柳河东之称，进士出身，官至监察御史、礼部员外郎。因参与王叔文、刘禹锡的永贞革新被贬，著有《天说》《天对》《封建论》等著作。

1. 深入批判了韩愈的"天命论"，否定了"君权神授"的错误观点

柳宗元在《天对》一文中，通过回答屈原《天问》中提出的宇宙起源问题，认为世界上没有一个超验的神秘力量来主宰，指出"本始之茫，诞者传焉。鸿灵幽纷，曷可言焉"。① 接着，揭示了天人关系，提出了崭新的命题："生殖与灾荒，皆天也；法制与悖乱，皆人也。二至而已，其事各行不相预。"② 在他看来，国家与法律不是一开始就有的，而是在人类为生存而斗争时才有的，而斗争既

---

① 转引自张岂之主编：《中国思想史》，高等教育出版社 2015 年版，第 252 页。
② 转引自张岂之主编：《中国思想史》，高等教育出版社 2015 年版，第 252 页。

起，且争而不已，斗而不绝。最后便要求既具有智慧，又明白事理的人来判断是非，化解争斗。从而从根本上否认"君权神授"的说法，这在当时是有重大意义的。虽然他还没有用唯物史观来论证国家与法律的起源，但已接近了用诉讼或契约来解决问题，是符合人类历史发展的实际情况的。

2. 科学揭示了法与礼这个中国古代长期争论的问题

柳宗元认为法（刑）与礼的根本作用在于"防乱"。在他看来，一切违法行为，必然有违于礼，如果予以肯定，就是"非礼"；而一切该受表彰的行为，必然有悖于刑，如果加以反对，就是"黜刑"，因此，礼与刑的运用，必须有一个标准，而不能相互矛盾，所以，国家要有法律，以明辨是非，公正执法，做到"穷理以定赏罚，本情以正褒贬"①。

3. 强调法律适用平等

柳宗元认为，法律应对所有人同等适用，决不能因人而异。他还特地举了一个例子，即春秋时期，晋悼公四年（即前 569 年），诸侯会于鸡丘，公子杨干的坐车冲散了军队的行列，军法官杀了车夫，却没有处理杨干。柳宗元为此事特地著文指出这样判决不公，杨干应受法律处分。就是说，他继承了法家"刑过不避大臣，赏善不遗匹夫"的观点。

4. 对于赏罚与时令关系的认识

柳宗元认为，刑罚的目的，在于"劝善惩恶"，关键在于及时，"赏务速而后有劝，罚务速而后有惩"，他极力反对"赏以春夏而刑以秋冬"的按时令行赏罚的传统观点。因为法律要达到扬善惩恶的目的，就必须及时，它与时令没有关系。

总之，柳宗元不仅是著名的文学家，也是著名的政治家、法学家，其法律思想特别是关于法理方面的观点，是中国法治文明的主要内容，不仅在当时有现实意义，就是在如今也有其借鉴意义，是古代治国理念的精华，值得我们总结，是我们实现"全面依法治国"的重要本土资源。

十三、白居易的法理思想及其政治诗

白居易（772—846），字乐天，唐朝著名诗人和法理学家。祖籍太原，出身

---

① 转引自张岂之主编：《中国思想史》，高等教育出版社 2015 年版，第 253 页。

贫寒，关心人民疾苦。进士出身，曾任左拾遗等职，一度被贬江州（今江西九江），后官至刑部尚书。他以《长恨歌》和《琵琶行》而闻名于世。然对其著名的法理学思想，却知者不多。特将其法理学思想和几首政治诗（又称讽喻诗）简述如下：

1. 正确认识刑、礼、道三者的关系及其治国的功能

礼治与法治是中国古代治理国家的重要理念。尽管礼治的时代业已过去，但其影响仍然存在，尤其是在儒学中占有重要地位。因此，明确"刑（法）"与"礼"的关系极为重要。白居易作为政治家和诗人，首先科学回答了这一问题。他有句名言，"刑行而后礼立，礼立而后道生"，于是"刑者礼之门，礼者道之根，知其门，守其根，则王化成矣"。① 他提出国家应加强法制，做到令行禁止。

2. 要求唐代当政者尽快改变"轻法学，贱法吏"的局面

白居易认为，应"悬法学为上科"，提拔、奖励和表彰清正廉洁的法官，绝不能使"国家生杀之柄，假手于小人"，不能使"舞文之弊，生于刀笔之下"，要求做到上下循法、刑罚自措的目的。他又明确指出，治理国家不能依靠"猛政"与"严刑"，而是主张依靠君主"勤教令以抚之，推诚信以奉之"，做到"恩荣并加，畏爱相济"。②

3. 坚持废除肉刑

我国古代刑罚极为残酷，尤其"老五刑"。自西汉文帝起，开始废除肉刑，但几经曲折，直到隋文帝《开皇律》才从立法上以新五刑代替旧五刑，但其残余仍然存在。唐代还在其实践中偶尔使用肉刑。故白居易坚决主张彻底废除肉刑，认为若再恢复肉刑，则是直接违背了"适时变、顺人情"的原则。

4. 坚持法家历来坚持的治国要正确使用赏罚二柄的原则

白居易明确提出赏罚适度的主张，写道："臣闻明王之御功臣也，量其功而限之以爵，审其罪而纠之以法。限之以爵，故爵加而知荣矣；纠之以法，故法行而知恩矣。"③

---

① 《白居易集·策林三：刑、礼、道》，岳麓书社 1992 年版，第 239 页。
② 转引自《中国大百科全书》（法学卷），中国大百科全书出版社 1984 年版，第 4 页。
③ 白居易：《御功臣之术》。

5. 重视法学和法学人才

白居易作为刑部尚书，多次上奏："伏惟陛下悬法学为上科，则应之者必俊义也；升法直为清列，则授之者必贤良也。然后考其能，奖其善，明察守文者擢为御史，钦恤用情者迁为法官。"① 当然，这是他从事刑部尚书的切身体会。一个国家不重视法学，治理国家就没有理论支撑，不重视法官判决肯定出问题。

6. 初步揭示了犯罪的根源

在剥削社会，其犯罪根源当然与社会制度有关，白居易认为劳动人民有些犯罪直接与生活贫困有关，他说："食足财丰而后礼教所由兴也，礼行教立而后刑罚所由措也。"而"刑之繁省，则系于刑之众寡也"，"教之废兴，系于人之贫富也"。当然，刑事犯罪有其客观原因，也有其主观原因，而剥削制度本身就是旧社会犯罪的根源。至于政治犯则完全是社会制度造成的，人们造反是被迫的，逼上梁山就是明证。

7. 将诗歌与政治密切结合

白居易是文学家，是伟大的诗人，其诗的政治性十分明显，揭露了封建社会的黑暗。他认为诗歌必须为政治服务，担当起"补察时政，泄导人情"的政治使命，实现"救济人病，裨补时阙"的政治目的，提出"文章合为时而著，歌诗合为事而作"。② 他又解释说：诗歌应当"为君、为臣、为民、为物、为事而作，不为文而作也"③。就是说，诗歌与政治密切结合，这是白居易诗论的核心。

白居易写诗数百首，最有代表性的是《新乐府》50 多首和《秦中吟》10 首。他在每首诗的标题后，都附加一个小序，以揭示该诗的主旨，最典型的有《新丰折臂翁》和《卖炭翁》，语言生动，揭露深刻，感情深厚。既对劳动人民表示深刻的同情，又对旧社会做了无情的揭露，并从法理上进行分析，揭示出人民贫穷的原因。总之，白居易虽然是诗人，但他也是法学家，"诗言志"，他不仅表达了其法治思想，而且还提出了法理要求，是我国历史上少有的融文学与法理于一体的名家。

---

① 《白居易集·策林四：论刑法之弊》，岳麓书社 1992 年版，第 278 页。
② 白居易：《与元九书》。
③ 白居易：《新乐府序》。

第五章　两宋至清初时期的法理学思想

一、赵氏兄弟的法理思想与治国理念

赵匡胤（927—976），宋代的开国皇帝。原为后周殿前都点检，领宋州归德军节度使，掌握兵权。公元 960 年发动陈桥兵变，即日称帝。

赵光义（939—997），为宋太祖赵匡胤之弟，原名赵匡义，后改名为赵光义，涿州（今河北涿州）人，弟继兄位，为宋代第二代皇帝。

两人作为皇帝，具有法理学思想和法家的治国理念。

1. 采用"儒法共治"的治国理念

赵宋王朝是中国古代史的一个转折点，改变了国家长期分裂的状态，结束了五代那样的分裂局面，实行"儒法共治"的治国理念，加强了中央集权，建立了统一的国家。他们先后攻灭了荆南、湖南、后蜀、南汉、南唐诸国，削弱了军人掌握政权的权力。随之，又在太祖即位后，消灭了北汉，使国家趋向统一和巩固。

2. 改革吏治，强调法律的作用

大力加强惩治贪官的力度，太平兴国三年，太宗下诏，自太平兴国之年起，"诸职官以赃致罪者，虽会赦不得叙，永为定制"。① 淳化二年，又设立审刑院，作为刑事案件的最高复审机构，有效防止了大理寺和刑部审理案件中的出入人罪的情况。

3. 革除朝廷弊端

北宋初年，赵匡胤和赵光义兄弟为帝期间，先后多次改革，不断革除朝廷弊

---

① 《宋史·太宗本纪一》。

端，如采纳群臣上奏，花大力气解决国家机构的"三冗"（冗官、冗吏、冗兵）问题，不仅减轻了国家负担，也减少了官员对百姓的欺压。

4. 重视法学教育

宋代是我国法学特别是法理学发展的重要阶段，总结宋代法学教育和法学思想的成就，主要有四点：一是，宋代诞生了更为细密的理学，对法理学和治国理念的发展具有重要意义；二是，在立法上，《宋刑统》在体系上有较大创新；三是，在法理学上有重大成就，如《洗冤录》等；四是，改革了吏制，惩治了贪污腐败，整顿了军队，特别是废除了具有较大军权的节度使这个旧制度。

5. 编制《宋刑统》

这是宋太祖在法治建设方面的重要标志。《宋刑统》于太祖建隆四年，即公元 963 年颁行，共 30 卷，分 12 篇 502 条。这是宋太祖为了结束五代分裂局面而在法律上采取的重大举措。他以唐律为基础，又汇集了中唐以来的敕、令、格、例作为附件，以为补充，《宋刑统》是宋初的主要法律。即"《刑统》为宋一代之法制，其后虽用编敕之时多，而终以《刑统》为本"。① 《宋刑统》虽以唐律为基础，但与其比较，有如下不同：第一，名称不同。该法典不称律或法，而称"刑统"，其意为是以类统编本朝刑事法规。第二，篇下分门类篇。《宋刑统》将同一性质的法律条文归结为一个单元，称为"门"，也是后来称为"部门法"的渊源。第三，《宋刑统》新增"臣等起请" 32 条，这是一个新样式。所谓"臣等起请"，即窦仪等修律大臣根据实际情况向朝廷提出的立法建议，作为新增条款，以与所附敕令相区别。第四，设"余条准比"，即指类似类推性质的条文。《宋刑统》是我国古代法律编纂的新体例，成为后世《大元通制》《大明律例》《大清律例》的渊源。

二、范仲淹的法学思想

范仲淹（989—1052），字希文，苏州吴县人，进士出身，出任参知政事（副宰相），主张变法改革，以图中兴。平生志向所在，曾归结为"先天下之忧而忧，后天下之乐而乐"。留有《范文正公集》48 卷。其法律思想主要有：

---

① 沈家本：《历代刑法考·律令六》。

1. 主张限制君主专断，以保证法律的公正适用

范仲淹认为，"天生兆人，得王乃定"，君主对法律的公正适用有着特殊作用，但其权力应有所限制，应"纳群臣之言而不敢偏听"，更"不可独当"。因此，皇帝在执法中一定要"舍一心之私"，以"示天下之公"。

2. 提出官员要具有高尚的人格节操，主张建立一个提携人才的学者群体和官府衙门

在北宋庆历年间，涌现出一批以国家利益为重的治国之才。同时，范仲淹大办教育，使宋代加强了对文化教育事业的重视，产生了较大影响。

3. 要求加强司法监督，以防"枉滥"

针对当时司法不公的情况，范仲淹提出要加强司法监督，防止"枉杀""滥杀"。他指出，作为"评天下之法，生死荣辱系于笔下"的最高司法机关大理寺，要加强司法监督：第一，司法官员要查明犯罪事实并厘清情节；第二，要严格限制"类推"的适用；第三，加强刑部办理申诉案件之职能；第四，规定每年年终检查全年断案情况，并汇报上级。

4. 整顿吏治

强调在革新中，应以整顿吏治为重点。范仲淹认为，宋代吏治存在一些弊端，应予以整顿，要使贤德、有才干的官员得到重用。一方面，"开学校，设科学"，大力培养人才；另一方面，要对官员实行考核制度，对于庸官，该降级的就降级，该除名的就除名；对于贪官，该处分的就处分，该判刑的就判刑。范仲淹指出："国家应当削减冗员，重视农桑，减免徭役，以便民、利民、恤民。"①

范仲淹是宋代首先进行改革变法的官员，后因宋代官场腐败，致使革新失败。范仲淹离朝赴外任职，后病逝于徐州。关于他的事迹在《宋史·范仲淹传》中有记载。他在儒家经学方面，颇有造诣，史称"泛通六经"，对"易"研究有贡献。

三、包拯的法学思想与执法理念

包拯（999—1062），字希仁，庐州合肥（今安徽合肥）人，进士出身，宋

---

① 《宋史·范仲淹传》，中华书局1985年点校版，第67页。

仁宗时当过知县、知府，后升任谏议大夫、御史中丞、龙图阁直学士、枢密副使等，是历史上著名的清官，有"包青天"之称。

包拯的法律思想、执法理念和公正断案，在《宋史·包拯传》和《包孝肃奏议集》中均有记载。

1. 坚持正确的立法思想

包拯强调"公私两便"，既要对国家有利，又要对百姓无害，反对任意变更法律，要保持法律稳定性，要使"法存画一，国有常格"；同时又主张法令要随形势变化，要适时有所变化，将法的稳定性与适时性结合起来。就是说，包拯主张立法要做到"两个有利"，即有利于国家，有利于人民。同时，法律既要稳定，又要适时变化。

2. 包拯的治国理念

在治国理念上，他主张对外严修武备，精选将才，广储粮食，抵御外侮；对内抑制宦戚特权，选拔贤俊，整顿吏治，广开言路，休养生息，富国富民。因此，包拯主张法治，主张维护民族尊严和国家统一。

3. 坚持司法公正

包拯是古代史上有名的清官，他在执法理念与法制实践中，坚持司法公正，"刚正不阿""惩恶扬善"，办理过很多著名的案件。《宋史·包拯传》中说："拯立朝刚毅，贵戚宦官为之敛手，闻者皆惮之。"京师为之传曰："关节不到，有阎罗包老。"如包拯先后多次上奏，弹劾当时掌握宋朝财政大权的三司使张尧佐贪赃枉法，掌握其大量罪证，迫使宋仁宗将张尧佐免职。又如包拯将违法乱纪、中饱私囊的犯罪分子江南转运使王逵捉拿归案，绳之以法。还有不少豪强、贪官都死在包拯的铡刀之下。包拯还弄清了张龙、赵虎和王朝、马汉的冤情，并将他们收为侍从，协助自己办理了不少案件。

还有不少民间故事，主要是讲述包拯认真办案，打击豪强，扶助弱者的事迹。其中多数真有其事，但也有少数是民间传说。这充分说明，一个为人民办事的清官，将万古留名；也说明，民间对法律的重视。人们常说：中国古代法律意识不强，我认为并非如此。我国古代百姓都知道这样一句话："难道没有王法吗？"就是说，人民对法律是重视的，都知道有冤情就找清官。一代清官，万古扬名，人人敬重。包拯之所以具有如此威信与魅力，就是因为他严格执法，所以，《礼记》说得好："国无法而不知，民无法而不立。"

包拯之所以公正执法，为民伸冤，是因为他懂得法律的重要性，知道严格执法是国家的需要，也是治国的根本。又说："国家富有天下，当以恤民为本"①，"民者，国之本也，财用所出，安危所系，当务安之为急"②。

四、欧阳修的法理思想

欧阳修（1007—1072），字永叔，吉州庐陵（今江西吉安）人，号醉翁，晚年号六一居士，与范仲淹推行新政时，出任知谏院、龙图阁学士，因新政失败被贬，晚年又入朝任职。欧阳修是北宋大文豪，影响很大，是唐宋八大家之一。

欧阳修在文学方面成就很大，他对儒家经典提出了不少质疑，如对孔丘的《系辞》《诗序》颇有研究，并认为《周礼》所述官职极不合理，周代初期官职机构庞大，等等。

欧阳修在法理学方面也有建树。他针对唐太宗在贞观六年，因囚犯遵照太宗规定，而按期回监一事，写了《纵囚论》一文，认为太宗任意放了一些死囚是不对的，因为该杀的还是要杀，该关的还是要关。他大呼："法者，天下之法也。岂个人之好恶乎？"就是说，法是天下人共同之法，怎么能以个人的好恶而任意决定呢？

他强调法律要有稳定性，皇帝颁布诏令要慎重，赏罚必须与功罪一致，他提出："言多变则不信，令频改则难从。今出令之初，不加详审，行之未久，寻又更张。以不信之言行难从之令……中外臣庶，或闻而叹息，或闻而窃笑，叹息者有忧天下之心，窃笑者有轻朝廷之意。号令如此，欲威天下，其可得乎？此不慎号令之弊也。用人之术，不过赏罚。然赏及无功则恩不足劝，罚失有罪则威无所惧，虽有人，不可用矣。"③

欧阳修主张德治、法治互相配合，强调综合治理，指出："民弊于末，心作乎争，德不可以独行也，辅之者其刑法乎。"④

---

① 《包孝肃奏议集》卷八"言陕西盐法"。
② 《包拯集·宽恤·请罢天下科率》。
③ 《欧阳修全集·准诏言事上书》。
④ 《欧阳修全集·南省试策第二道》。

欧阳修三代为官，在文人中具有较高威信，对每次改革都采取积极支持态度。他不仅参与了范仲淹进行的改革，而且对王安石的变法也予以支持。他是宋代文人中受人尊敬的老者。他的治国理念是主张德法并治，希望天下太平，老百姓过好的生活。整个宋代的经济是发展了，国家比较富裕，但令人遗憾的是，宋代不重视国防，军队的战斗力差，结果在宋徽宗、宋钦宗时，两皇被俘，这也是历史悲剧。

五、"三苏"及其治国理念

苏洵（1009—1066），字明允。27岁开始求学，48岁拜会欧阳修，大受赞誉，但未被重用，留京编纂。

苏轼（1037—1101），字子瞻，号东坡居士，进士出身，官至礼部侍郎，后因与王安石革新变法意见不和，被贬黄州等地，死于常州。

苏辙（1039—1112），字子由，19岁中进士，官至尚书右丞、中大夫等。晚年退居徐州，号称颍滨遗老。

"三苏"均位列"唐宋八大家"之中，其治国理念明确，其法律思想主要有：

1. 主张"礼法共治"

苏轼兄弟均以父为师，强调文须"有为而作"。正如苏辙所说："父兄之学，皆以古今成败得失为议论之要。"① 如苏洵的《管仲论》，苏轼的《思治论》《六国论》，苏辙的《黄州快哉亭记》等。他们都主张"礼法共治"为治国理念，并指出："立法"与"任人"是治理国家之"两柄"。同时，他们认为，当时宋代的问题，"天下之所以不大治者，失在于任人，而非法制之罪也"②。

2. 提出"厉法禁，自大臣始"的赏罚平等思想

这实际上是继承了法家的"刑过不避大臣，赏善不遗匹夫"的思想，在当时具有现实意义。他们指出："圣人为天下，岂容有此暧昧而不决？故曰：厉法禁

---

① 苏辙：《历代论》。
② 《东坡全集》卷四十六"策略三"。

自大臣始，则小臣不犯矣。"①

3. 不赞成严刑峻罚，提出罪与刑应轻重相当的观点

神宗时曾颁布《诸仓丐取法》，"三苏"认为其中对罪刑的规定不相当，应修改或废弃之。就是说，他们反对严刑，主张罪与刑应基本相当，因为严刑不是解决问题的根本，最重要的在于人的道德教化，要以教化为主。

4. 苏轼对"刑不上大夫"作了新的解释

他认为"刑不上大夫"是指审判方法，而不是大夫犯罪，不给予处罚。事实上，"刑不上大夫"是指"肉刑"不上大夫，即大夫犯罪，照样要按刑法处罚，只是不用肉刑而已。但"十恶"罪是除外的，很多大臣如商鞅被判处死刑，实施的是最严厉的刑罚——"车裂"。

"三苏"是文学家，在文学上建树极高，但他们不是为文学而文学，其中渗透着明确的治国理念和法学思想。因此，有人专门写了《法学家苏东坡》的论文。②

六、王安石的法理思想及其治国理念

王安石（1021—1086），字介甫，号半山。北宋著名政治家，唐宋文学"八大家"之一，抚州临川（今江西抚州）人。曾两度拜相，封为荆国公。宋神宗年间，两次主持变法，列宁称他为"中世纪的改革家"。③ 其法理学思想和治国理念主要有：

1. 法理之争

王安石认为，当时北宋社会积弊深厚，危机重重，原因在于"贤才不用，法度不修"。④ 因此，他主张变法，并说："尚变者，天道也。"⑤ 然而，变法却遭到了文学家司马光的反对，尽管他们在文学上是两位挚友，但在政治法律上的观

---

① 《东坡全集》卷四十七"策别一"。

② 徐道邻：《法学家苏东坡》，载《中国法制史论集》，志文出版社 1975 年版，第 309~326 页。

③ 转引自张岂之主编：《中国思想史》，高等教育出版社 2015 年版，第 292 页。

④ 《王安石全集·上时政疏》。

⑤ 《王安石全集·论议·河图洛书义》。

点却分歧严重。王安石认为，先王之法是根据当时的情况制定的，是特定历史条件下的产物。即先王之法在当时非常完美，可随着时移世易，也难免会产生各种弊端。因此，我们应根据具体情况变更法制，而不能一味恪守不变。王安石认为，变法是客观的必然要求。而司马光却代表一些保守势力，反对变法，坚持"法先王"，坚持"祖宗之法不可变"。最后，宋神宗支持了王安石，并得到了多数人的支持，按王安石提出的方案两次变法。但由于天灾人祸的原因，反对变法的势力大增，最后变法以失败而告终。但在财政政策方面，还是有所改观的。后来宋代的国力（主要是财力）是有所增强的，但遗憾的是，重文轻武，国防力量薄弱，致使遭受外侵。

2. 坚持治国新理念

王安石提出"饶之以财，约之以礼，裁之以法"的德、礼、法综合治理的著名观点和治国理念。王安石认为，统治者应首先使人们有富足的财力，有了财力之后，必须以礼加以节制，用法加以束缚，防止人们产生邪念。他要求国家运用"礼乐刑政"，要求人们守礼遵法，特别是统治者要德、礼、法三者并用，国家才能强大起来，而国家的强大必须以人民富裕为基础。

3. 尊重法家人物，沿袭法家观点

王安石对商鞅"徙木立信"的举动极为赞赏，他说："自古驱民在信诚，一言为重百金轻。今人未可非商鞅，商鞅能令政必行。"①

4. 提出"立善法治天下"的著名思想

王安石说："盖君子之为政，立善法于天下，则天下治；立善法于一国，则一国治。如其不能立法，而欲人人悦之，则日亦不足矣。"②"聚天下之众者莫如财，治天下之财者莫如法，守天下之法者莫如吏。"③ 为了保障善法的切实实施，他强调要依法治吏，选拔贤才，他说："古人有言，徒善不足以为政，徒法不足以自行。"④"夫合天下之众者财，理天下之财者法，守天下之法者吏也。吏不

---

① 《王安石全集·商鞅》。
② 《王安石全集·周公》。
③ 《王安石全集·翰林学士除三司使制》。
④ 《王安石全集·提转考课敕词》。

良，则有法而莫守；法不善，则有财而莫理。"① 为了提高官吏的执法水平和实效，他主张大力改革科举制度，设律学专科，即明法科，大力发展法律教育事业，培养法科人才。

王安石变法的主要内容，就是积极推行青苗、均输、市场、免役、吏戍、保甲等新法，多数对社会发展是有利的，特别是以国家财政为中心的改革，是有重大现实意义的。

七、朱熹的法理思想与治国理念

朱熹（1130—1200），南宋著名的思想家、法学家，理学的集大成者。字元晦（一字仲晦），号晦庵，江西婺源人。进士出身，曾任江东转运副使，是程朱学派的奠基人。著有《四书章句集注》等书，后人编有《朱子全书》，在中国封建社会末期七八百年中，有较大影响，甚至在日本等国也一度流行过"朱子学"。其法理学思想主要有：

1. 论述了法的本质和起源

朱熹以客观唯心主义为理论基础，以"存天理，灭人欲"为宗旨，认为世界的本质是"理"，法正是"理"的体现。他明确指出："法者，天下之理。"② 甚至说，"礼学，法学实理学，日月寒暑往来屈伸之常理，事物当然之理"。③ 在他看来，法律的制定和实施，必须以"人伦为重"。因此，法律与"天理"是同在的永恒性与绝对性。把法律看做是维护社会秩序的工具和保障，这是有一定意义的。但如果认为法律是维持"三纲五常"的工具和永恒的东西，则是错误的。法律是一定社会的产物，认为其是永恒的、绝对的，则不符合事实。

2. 论证了"人治"与"法治"的关系

朱熹认为，"德、礼、刑、政"四者是一个互相联系的整体，它们之间是"精、粗、本、末"的关系，"相互表里，如影随形"，不能分开。他认为，"政，谓法制禁令也"，引导人民，"导之而不从者，有刑以一之也"，但这是次要的，

---

① 《王安石全集·度支副使厅壁题名记》。

② 《朱子大全·学校贡举私议》。

③ 《朱子大全·答吕子约》。

"政者，为治之具；刑者，辅治之法。德礼则所以出治之本，而德又礼之本也"①。尽管朱熹也说到了法的作用，但只限于刑罚方面，他强调德礼为治国之本，这显然是不对的。德与法无疑是要结合的，要相互作用，共同维护社会秩序，在任何社会都要以法为本，因为法有国家强制力为后盾，而德则起教化作用，促使人们遵纪守法。

3. 在刑罚制度方面，朱熹主张"宽严相济"，强调"以严为本"

朱熹认为当时将"政以宽为本"歪曲为"纵弛"，这样会导致奸豪得志、平民遭殃的恶果，要求执法者依法办事，不能一味宽恕罪犯。要实事求是，该怎么判就怎么判；要严肃法纪，赏罚严明。朱熹的本意是"宽严相济"，他之所以强调"以严为本"，是因为当时有人错误地理解了刑罚政策，过于从宽处理。

4. 主张改革，力主"恤民""省赋"

朱熹提出设立"社仓"，发展经济。特别是强调"为政必有规矩"，要认真维护社会秩序。

5. 朱熹的治国理念是"心治"

朱熹的"格物致知论"认为，"天理论"的重点在"天"，"心性论"的重点在"人"，而"格物致知论"的重点在天人合一。理学思想体系的最终目的在于指导人们信仰、体认"天理"，从而达到"天人合一"的最高境界。因此，治理国家首先要合乎人心，只有民心所向，国家才能安宁。

八、朱元璋的法理思想与治国理念

朱元璋（1328—1398），即明太祖，安徽凤阳县人。原名重八，后取名兴宗，家境贫寒，一度当过和尚。后参加红巾军，十年后自称吴王。1368 年，在击破农民起义军和扫平元的残余势力后，于南京称帝。其法律思想主要有：

1. 提出"法治天下"的主张

面对当时的情况，朱元璋认为"建国之初，当先立纲纪"。② 反复强调："夫法度者，朝廷所以治天下也。"③ 并于 1368 年，命刑官讲律，日讲 20 条，而朱

---

① 朱熹：《论语集注·为政》。
② 谷应泰：《明史纪事本末·平定东南》。
③ 《明太祖实录》卷一一六。

元璋"每御西楼，召诸臣赐坐，从容讲论律义"①。作为开国皇帝，日理万机，还能做到聆听法律讲座，实属难得！

2. 修订律令，加强立法

早在任"吴王"期间，朱元璋于1364年命李善长主持修律。建国后，又令刘惟谦等详定《大明律》，经多次修改，颁布施行，并贯彻"刑用重典"原则，特别是洪武十八年，由朱元璋亲自采编处以重刑的案例，编纂颁行《明太诰》及续编《三编》，严格实行重刑主义，在反对贪腐时，不仅科刑重，而且株连人数多，是中国古代反贪最严厉的朝代。

3. 令行禁止，不避亲贵

洪武初年，一些文武勋臣，居功自傲，无视法纪，直接危害王朝的根本利益。为此，于洪武六年，明文规定，凡公侯家人倚势凌人，侵夺财物、田宅者，一律处死。如安庆公主的丈夫、驸马都尉欧阳伦，派遣家奴贩运私茶，并纵容家奴凌辱地方官，案发后，赐欧阳伦死。就是说，只要犯法作案，一律依法处置。

4. 注重法学教育

明代设有专门的法律学校，并在中央和地方的官学和私学书院中都设有法律课程，学习国家法律、法令。由于明代的法律主要有律、例、大诰以及令、会典等，因此，法律学习和考试均以这些为内容。"于时，天下有讲读《大诰》，师生来朝者十九万余人。"②

5. 法学研究有所发展

中国古代保存下来的法学著作，以明清两代最多。据《明史·艺文志二》记载，除"刑法类"所论《大明律》《大诰》等法律汇编外，当时的律学著作有近百部之多。还有几部法理方面的著作，如韩君恩的《法家体要》、朱长春的《管子榷》、洪颐煊的《管子义证》等。

6. 加强中央集权

明太祖将国家大权均握于手中，他取消宰相制度，军政大权均集中于中央，是中国封建专制的典型朝代。他为了维护其统治，任人唯亲，其子均分封为王。

---

① 《〈明史·刑法志〉考注》。

② 《明史·志·六十九》。

采用重刑主义、株连主义等，从而使中国封建制度开始走向衰落。尽管其后代，虽有几个有作为的皇帝，但因实行重刑主义，均未能复兴。虽然在永乐年代，有过郑和下西洋的壮举，有过"海上丝绸之路"的美称，但为时不长。

九、王守仁的法学思想

王守仁（1472—1528），字伯安，世称"阳明先生"，浙江余姚人。一度隐居绍兴阳明洞中，故称之为"阳明先生"。明代著名思想家、法学家，进士出身，官至兵部尚书。王守仁是主观唯心主义者，与南宋陆九渊合称陆王学派，和程（程颐、程颢）朱（朱熹）学派的观点相对立。被明代统治者称为"学达天人，才兼文武"。其法律思想主要有：

1. 主张德刑并用，宽猛兼施

王守仁认为，应做到既"破山中贼，又破心中贼"，实行所谓"心治"。主张明"赏罚"，提高国家统治效能，行德治礼教以预防犯罪。认为百姓已经贫困不堪，没有必要无休止征税，对灾民实行"赈济"和"免租"；主张建立学校，实行道德教化，发挥"心治"的作用。

2. 提倡"遵礼、守法、崇君"

王守仁认为，遵礼、守法、崇君是善良百姓的标准，实行天下治，出现社会安宁的局面。他倡导"君子之政，不必专于法，要在宜于人"。① 主张以保甲制度贯彻封建礼法，强调通过建立"十家牌法"来平息民间诉讼，实行"乡约"制度来维持农村社会的法律秩序。

3. 提倡慎狱、宽刑

王守仁认为，狱官必须尽职，反对轻视监狱工作，反对法律虚无主义，要引导民众遵守法律。同时，要整肃执法之吏，消除执法过程中的各种阻碍，杜绝一切"法外之法"，使囚犯免受"法外之诛"。

4. 提倡息诉，在民间推行"乡约"和完善家族制度

凡家族内部纠纷，按家法族规处理，一般案件由族内调解，只有重案才诉至官府，依法审理与判决。为达到息诉之目的，加大对越诉、诬告的处罚力度，凡

---

① 《王阳明全集·重修月潭寺建公馆记》。

诬告他人死罪，致被诬告人被处死或毙于狱中者，诬告者应被处死。

王守仁晚年提出了四句教法：“无善无恶心之体，有善有恶意之动，知善知恶是良知，为善去恶是格物。”① 王守仁与朱熹的根本区别在于：朱熹将“天理”与“人心”分开，而王守仁则认为，天理不再是外在的教条，而是与人心相通，即通过人心体现出圣愚皆有的主体理性。当然，王守仁毕竟是主观唯心主义者，天理与人心应该是有区分的，天理是指客观规律，人心是人的主观反映。

十、张居正的法理思想与治国理念

张居正（1525—1582），明代著名改革家，字叔大，号太岳，湖北江陵人。进士出身，历任内阁大学士，官至首辅（即宰相），倡导并实行革新，制定和实施“一条鞭法”，“以天下为己任”，一生致力于“尊主权，课吏职，信赏罚，一号令”，力求明朝中兴，企图通过法治，挽救当时的社会危机。其法律思想与治国理念有：

1. 主张“以法绳天下”，强调“法令政刑，世之所恃以为治者也”②

张居正认为，明代嘉靖以来政治腐败，“纲纪坠落，法度陵夷”③，必须进行改革，主张高度中央集权，用法律政令规范天下，提出和制定“一条鞭法”，力图实现明代中兴。

2. 倡导制定新法，要求立法必须应乎时宜，合乎民意

张居正极力宣扬“法后王”观点。更主要的是，他宣扬孟轲提出的“民贵君轻”思想，宣扬“天下立君，以为民也”。极力推崇秦始皇、明太祖的功绩。要求政府“整齐严肃，悬法以示民，而使之不敢犯”。

3. 制止兼并，严惩腐败

面对明代当时豪强的兼并活动，张居正当即立法予以制止，对其中恶劣者予以惩罚。同时，从严惩治贪污与各种腐败，整顿吏治，严肃考察与考核官员。由于当时立法及时，效果颇佳，“一条鞭法”执行良好。

---

① 《王阳明全集·年谱三》。

② 《张太岳集·宜都县重修儒学记》。

③ 有关“张居正的法理学思想与治国理念”的引文，未注者均转引自《中国大百科全书》（法学卷），中国大百科全书出版社1984年版。

4. 强调中央集权，两次变法，均有成效

由于强调了中央集权，国家曾一时出现"中兴"的景象，但一直遭到保守势力的反抗。而张居正却要求严格依法办事，特别强调法律适用中的"严"与"明"，认为只有"法在必行，奸无所赦"，才能治理好国家。

5. 提出以道德教化和重刑主义相结合来治理国家

在法治的基础上，张居正提出使用道德教化和重刑主义相结合来治理国家，强调"法宜严，不宜猛"，"省法令，不宜烦苛"；并指出，要"礼禁未然之前，法施已然之后"。①

6. 重视法制建设与经济建设保持一致

实施"一条鞭法"，直接将赋与役合并，规定无论田赋、徭役，一律按田亩来计算，并折合成银两，由地方官征收。这样便减轻了贫困农民的负担，而使豪强的负担加重。

张居正的改革，一度使明代有所复兴，但事后特别是他死后，遭豪强的报复，被抄家，子弟戍边。直到明熹宗时才为其平反，复其子弟官爵。

十一、海瑞的法学思想和执法态度

海瑞（1514—1578），字汝贤，号刚峰，今海南琼山人，回族。明代著名清官，官至应天巡抚，右都御史。著有《海瑞文集》。嘉靖期间，为了明代的"万世之安"，曾直言上书，指责当朝皇帝昏庸无道，留下了"海瑞骂皇帝"的美名。其法学思想，特别是刚直不阿的执法态度，使他成为历史上有名的清官。其法学思想有：

1. 赞同变法革新，忠实执行"一条鞭法"

在海瑞任巡抚期间，"禁绝馈送，裁革奢侈"，"整风肃纪"，不仅自己为政清廉，而且严厉打击贪污腐败，是一位深得民众爱戴的清官。更重要的是，他严格执行"一条鞭法"，使当时具有了"中兴"的景象。

2. 主张"通民隐，抑强横"

海瑞认为打击豪强与匪患是必要的，但严刑峻法不可取，要依法处置。禁止

---

① 《张太岳集·宜都县重修儒学记》。

"习讼、唆讼"，要求查明案情真相，坚持自始至终采取审慎的态度。执法严明，并坚持平反冤狱，伸张正气，从而得到百姓的赞扬，并流传了不少公正断案的故事。

3. 提倡道德教化，宣扬"五教之目"

"五教之目"，是指"父子有亲、君臣有义、夫妇有别、长幼有序、朋友有信"。① 反对对百姓一味用刑，对疑难案件，赞成"与其杀不辜，宁失不经②；与其失善，宁其利淫"③ 的原则。

4. 提出一些在当时有现实意义和在以后有影响的法学观点

如准许口头诉讼，便利群众，特别是可以讼师代书唆讼；又如，加重对诬告的惩治，因为当时一度风行诬告，扰乱社会秩序。又如，他认为，有些案件是为富不仁造成的，在处理案件时要不畏权贵，秉公执法，严格以法与封建礼义为标准，切实查明案情真相。

海瑞有几件突出案例，说明他有"为民请愿"，不怕豪强的态度与决心。如他出任应天巡抚时，接到无数民众告发退休回乡的宰相徐阶强占农田的状子时，经查属实后，海瑞强令徐阶向百姓退田了事。又如海瑞在兴国当知县时，南昌的退休尚书张鳌的两个侄子张魁、张豹到兴国买木材欺压百姓，打人抢劫，海瑞当即依法问罪并向上揭发了张鳌的违法包庇行为。总之，海瑞是一个秉公执法、不畏强暴、刚正不阿的大清官。

十二、黄宗羲的法治思想与治国理念

黄宗羲（1610—1695），字太仲，号南雷，浙江余姚人，是明清之际著名的思想家、政治家和法学家。知识渊博，著书甚多，其中《明夷待访录》不仅是其法学思想的代表作，而且是当时启蒙思想家的集大成者。其法学思想和治国理念主要有：

1. 以"天下之法"取代"一家之法"

黄宗羲极力主张变法，反对死守祖宗成法。他认为，如果不改变"桎梏天下

---

① 陈义钟编校：《海瑞集·教约》。

② 《尚书·大禹谟》。

③ 《左传·襄公二十六年》。

人手足"的"非法之法""一家之法",即使有能治之人,也处处掣肘,不能有所作为。反之,如果有天下之法在,即使不得其人,"亦不至深刻罗网",为害天下。因此,他反对君主立法为私,主张立法为公。这种启蒙思想,在当时影响了一批人。

2. 主张人治与法治并重,但首先要有法治

黄宗羲强调指出:"即论者谓有治人无治法,吾以谓有治法而后有治人。"①在当时的条件下,他提出"天下为主,君为客"的思想,批判所谓"君为臣纲",主张"君臣共治""以宰相而摄天子"。②

3. 要求法制统一,公开反对法外有例,例外有令

公开反对君主立法为私,提出"立法为公"思想。同时,要求秉公执法,严格执法,反对重刑主义,也反对儒家的"宽猛相济",提倡轻刑,并要求"严上宽下",所谓严者,治吏之经也;宽者,养民之纬也。就是说,维护法制统一和依法处事关键在于官吏,而不在于平民。

4. 反对重农抑商,主张工商皆本

重农抑商,这是作为农业国的一贯国策,在一定程度上,妨碍了经济发展。黄宗羲看到了这一毛病,提出"工商皆本"的正确思想,这在当时是有进步意义的,符合时代潮流。同时,他在解决农民土地问题上,提出了"不以天下私一人"的思想,但他没有提出具体办法解决农民土地问题。这是当时历史条件的局限性。

以黄宗羲为代表的启蒙思想家提出了一系列新思想,在当时具有重大意义,是明清之际思想领域光辉的一页,尤其是他们的法治思想,继承和弘扬人类的法治文明,但由于历史条件的局限性,他们并没有更为详细的治国方案。但是,黄宗羲毕竟开启了中国历史上公开反对君主一家之法、立天下之法的序幕。

当然,黄宗羲的治国理念,涉及的问题很多,如他主张"限制君权",提倡"地方分治",公开提出反对君主集权的政体,这些在当时都是极为进步的。应该说,黄宗羲的法治思想和治国理念,实质上是早于西方启蒙主义者的。其思想应

---

① 《明夷待访录·原法》。
② 《明夷待访录·置相》。

该是中国法治文明的主要内容之一，是值得我们认真总结、借鉴和升华的。

十三、顾炎武的法治思想与民主思想

顾炎武（1613—1682），字宁人，世称亭林先生，苏州昆山人，明末清初著名思想家、法学家。参加江南抗清斗争，两次入狱，坚贞不屈，著述甚丰，今人合编《顾炎武全集》。其主要法治思想与民主思想有：

1. 反对君主专制独裁，主张"众治"

在当时的历史条件下，顾炎武公开提出："人君之于天下不能以独治也，独治之而刑繁矣，众治之而刑措矣。"① 众治者，众人之治也，与当代的法治含义基本一致。当然，顾炎武讲的"众治"的"众"是指掌握一定权力的各级官员，并非"以天下之权，寄天下之人"，而是专指扩大各级官吏之职权，准确地说，就是平衡君权，限制君权的滥用，正如他所说："自公卿大夫，至于百里之宰，一命之官，莫不分天子之权以各治其事，而天子之权乃益尊。"②

2. 强调公正执法，反对以钱赎罪、以谷补官制度

顾炎武强调执法官员要有高尚的品格，坚持在法律适用上一律平等。认为只有"正人心，厚风俗"才是治国的根本，强调道德教化的作用。当然，他更主张取消专制之法，建立天下之法。

3. 主张整顿吏治

顾炎武明确指出："吏之犯法者必治，而受赇者必不赦。"尤其是对贪赃的官吏要进行严惩。同时，他又强调对官吏要进行耐心教育，并提出要以"清议""名教"来加强对官吏进行管教。

4. 提倡"合天下之私以成天下之公"的政治法律思想

顾炎武认为，"人之有私"是现实人性，他说："人之有私，固情之所不能免矣。"因此，他提出"合天下之私以成天下之公，此所以为王政也"。③ 只有让人民"自为"，才能体现"天下之公"。在此基础上，他提出了"众治"的三大

---

① 《日知录·爱百姓故刑罚中》。
② 《日知录·守令》。
③ 《日知录·言私其豵》。

对策：第一，分天子之权；第二，实行按人口比例推选人才的选举法；第三，确认人民"清议"的权利。

5. 把思想僵化看成是追求真理的最大"绊脚石"

顾炎武认为"学者之患，莫甚于执一而不化"。他十分欣赏《诗经》中的"他山之石，可以攻玉"这句名言，主张治学要除门户之论，他写道："非好学之深，则不能见己之过。"

顾炎武是明末清初很有威望的思想家，是早期的中国启蒙思想家和法学家，他的思想使人感到亲切，难能可贵，对人们起了很大的启蒙作用，但遗憾的是其思想带有乌托邦性质。尤其可贵的是，他同情农民，同情人民大众，具有初步的民主思想，这都是值得赞扬的，也是当今治国之道可以借鉴和升华的。

十四、王夫之的法理思想与治国理念

王夫之（1619—1692），字而农，号姜斋，湖南衡阳人。晚年隐居湘西之石船山，世称船山先生。曾起兵反清，失败后走桂林。其著述甚丰，有《船山全集》传世。他是个唯物主义者，其法理学思想和治国理念主要有：

1. 提出世上"无一成之法"思想

王夫之从唯物主义的历史观出发，论证了法律的可变性，批判了"法祖从王"，"守其故物而不能自新"的保守思想。明确指出："天下有定理而无定法。"① 认为变法革新，是社会发展的必然要求。

2. 主张人治与法治并重，实行"共治"，但重在治吏

王夫之指出："任人任法皆言治也"，② 而"严以治吏，宽以养民"。③ 这是继续了东汉以来，中国历代实行"儒法合流"的治国方略，但王夫之的发展在于他强调重在治吏，这揭示了法治的实质。

3. 坚持"法贵简，刑贵轻"的观点

王夫之认为，法律的作用在于惩恶劝善，至于法律内容的详略，则取决于客

---

① 转引自《中国大百科全书》（法学卷），中国大百科全书出版社1984年版，第612页。
② 《读通鉴论》卷十"三国·二三"。
③ 《读通鉴论》卷八"桓帝·二"。

观的需要。认为"立国之始，法不得不详"，但社会稳定之后，应"法贵简而能禁，刑贵轻而必行"①。

4. 提倡良法与贤人相结合

王夫之虽然没有用"良法"这个词来表达所立之法，但他强调法要顺潮流。同时，更强调"任人任法皆言治也"。要求执法者应是贤吏。因此，需要"择人而授以法"，"进长者以司刑狱，而使守画一之法"。②

5. 倡导"法贵责上"

这实质上是王夫之民主思想的精华，他强调"法先自治以治人，先治近以及远"，只有位居高位的权贵奉法守法，才可以令众。他谴责专制制度只罪下而不纠上，只"严下吏之贪"，而不问上官，其结果必然是"法益峻，贪益甚，政益乱，民益死，国乃以亡"。相反，"严之于上官"，对特权者绳之以法，则"吏安职业，民无怨尤，而天下已平矣"。③

6. 坚持"原情定罪"

原情定罪，是指根据罪有差等而相应论罪量刑。就是说，要根据犯罪的轻重和犯罪情节定罪科刑。对于司法官员在执法时的出入人罪情节，要依法追究刑事责任。

王夫之还是伟大的爱国主义者，他的"国家兴亡，匹夫有责"，教育和启发了人民高度的爱国主义精神。这是中华民族的精华，将永放光芒！

十五、中国古代法学教育考略

中国法学教育，源远流长，可以追溯到公元前两千多年。据笔者最近考证，中国法学教育始于春秋战国时期法家先驱邓析。邓析（前545—前501），郑国人，曾出任郑国大夫，后办私塾，自编《竹刑》一部，教习法律，专攻诉讼，学

---

① 转引自《中国大百科全书》（法学卷），中国大百科全书出版社1984年版，第613页。

② 转引自《中国大百科全书》（法学卷），中国大百科全书出版社1984年版，第613页。

③ 《读通鉴论》卷二十八"五代上"。

讼者不可胜数。据《列子》记载，邓析"操两可之说，设无穷之辞"① 影响深远。尤其是，他称法学为"刑名之学"或"刑名法术之学"，开启了"法学"学科之先河。从此，先秦法家把"刑名"与"法术"联系起来，把"名"隐身为法令、名分、言论等，主张循名责实，慎赏明罚。后来，韩非概括为"刑名者，言异事也，为人臣者陈而言，君以其言授之事，专以其事责其功"②。

邓析办私塾，传授法律知识和诉讼方法，甚至直接帮助他人诉讼，可以说是中国历史上第一位讼师，敢于提出自己的独到见解，"以非为是，以是为非"。在他的倡导下，郑国曾出现新的思潮，甚至"郑国大乱，民心欢哗"，对当时的统治者造成一定威胁，郑国的统治者姬驷歂对付不了这种局面，于是"杀邓析，而用其竹刑"③。可见邓析兴办法学教育，因伸张正义而死，但是死得光荣，其所著《竹刑》有合理性与科学性。邓析作为法家先驱，在历史上起过进步的作用。至于他的辩论名篇和法学论文，至今还有启示与借鉴作用。

邓析的著名辩词是"两可说"，从表面上看这是一种"模棱两可"的辩术，其实，这是律师应尽的责任，因为律师要维护当事人的合法利益，讲述对当事人有利的观点。事实是这样的，按《吕氏春秋·离谓》记载，洧河发大水，郑国有一个富人被大水冲走淹死了，有人打捞富人的尸体，富人的家人知道后就去赎买尸体，但打捞尸体的要价很高，于是富人家属就找邓析，请他出主意。邓析说："你安心回去吧，那些人只能将尸体卖给你，别人是不会买的。"于是富人家属不再找打捞者买尸体了，打捞尸体者着急了，也来请邓析出主意，邓析又对他们说："你放心，富人家属除了向你买，再无别处可以买回尸体了。"从这个故事看，似乎邓析的话有诡辩的嫌疑，但邓析是这一事件的中立者，他没有必要偏袒任何一方，因此，双方来询问他时，他只能为双方找出有利其权益的主意，因此，邓析的回答是正确的，而且带有朴素的辩证观念。这个故事说明一个问题，律师只能为一方当事人代理案件，不能同时也为另一方出主意。尽管邓析在这个故事中没有什么错误，但这类案件不可再用，否则就有"吃了原告吃被告"的嫌

---

① 《列子·力命》。
② 《韩非子·二炳》。
③ 《左传·定公九年》。

疑，有违我国《律师法》的有关规定。

邓析不仅传授诉讼方法，而且传授法律知识，他有论文多篇，其中以《天厚篇》与《转辞篇》出名，现已无原著可查，仅有《邓析子》一书。而该书据说系汉代以后有人托名所作，不过可以肯定的是，他是我国法学教育的首创者。荀子有过这样的评价：邓析"不法先王，不是礼仪，而好治怪说"但"持之有故，其言之成理"。①

中国古代官办的法学教育始于战国时期的秦国。曾在湖北云梦睡虎地发掘出土的《法律问答》《为吏之道》则具有法律教材性质，还有 20 多部单行法规，计法条 600 余条，证实了秦国"以法为教，以吏为师"的历史事实。还有《韩非子·五蠹》可以佐证："明主之国，无书简之文，以法为教；无先王之语，以吏为师，无私剑之捍，以斩首为勇。是境内之民，其言谈者必轨于法，动作者归之于功，为勇者尽之于军。"② 就是说，从商鞅变法开始，历经 11 个君主，长达一百余年，至秦始皇统一中国，都是在全国普及法学教育，以法为教，以吏为师。当官吏的都是法学教师，秦国所有民众，一律学法，是中国法学教育史上最辉煌的一页。商鞅曾建立"吏民知法令者，皆问法官"的制度，宣称"为法令置官也，置吏也，为天下师"。③ 秦律还要求官府抄写其所遵守的法律，还要求臣民"若欲有学法令，以吏为师"。④ 据说当时的秦国设律博士一职，专司法学教育。《汉书》已有记载："博士，秦官，掌通古今。"⑤ 就是说，秦代的博士不是一种学位，而是一种职务。"律博士"是当时博士中的一种，也是官名。顾名思义，律博士乃精通古今法律事务。汉承秦制，也设有博士，除了律博士外，还有五经博士、武博士等。与律博士相似的，还有当时掌管衙门案件记录的"司爷"。据说西汉初年的相国肖何与曹参，都是"刀笔吏"出身，即都是学法律、懂法律并以法律为职业的。当然，有史料可查的，我国的官办法律教育则始于东汉末年的"三国时期"的魏明帝，据史籍说，明帝即位，卫觊奏曰："请置律博

---

① 《荀子·非十二子》。
② 《韩非子·五蠹》。
③ 《商君书·定分》。
④ 《史记·秦始皇本纪》。
⑤ 《汉书·百官公卿表序》。

士，转相教授。"① 据说当时有个大臣叫胡寅的极力反对，但魏明帝还是采纳卫凯的意见，置律博，专司法学教育。这种设置与做法，为历代所沿袭，据《册府元龟》里的说法，北齐有律博士4人，隋有律博士8人，其中有名有姓的律博士便有侯坚固、杨衡之、司马锐、傅霖等人。到了唐宋，法律教育又上了一个层次，在科举制度下又设置了明法科，即有法科出身的进士。在律博士下面，还有律学生，《唐六典》对律学生有专门记载：律学生以律令为核心课程，格、式、法、例兼习之。《新唐书》还具体讲到了律学生的年龄和人数："律学，生五十人"，"律学十八以上，二十五以下"。② 另外，还有法律教材。如徐天麟编著的《东汉会要》中便有"律学"一门。南齐学者崔祖思对汉代以来的律学大加赞扬，说："汉来治律有家，子孙并世其业，聚徒讲授，至数百人。"③ 公元1070年，宋神宗行"保甲法"，置"刑法科"。公元1073年，王安石提举，设立"律学"，尽管有人反对，但被历代沿袭。

我国古代法律教育本来是极为完善的，尤其是秦代举国"以法为教，以吏为师"盛况空前，是中华民族史上的伟大创举，秦始皇完成统一六国的伟业，应该说是社会发展的必然，也是"以法治国""法治强国"的典范，彰显了法学教育的巨大威力。

综上所述，我国古代法学教育具有如下特点，对我国当代法学教育有巨大的启示和借鉴：第一，我国古代法学教育紧密结合法律实践，特别是结合司法实践。第二，我国古代法学教育与政治体制紧密结合，直接与重大政治改革联系，如管仲改革使齐国强大，成就了齐桓公为春秋的第一霸主；商鞅变法沿袭秦国一百余年，终建立了统一的封建帝国，推动了社会的发展与进步。第三，全民普及法学教育，对提高公民素质、维护社会稳定起到了重大的推动作用。因此，对我国古代法学教育要进一步考证，揭示法学教育的一般规律，对当代中国提高全民特别是作为"关键少数"的领导干部，提升法治思维与法治方式的水平，将是极大的促进。但古代的法学教育宣传重刑主义，不仅量刑很重，动辄判死刑，而且

---

① 《三国志·魏书·卫凯传》。

② 《新唐书·选举志》。

③ 《南齐书·崔祖思传》。

刑罚残酷，如商鞅变法时期的刑罚有枭首、腰斩、车裂等。

本编论述所涉及的时间包含中国法理学的形成、发展和繁荣时期，其内容也是中华法治文明的主要来源，它具有如下特点：

第一，我国古代的法理学与我国古代社会的发展有直接联系，与历代改革变法有直接关系。每一次重大政变、变法几乎都是用法理学来鸣锣开道的。如商鞅变法的"法先王"与"法后王"问题，王安石变法中的"祖宗之法可变"与"不可变"问题，都是利用法理学中关于"法应适时而变"的原理。几乎我国古代所有的法理学家都明确揭示了"法随经济的发展而发展"的原理，都尖锐地指出"世上没有万古不变之法"，指出法的可变性是绝对的，而法的稳定性是相对的。

第二，我国古代法理学详细地论证了"治国理念"。据《太平经》中所述先后共有十种，经本书提炼、总结，至少有七种治国理念，即礼治、德治、人治、法治、义治、无为而治、心治等。自秦汉以后，凡采用一种治国理念的朝代，其效果往往不佳；而一般都是采用两种或两种以上治国理念的朝代，几乎都取得了成功，如西汉初年的"文景之治"便采道家的"无为而治"，同时还采用贾谊所沿袭的"德治"和晁错所继承的"法治"。至于贞观之治，除采取"法治"外，还采取了"德治"和道家的"无为而治"及墨家的"义治"。还有明代的张居正改革和清初"康乾之治"也都是采取了几种治国理念。就是说，我国古代法理学揭示的治国理念是多种的，各朝代根据其实际情况而采用之，但都是采用"共治"的形式。

第三，我国古代法理学强调整顿吏治，严肃法纪，重视对领导官员的整肃；指出法律的执行在于"上严下宽"，将别是对司法干部严格执行责任制，并制定了执法中"出入人罪"的刑事责任，不论"出罪"与"入罪"都有严格的追究责任的刑事条款。就是说，我国古代法理学既重视"立法"，更强调"执法"，还强调"法制统一"，这是中华五千年文明经久不衰的重要保障。

第二编

中国近代法理学的争斗

第六章　近代初期法理学的发展状况

第一节　鸦片战争前期的法理学思想

一、龚自珍的法理思想

龚自珍（1792—1841），又名巩祚，字璱人，号定庵，浙江杭州人，进士出身，闲居礼曹小官，久不得志，辞官离京，1841 年（49 岁），突然死于丹阳云阳书院。龚自珍是清代著名的政论家、法学家。其法理学思想主要有：

1. 提出"改革、更法"的主张

龚自珍明确指出："一祖之法无不敝，千夫之议无不靡，与其赠来者以劲改革，孰若自改革？"① 并主张"仿古法以行之，正以救今日束缚之病……删弃文法，捐除科条……而勿苛细以绳其身"。② 又指出："自古及今，法无不改，势无不积，事例无不变迁，风气无不移易。"③ 他认为，历史进化是一种"自然之势"，是不以人的意志为转移的，即使是圣贤也不能左右。

2. 推崇"心力"

在龚自珍看来，"心力"可以从根本上改变现状。他明确提出："天地人所造，众人自造，非圣人所造。"又说："众人之宰，非道非极，自名曰我。我光造日月，我力造山川。"④

---

① 《龚自珍全集·乙丙之际著议第七》。
② 《龚自珍全集·明良论四》。
③ 《龚自珍全集·上大学士书》。
④ 《龚自珍全集·壬癸之际胎观第一》。

3. 认为孟子的"性善论"和荀子的"性恶论"都不可取

龚自珍认为，人的本性会随着其物质生活条件的改变而改变，同样，政权与法律也是能够改变的，所以，他写下了"九州风气恃风雷"的著名诗句。

4. 重视人才

龚自珍认为国家的兴旺与否，与是否重视人才、使用人才有重大关系，主张改革就是从制度上解除束缚，营造一个有利于发展人的个性与智慧的社会环境。所以他发出了"我劝天公重抖擞，不拘一格降人才"的疾呼。

5. 探讨了社会危机的经济根源

龚自珍认为，"千万载治乱兴亡之数"取决于社会财富的分配状况。龚自珍在《平均篇》一文中指出："其始，不过贫富不相齐之为之尔。小不相齐，渐至大不相齐；大不相齐，即至丧天下。""有天下者，莫高于平之之尚也。"因此，他主张："此贵乎操其本源，与随其时而剂调之。"①

龚自珍是清代著名的文学家，其诗歌在文艺界广为流传。但遗憾的是，他向佛教教义寻求寄托，最后失望而英年早逝。但他的变法改革思想和文学精神在知识界广为流传。

二、魏源的法理思想

魏源（1794—1857），字默深，湖南邵阳人。进士出身，与龚自珍齐名，世称"龚魏"。鸦片战争时曾参与浙江前线的抗英斗争，后受林则徐之托，编写了中国近代史第一部介绍世界历史的地理专著《海国图志》。魏源是当时著名的政论家、法学家，著述甚多，后人合编为《魏源全集》20 卷。其法理学思想有：

1. 主张"变古愈尽，便民愈甚"

魏源从法哲学的高度，认为历史的发展是不以圣人、祖宗、天命的意志为转移的，明确指出"天下大势所趋，圣王即不变之……亦必当自变"，"祖宗亦不能听其不自变"，"虽天地亦不能不听其自变"。② 就是说，社会的发展变化，是任何人都不可抗拒的客观规律，社会如此，法律亦然。

---

① 《龚自珍全集·平均篇》。
② 魏源：《书古微·甫刑篇发微》。

2. 向往民主政体，提倡"民选""民治"

魏源批判腐朽的官僚集团，并说"除富贵而外不知国计民生为何事，除私党而外不知人才为何物"。因此，魏源向往的是一个"人人皆谏官也，不惟广受天下之言，亦所以广收天下之才"① 的政体。

3. 宣扬爱国主义，挽救民族危机

魏源明确提出了"师夷长技以制夷"的主张。他认为，"夷之长技三：一战舰，二火器，三养兵练兵之法"。② 因此，他主张"竭耳目心思之力"，"师夷长技"以保卫祖国，抵抗侵略。当然，更主要的是在于政治制度的改革。

4. 注意改革与民众素质和民心向背的关系

魏源说："天下事，人情所不便者，变可复；人情所群便者，变则不可复。"③ 就是说，只有顺乎"人情所群便"的改革才是不可逆转的历史趋势。换句话说，在改革中，可根据民众的素质和民心向背的情况来确定改革的内容与进度，要使改革顺乎潮流。

5. 重视法学教育，引导人人守法

魏源认为，在与外国人打交道时，要努力学习有关战争与贸易的条文。既要维护国家主权，又要与各国发展贸易往来。因此，他建议加强法学教育，提高国人的法律水平。

魏源不仅与文学家龚自珍关系匪浅，而且与伟大的爱国主义者林则徐也关系密切。他受命编写《海国图志》，有利于中国睁眼看世界，有利于中华民族屹立于世界民族之林而免受西方列强的欺辱。正是这些民族的有识之士，为正在进行的伟大民族复兴做了不朽的先驱工作。值得一提的是，魏源的《海国图志》一书在国际上产生了广泛的影响，尤其是在日本影响极为深远。据考证，该书是影响日本"明治维新"重要的思想渊源。当时，参与"明治维新"的日本学者和政治家，都深受该书的启示。其中，还有人专门来中国学习。可是，当时的清政府却将该书列为禁书，使那些日本人感到失望，从此，决心不向中国学习。正是这

① 魏源：《默觚下·治篇十二》。

② 魏源：《海国图志·议战》。

③ 魏源：《默觚下·治篇五》。

些受《海国图志》影响的日本政治家，发动了 1886 年"明治维新"，使日本开始走向资本主义发展道路，实现了他们"脱亚入欧"的愿望。这件事说明了当时清王朝的腐朽与落后，反映了清王朝灭亡的必然性。

第二节　太平天国时期中国法理学发展概况

19 世纪中叶爆发的太平天国运动，是我国近代史上最大的一次农民革命，它影响最大、时间最长，是反帝、反封建的旧民主主义革命的始发阶段，其法学思想特别是法理学思想，既有进步因素，也有封建糟粕，值得予以总结、借鉴与反思。其代表人物有早期的洪秀全，也有后期的洪仁玕，他们的法学思想各有特色，现分述如下：

一、洪秀全及其《天朝田亩制度》

洪秀全（1814—1864），广东花县人，农民出身。自幼受儒家文化教育，著有《劝世良言》《原道醒世训》《原道觉世训》等作品，组织"拜上帝会"，于 1851 年在广西发动了金田起义，建立太平天国，于 1853 年定都现在的南京，当时号称天京。颁布《天朝田亩制度》，它是一部以反对土地私有制为中心的太平天国革命纲领性法律文件，旨在建立绝对平均主义的理想天国，这无疑是个小农经济的乌托邦。但其中有些思想是值得总结借鉴的。

1. 主张男女平等，倡导"天下婚姻不论财"

洪秀全在《原道醒世训》中提出"天下男人，尽是兄弟之辈，天下女子尽是姊妹之群"，在上帝面前平等。这些无论在政治上还是经济上都有重大意义，鼓励农村妇女参军，太平军中共有女兵 40 万名，还有身经百战的女将，也有科举中名列榜首的状元女官。倡导"天下婚姻不论财"，主张男女平等、一夫一妻，禁止娼妓、纳妾、买卖奴婢，反对缠足和溺婴，还由政府颁发结婚证书。这一点，确实体现了男女平等、人人平等的法理学要求，应该说这是太平天国值得称赞的地方。当然，更值得称赞的是他们反帝、反封建的农民革命运动。

2. 倡导"天下总一家，凡间皆兄弟"的共同理想

在这一理想的影响下，《天朝田亩制度》的价值观念是："有田同耕、有饭

同食、有衣同穿、有钱同使，无处不均匀，无人不饱暖。"这种绝对平均主义和农业社会主义空想，在当时确实吸引了不少受压迫、受剥削的贫苦农民，激发他们为争取这样的"天国"而战斗。所以太平军的战斗力很强，很快就攻占了半个中国，在南京后改为天京建立了所谓"天国"。其精神和斗志的确是可贵，其反封建制度和反对外国的侵略的革命精神，将永远书写在中国史册上。

3. 太平军纪律严明，尤其在初始阶段法纪是夺取胜利的重要因素

1851 年金田起义时，就颁布了"军纪五条"，继而颁布了《十款天条》和《太平条规》，并组织太平军学习，凡三个礼拜所不熟者治罚，就是说，以革命的法纪鼓舞和保证了战斗的胜利。

但是，太平天国的《天朝田亩制度》和洪秀全的做法具有明显的局限性：一是迷信思想和举动极端落后；二是提出的纲领和政策都在空想的基础上，实际上不可能贯彻执行。再加上领导集团的内部私心太重，相互斗争，手段残酷，失败是必然的。

当然，太平天国的实践告诉人们，任何一个观念和政策都应建立在科学的基础上，才能贯彻执行，任何有利于社会发展的法理学理念，必须符合人民群众的利益。因此，太平天国的绝对平均主义成为历史上中国式的乌托邦。但太平天国提出和执行的男女平等观念，确实是符合当时实际，反映了人民的共同愿望。所以天国拥有 40 万名女兵，并出现了女英雄，这在中国历史上，甚至在人类历史上都是可以大书特书的。太平军女英雄的光辉形象将永远活在人民心中，太平天国虽然失败了，但它有力地打击了封建政权，也推动了中国法理学在某些方面的发展。

二、洪仁玕及其《资政新篇》

洪仁玕（1822—1864），广东花县人，太平天国后期的重要领导人，是一位著名的思想家、政治家和法学家。他是洪秀全的族弟，出生儒门，自幼学习经史，担任多年塾师。曾寄居香港为外国传教士教书，并一度当过牧师，长期受西方资本主义思想影响，后于 1859 年经过艰苦努力来到天京，受到洪秀全的重用，被封为干王，晋升军师，为了"善辅国政，以新民德"，著有《资政新篇》，经洪秀全批改后，作为太平天国后期的政治、经济纲领。其法学思想较为丰富，尤

其对法理学的发展有较大贡献。其法学思想有：

1. 重视法制，提倡"因时制宜，度势行法"

洪仁玕到达天京后，正值杨韦事件之后，国势日衰，急需寻找救国方案。洪仁玕认为"立法制"是治国的首要任务，他在《立法制宣谕》中重点提出"国家以法制为先"，要求洪秀全整顿法制，不仅可以扭转太平天国"人心冷淡"的局面，而且可以对增强国力、战胜清军具有促进作用。洪仁玕认为，不但要"立法制"，而且要"立法当""立法善"。他认为："凡一切制度考文，无不革故鼎新。"于是提出28条改革措施，归纳起来，有如下几个方面：在政治方面，加强中央领导，王、侯不得各自为政，要求做到"上下精通"。在经济方面，主张"兴车马之利"和"兴舟楫之利"，包括修铁路、公路和兴修水利等。在文化教育和社会福利方面，主张办报纸、设学校、开医院，兴办各种慈善事业，如开办养老院、兴办育婴堂等。在完善立法的同时，强调做到"奉法、执行、行法"。总之，洪仁玕主张一切大政方针，均应"宜立法为准"。这是《资政新篇》的总纲。洪仁玕认为，治理国家必须遵循法律，国家兴亡盛衰在于"设法用人"是否"得其当"。

2. 力图建立一套体现民主精神的诉讼制度

太平天国有一套比较完整的有关诉讼审判的立法制度，既确定了司法机关的体系，也明确规定了必要的诉讼程序。按规定，天王是最高裁判者，天王以下的中央各王都有权审理案件，同时，中央还设有刑部尚书、典刑、典牢等专职官员。地方总制和监军也兼理一般诉讼案件。军队中也设有专管刑狱的典官。法律要求执法"至严"。同时，太平天国的刑罚制度极为残酷，诸如"点天灯""五马分尸"等。不仅对敌人十分严厉，对自己的弟兄，一旦有通犯，或一些重大犯罪也严加制裁，如周扬能"反骨逆天"案、朱大妹"毒害东王"案、张继庚"里应外合"案等，查获后坚决镇压。太平天国有一种特殊的诉讼，即在"大门走廊内置大鼓两面，凡受害伸冤或要申诉的人们均可自由击鼓，要求首长主持公道"。这一点类似封建衙门的登闻鼓，但与敲击登闻鼓之人在诉讼前需要受到责罚不同，太平天国的击鼓者并不会受到责罚。"首长"在审理时必须实事求是，主持公道。

3. 严禁贩卖鸦片，直接打击了西方列强的鸦片侵略太平天国继承了严禁贩卖鸦片的规定，颁布了严厉的禁烟法律《十款天条》，其第七条规定将"吹洋烟（即吸鸦片）"提到"犯天条"的高度，对犯者"斩首不留"。对贩卖鸦片者，一律斩决。应该说太平天国在禁烟、禁赌、禁娼等方面都收到了良好效果。

当然，太平天国在法制上也存在严重缺陷，甚至严重的封建主义毒素：一是天王权力凌驾一切；二是等级制度极为森严；三是浓厚的封建迷信；四是内斗残酷。①

---

① 注：本节所有引文均参见《太平天国》第 1 册，神州国党社 1953 年版，第 1～321 页。

第七章　近代后期法理学的困境

第一节　清末法理学的三次大辩论

自鸦片战争西方列强用大炮打开中国大门后，古老的中国逐渐沦为西方国家的半殖民地。四万万同胞犹如初醒的雄狮奋起反抗，一部分人主张改良，一部分人倡导革命，也有些人因循守旧。随之在法学上出现了三种斗争：一曰礼法之争，二曰中西之争，三曰革命与保皇之辩。斗争的结果，中华法系由此终结，但中国古代法治文明永铸辉煌。中国近代法理学开始转向，西方法理学在中国开始传播。

一、礼法之争

礼法之争既有中华法系内部礼法之争，也有中国法理学与西方法理学之争，而最终归结为中西之争。洋务派以曾国藩、李鸿章、左宗棠、张之洞为代表，早期改良派则以王韬、郑观应、姚莹、容闳为代表。前者主张"变器不变道"，要求"中学为体，西学为用"。后者主张"学习西方""君民共主"。这里讲的"礼"，固然仍有"礼治"的内核，但与《周礼》还是有区别的。这里讲的"法"是指西方的法治，但又带有"君民共主"的内核。因此，这是借用"礼治"与"法治"的外壳，而并非其本来含义。

曾国藩（1811—1872），字伯涵，号涤生，曾子70代孙。他修身律己，以德求官，礼治为先，以忠谋政，对清王朝的政治、军事、文化、经济产生了深远影响。在他的倡议下，建造了中国第一个轮船厂，建立了第一所兵工学堂，翻译了第一批西方书籍，安排了第一批赴美留学生。曾国藩提倡忠君，以儒学为基础理论，倡廉政之风，行礼治之仁政，认为"民生以稼事为先，国计以丰为端"。他一生维护的是封建专制的帝王之道，倡导的是礼治之举，是个典型的封建卫道士。

李鸿章（1823—1901），晚清名人，洋务派主要人物，字子甫，号少荃（泉）。1845年入京会试，拜曾国藩门下，学经世之学，奠定了事业和思想的基础。1850年授翰林院编修，他以书生带兵，既有"专有良战为能"的记录，也有"翰林变作绿林"的恶名。19世纪出任直隶总督后，痛感中国在于"患贫"，得出"富强相应"和"先富而后强"的结论，坚持"外须和戎，内须变法"的洋务总纲。在近代史上，多数卖国条约几乎都由他代清政府签订。据统计，他一生共签订了30多个条约。1901年，他签订《辛丑条约》后，大口吐血，病逝于北京。梁启超在《李鸿章传》中表"敬李鸿章之才""惜李鸿章之识""悲李鸿章之逝"。

张之洞（1837—1909），晚清名人，洋务派代表人物，他与曾国藩、李鸿章、左宗棠并称"晚清中兴四大名臣"。在教育方面，他有突出的贡献，办"自强学堂"（武汉大学前身）、三江师范学堂（南京大学前身）、农务学堂、工艺学堂，以及广雅书院，创办汉阳铁厂、大冶铁矿、湖北枪炮厂等。著有《劝学篇》一书，提倡"中学为体，西学为用"（中体西用）。曾任两广总督、两江总督和湖广总督。《劝学篇》一书受到守旧派的赞扬，因为它宣扬封建的忠君思想，是礼治的忠实鼓吹者。同时，如对该书中的"中体西用"加以改造，去其糟粕，也是可以借鉴的。何况张之洞的思想具有两面性，他与维新派人物又有往来，曾想救作为维新人物的学生杨度。当然，总的来说，他是礼治的维护者。张之洞也重视法律，曾于1901年在《整顿中法十二条折》中，提倡西方法学中的《公法学》。在通商的问题上，他提出两条建议：第一，参考中外法律制定《通商律例》；第二，培养熟悉中外法律的人才。当然，其思想虽深远，但却是"礼治"的卫道夫。张之洞"中体西用"的法学主张，具体体现在《采用西法十一条折》和《整顿中法十二条折》中。即学习和采用西法要有前提，中法的根本原则不能动"西学为用"；西法的基本原则不能学，主张"择西学之可以补吾阙者用之，西政之可以起吾疾者取之"。同时，1901年，张之洞与刘坤一联名上三道《江楚变法折》，提出了"恤刑狱""结民心"的改良法制建议，并保举沈家本、伍廷芳为修法大臣。对于张之洞，习近平认为他是洋务派，是有改革观念的人，面对当时各种观点莫衷一是，他感叹道："旧者因咽而废食，新者歧多而羊亡；旧者不知通，新者不知本。"说的就是因把握不好守成和变革的分寸形成共识之难。

通过对以上三个代表人物生平与活动的分析，可以看出史学界称之为"洋务派"并不确切。因为洋务并不是他们的主要活动，尤其曾国藩与李鸿章，其大部分活动是从军，镇压太平天国农民运动和捻军，维持封建专制和礼治。准确地说，搞洋务是形式，所谓"求富""自强"是遮羞布，忠君、维护礼治是实质。至于张之洞确实做了一些洋务，其实只是手段，目的是忠于清王朝。

礼法之争的另一端，是早期的维新派人物，有冯桂芳、王韬和郑观应等人。

冯桂芳（1809—1874），字林一，江苏苏州人，曾师从林则徐，1940年进士，在上海设广方言馆，培养西学人才。他认为中国人不如西方人，是政治原因造成的，力主兴办西式教育，采用西学培养人才，要求从制度上进行变革。他以独特的历史观看到了"本"与"末"在一定条件下互相转化，暗示"本"的转化已不可避免。冯桂芳认为"古今异时亦异势"，提出首先要效法西方，进而"出新意于西方之外"，著有《校邠庐抗议》一书。

王韬（1828—1897），字仲弢，号紫铨，江苏苏州人。因1862年上书太平天国被清廷通缉，逃亡香港，1874年创办《循环日报》，提倡维新变法；1886年任上海格致书院掌院，著有《弢园文录外编》等书。王韬认为，西方对外侵略是靠"兵力"和"商力"。因而，他主张中国也应"兵力商力二者并用"。他认为中国的洋务派"仅袭皮毛"，中国不仅要学机器，更须学政体。他认为，民主政体的优点是"无论政治大小，悉经议院妥酌，然后举行。故内则无苛虐残酷之为，外则有捍卫保持之谊，常则尽懋迁经营之力，变则竭急公赴义之忱"。在他看来，中国虽然地广人多，但是比较衰弱，原因在于没有发挥人民的作用，他将民主制、君主制、君主立宪制进行比较，认为中国应效仿英国，实行君主立宪制。在其所著《原道》中意识到"天下之道，其始也由同而异，其终也由异而同"，中外之道，最终要殊途而归。

郑观应（1842—1921），字正翔，广东香山人，英国兴办的夜校出身，早年创办太古轮船公司，先后两次被李鸿章委派任电报局、轮船招商局总办，著有

《盛世危言》一书。在近代史上，首次提出"商战"论。他认为西方以商为战，士农工商助之，因此，中国应培养商战人员。他认为："治乱之源，富强之本，不尽在船坚炮利，而在议院上下同心，教养德法。"（《盛世危言》自序）并认为君主立宪优于专制政体。他提出具体方案：（1）保民权；（2）政府、宪法、律令都服从民权；（3）官吏均为人民公仆。

综上所述，早期维新派人物，大多留洋英国或曾办过洋务，因此，均主张君主政体。他们与洋务派大多有联系，又有斗争。但需要注意的是，这种斗争不是革命，而是改良。他们与洋务派的斗争，虽然也是礼法之争，但矛盾并未达到不可调和的地步。

冯桂芳、王韬、郑观应、马建忠等人，他们是从地主阶级中分化出来的进步人士，他们曾跟随过洋务派或由他们派去西方留学，他们代表了民族资产阶级的利益，宣扬旧民主主义。他们反对封建专制，批判礼治，主张民主，据说"民主"二字是马建忠在写给李鸿章的信中作为现代意义的解释而首次提出的。他们宣扬西方法律，但又揭露其虚伪性；他们也批判了西方列强的"强权政治"，指出"公法"之公是骗人的，是为不平等条约辩护的，既然如此，又"公如何有，法如何有"？所谓"共享公法之利益，甚矣欺也"。在政治体制上，要求把"论政于议院，君民一体"的君主立宪制度应用于中国。

早期改良派重视经济的作用。他们认为，为了挽救危亡，首先就要"富民""富国"。而"富民""富国"之道，主要在于兴商。因为"商为国本""商握四民之纲"。所谓"商战固本论"，用郑观应的话说就是"练兵将，制船炮，备有形之战，以治其标"，讲求"泰西士农工商之学，裕无形之战，以固其本"。

总之，早期改良派精神可贵，但理论功底太浅。一方面赞成西方法治，却又批判其虚伪；另一方面主张民主，却又强调君民共主，反对礼治，主张君主立宪，其自相矛盾的地方不少。但他们能提出不少问题，在当时也是难能可贵的。

二、维新派与顽固派之斗

19 世纪末，随着甲午战争的惨败，业已尖锐的民族矛盾和阶级矛盾进一步加深。全国上下，深感不进行变革，就有亡国灭种之灾。1898 年爆发的戊戌变法维新运动，正是由代表民族资产阶级上层的维新派，即资产阶级改良派，所倡导的一场爱国救亡运动。它不仅是一场爱国的政治运动，而且也是一场法律领域内的重大改革，是封建专制与民主法治的一场斗争。尽管斗争的结果，以维新派失败而告终，但引起了中国法学上的重大转向，绵延了数千年的中华法系开始走向终结。

（一）康有为及其法学思想

康有为（1858—1927），字广厦，号长素，广东南海人，世称南海先生，是戊戌变法的领袖，资产阶级改良派的主要理论家。著有《大同书》《新学伪经考》《戊戌奏稿》等，其主要法学理论有：

1. 宣扬变法

康有为以进化论为依据，论证中国必须变化。他说："变者，天道也。"又说："物新则壮，旧则老，新则鲜，旧则废……物之理也。法既积久，弊必丛生，故无百年不变之法。"结合实际，他提出"能变则全，不变则亡；全变则强，小变仍亡"的判断。至于如何变，他提出了"三权分立"，即"三权立，然后政体备"。

2. 设议院，开国会，以行使立法权，使"国民与君主共议一国之政法"

这是康有为在《公车上书》《上清帝第四书》《上清帝第五书》《请定立宪开国会折》等奏稿中反复强调的。

3. 主张立宪法

康有为确立君民权限，实行君主立宪制政体。

4. 以"公羊三世说"和"天赋人权论"为依据，论证法律的进化

康有为指出，法律历经据乱世、升平世、太平世三个发展阶段。在据乱世中，国家一君独治，人权没有保障，法繁网密，违反人道。升平世的法律优于前者，实行君主立宪或共和体制，人权有保障，刑法已废酷刑、去死罪。太平世则是人类理想境界，有充分的人权，甚至没有帝王与长官。他还提出，太平世没有家庭，没有私产，没有犯罪与刑法。

当然，前三条均是从西方法学中抄来的，至于"公羊三世说"则传承了古代一些传说，再增加康有为的一些构想，有些参考价值。但其理论基础是唯心史观，从本质来说，意义不大。当然，其中某些观念，可以作为分析资料。

（二）梁启超及其法学思想

梁启超（1873—1929），字卓如，号任公，又称饮冰室主人，广东会新人，戊戌变法主要人物，近代文化名人，法学家，著有《饮冰室文集》。他是中国法治的传承者与西方法学的鼓吹者，著有《中国法理学发达史论》一文。他的主要观点包括：

1. 鼓吹变法维新

变法维新就是变封建主义为资本主义，变封建制之法，维资本主义之新。梁启超认为，天地以日新，生物无一瞬不新。于是，梁启超的结论是："法何以必变？凡在天地之间莫不变……变者，古今之公理。"

2. 反对共和，主张君主立宪制的资本主义政治制度

尽管后期，梁启超宣传民主，强调民权的历史，说过"民为政"观念，但在行动上却无见诸。

3. 系统宣传资产阶级民主与法治

梁启超多次提到"三权分立"，但又未结合中国的实际，不啻空谈。然而这对于当时来说，在反对封建专制上是有进步意义的。"三权分立"是西方法学的重要理论，在反对封建专制与神权政治上曾起过进步作用。西方资产阶级在夺取政权后，它在调整其内部矛盾上也曾起过作用。但自19世纪末，"三权分立"的理论与实践已成为西方各国政党之间勾心斗角的工具，其带来的后果是严重的，甚至造成了整个社会的分裂。

4. 传承和总结了中国古代法学思想

梁启超所著的《中国法理学发达史论》和《先秦政治思想史》有一定学术价值。梁启超反对"徒法而治"，强调立法者的"德"与"善"，主张"善治"。

（三）谭嗣同及其法学思想

谭嗣同（1865—1898），字复生，号壮飞，湖南人，坚定的戊戌变法者，其著作后被编为《谭嗣同全集》一书。他倡设南学会，办《湘报》，宣传变法被征入京，积极活动，后被清廷杀害，是"戊戌六君子"之一。其主要观点有：

1. 提出"革去故，鼎取新"口号

谭嗣同认为"上权太重，民权尽失"，号召民众反抗。

2. 论证"道"与"器"的关系

谭嗣同强调"器"的重要性，提出"道，用也，器，体也""体立而用行，器存而道不亡"的观点，强调"道必依于器而后有实用"。

3. 批判"存天理，灭人欲"的封建说教

谭嗣同提倡"吾贵知，不贵行""贵中和"的观点。

4. 富有爱国精神，是资产阶级民主革命的先驱

陈天华称赞谭嗣同为"轰轰烈烈"为国流血的大豪杰；邹容则在谭嗣同遗像前题诗一首："赫赫谭君故，湘湖士气衰。惟冀后来者，继起志勿灰。"

5. 批判"君权神授"观念

谭嗣同认为皇帝不应是天生的，也不是什么"天子"，认为"君权神授"完全是骗人的。

综上所述，戊戌变法在当时是一场进步的资产阶级民主改良运动，尽管其提倡的观念，大多来自西方，但其中也有不少中国古代法治文明的精华。虽然戊戌变法在顽固派的残酷镇压下失败了，但其精神是可贵的，其爱国主义精神永存。当然，其中主要人物后来成为保皇派，则是极为不足，甚至是反动的。但作为一场改革运动，在整体上是值得赞扬的。

戊戌变法之所以失败，主要原因是顽固派势力强大，他们握有军政大权，统领军队。当然，戊戌变法本身也存有一些问题。如针对袁世凯的出卖，事先对此估计不足，更重要的是，搞得太快、太急，没有一个全盘的计划。根本原因是大权完全掌握在西太后慈禧手中。维新派既没有发挥君权的作用，也没有发动群众，只是少数文人在活动，其失败在当时的环境下是不可避免的。

三、革命派与保皇派之辩

以孙中山为首的革命派与以康有为为首的保皇派之间关于法治的辩论，是中国思想史上，特别是法理学史上一场重大的思想斗争，斗争的结果直接影响了中国法理学的走向。

孙中山法治思想的主要内容有：

1. 反对君主专制和君主立宪

"法自君出，君权至上"这是中国封建王朝的核心内容，也是孙中山坚决反对并为此而奋斗终身的革命目标。孙中山指出：历代封建帝王"举土地为一己之

私产，举人民为一己之私权"，其国是一人之国，其法则是一人之法，一家之法，"对外无主权，对内无国法"，就是不称其为国家。孙中山既反对"忘国者"，更反对"贼国者"。"贼国者，专制君主也"，"忘国者"，保皇派也。宣扬"宪法者国民之意"思想，倡导"五权宪法"。孙中山反对保皇派的"君主立宪"，认为清政府的《钦定宪法大纲》，即保皇派鼓吹的宪法，是清政府包办的宪法，他们借立宪之名，行专制之实。因此，孙中山说："宪法者，一国之根本法，又人民权利之保障也，岂能由政府包办。"

2. 倡导"五权宪法"

在孙中山的法治理论体系中，"五权宪法"占有重要地位。早在1906年他就明确提到：将来中华民国的宪法就应该是"五权宪法"，他先后多次讲演"五权宪法"，甚至到1924年，还念念不忘他的"五权宪法"。事实上，后来南京国民党政府就是按"五权宪法"的体制而构建的，一直延续到现在的台湾当局。所谓"五权宪法"，就是在"三权分立"（即立法权、行政权、司法权分开和相互制衡）的基础上，结合当时中国的实际情况和历史传统而增加"两权"，即监察权与考试权。"五权宪法"的理论是建立在唯心史观基础上的"权能分治"理论。孙中山对"政权"一词的解释，别具一格："政"就是民众之事，集众人之事的大力量就是"政权"。政权和治权是分开的，"治"就是管理众人之事。政权亦称民权，属于人民，他们可以管理国家。治权属于政府，即由政府管理全国事务。政权实际是指"权"，治权实际上是指"能"。政权包括选举权、罢免权、创制权和复决权。治权实际上属于人民选举出来的"有能力"的精英。按孙中山最初的想法，政权四个方面是统一的整体，前面两个权，即选举与罢免，表明由人民来决定官吏；后面两个权，即创制与复决，表明人民决定法律的存废；而法律应服务于人民，听从人民。然而，这实际上是种空想，因为军队、警察等政权工具和暴力机关掌握在精英手中，而人民的监督实际上是实现不了的。所以它有虚伪的一面。

孙中山的这种"权能分治"的理论基础是典型的唯心史观，他把人分为三种："先知先觉""后知后觉""不知不觉"。第一种人行使"治权"，他们被称为"有能的人"。以此为基础，孙中山把"五权宪法"的实现分为三个时期，即军政时期、训政时期和宪政时期。"不知不觉"的那部分人，须要"先知先觉"

的那部分人去"训导"，然后再进入"宪政时期"。就是说，在第一阶段和第二阶段，主要是依靠和发挥"先知先觉"那部分人的作用，只有到了宪政时期，人民才有可能（"后知后觉"和"不知不觉"的那两部分人，即多数人）享有他讲的那四种权利。很显然，孙中山这种理论是荒谬的，是地道的唯心史观，是蔑视人民群众的不切合实际的观点。

3. 主张法治，反对人治

孙中山先生一贯坚持法治思想，在 1924 年召开的由国共合作的国民党第一次全国代表大会上，他重新解释了"三民主义"，即实行"联俄、联共、扶助农工"三大政策后，具有新的意义，并将其与西方法治相比较后明确指出："近世各国所谓民权制度，往往为资产阶级所专有，适成为压迫平民之工具。若国民党之民权主义，则为一般平民所共有，非少数者所得而私也。于此有当知者，国民党之民权主义，与所谓'天赋人权'者殊科，而唯求所以适合于现在中国革命之需要。盖民国之民权，唯民国之国民乃能享之，必不轻授此权于反对民国之人，使得借以破坏民国。"① 他坚决反对人治、反对帝制，具有反帝、反封建的革命性，因此，我们称中山先生为革命的先行者，是世纪伟人。当然，孙先生领导的辛亥革命并未超出资产阶级民主革命的范围，而且经孙先生解释后的新三民主义，按毛泽东同志的论述，与新民主主义大同小异。

4. 主张做坚定的革命者，反对保皇派

这正是孙中山先生伟大的地方，他领导的革命活动长达 40 年，可以说是为之奋斗终身。因此，他对以康有为为首的维新派在戊戌变法失败后，堕落为保皇派的行为，持坚决打击态度。孙中山认为，一国可以无君，天下可以无君，但一国不可无民，天下不可无民，只有人民才是国家的主人，帝王、君主只不过是窃取人民权力的大盗而已。保皇派把开国会、定宪法、实行君主立宪制度当作他们的主要目的，这显然是违背人民意志的，而清王朝的假立宪，完全是欺骗人民的，因此，中国只有革命才有前途。

5. 反对"三纲"和礼治

① 《孙中山选集》（下），人民出版社 2011 年版，第 615~616 页。

孙中山先生坚决反对"三纲",反对所谓君为臣纲、父为子纲、夫为妻纲,认为这是封建礼教压迫人民的鸦片,必须坚决反对和批判。"三纲"这种封建礼教,是为专制政治服务的,是几千年来困住中国人民的绳索,必须坚决清除。革命派主张法治和制定革命之宪法。宣传"宪法者,一国之根本法,人民权利之保障也"。人民要的是这种宪法,而不是保皇派的君主立宪。

章太炎(1869—1936),原名炳麟,字枚叔,号太炎,浙江余杭人。甲午年投靠康、梁,戊戌变法失败后逃亡日本,1900年后摒弃改良主义,1903年在上海《苏报》上发表《驳康有为论革命书》,后又为邹容《革命军》作序,誉为革命的"义师先声",影响很大。曾被捕入狱,1906年刑满出狱,东渡日本,加入孙中山领导的"同盟会",为《民报》主编,与保皇派展开论战,后又脱离革命。1931年"九一八"事变后,又转向爱国反帝立场,1936年去世。

当然,在孙中山领导下的革命派人数众多,除章太炎外,还有黄兴、邹容、陈天华、蔡之培、廖仲恺、宋教仁等。由于章太炎系《民报》主编,因此,在思想斗争上走在最前线,特别是在法治理论上,章太炎起了主要作用。但由于他立场经常变换,因此,后人评价不一。

当时,革命派与保皇派争辩的焦点,涉及法学的有:(1)关于宪法。革命派与保皇派都谈论宪法,资产阶级革命派认为"宪法者,国民之公意也,决非政府所能代表"。保皇派也讲宪法,他们讲的是君主立宪,他们鼓吹的宪法是清政府自己制定的,即"钦定宪法",公民只有义务,没有权利,清王朝的统治,是万世一统。(2)关于礼教。革命派不仅批判保皇派所保护的宪法,实质上是实行专制之实;而且也批判封建礼教,指出"礼者非人固有之物",认为这种伪道德使人类丧失自由平等的资格,"礼教与刑罚相为表里"。(3)关于民主法治。革命派倡导民主法治,认为法律面前人人平等,人生而平等,倡导自由、平等、博爱这些资产阶级民主法治的口号,在当时应该说是有进步意义的。而保皇派主张的则是极不平等的封建特权,这当然是不合时宜的。

通过清末的三场争辩与斗争,资产阶级革命派取得了胜利,最后导致了中国法理学的转向,使西方资产阶级法律思想占了上风,并形成了一些法理学教材。据何勤华教授考证,从清末至1949年,中国出版的法理学教材(包括法理学、法律学、法学通论、法学概论和法律哲学）共 424 种，其中冠以"法理学"名称的有 20 种，冠以"法律哲学"名称的有 11 种。① 这些教材大同小异，其结构基本相同，大多是以介绍西方资产阶级的法学派别为主要内容的。出版时间大多在民国时期，基本上集中在上海出书。其中，"法律哲学"多数系翻译过来，"法理学"基本也是翻译过来的。当然，写中国法理学的书也是有的，如梁启超 1904 年著的《中国法理学发达史论》。不过，当时梁启超的主要精力还是以介绍西方的法律思想为主，但梁先生对中国古代法理学特别是对先秦诸子百家的法学思想，尤以法理学思想为重点，介绍得很详细，是对中国古代法治文明的巨大贡献，但有些观点还值得深入探讨。

总之，中国近代法理学是有发展的，但这种发展严格来说是转向的发展，在当时，还是有进步意义的。但是这种转向取得的进步，只能是暂时的，何况在近代史的后期，这种转向则走向了反动。在南京国民政府时期，他们引进了德国、日本一些法西斯式的和欧美一些落后反动的法律思想，直接阻碍了中国法学特别是法理学的发展。

第二节　近代法学教育的转型

在中华民族五千年的历史中，长时间铸就的辉煌引领着世界，为人类不断做着贡献。但自西方列强用大炮轰开我国的大门后，亿万民众处于水深火热之中，受帝国主义欺压多年，使泱泱大国一度沦为殖民地、半殖民地。先进的仁人志士，奋起救国图存，学习西方。戊戌变法虽然失败，但其改革方向尚存，于是法律转型，急需大批精英，法学教育随之兴起。1907 年，清廷下令设立资政院，1908 年颁布《钦定宪法大纲》，尽管它与民主宪法不能同日而语，但对开启法学教育具有重大意义。其实，早在 1906 年，修订法律大臣沈家本、伍廷芳，在有关奏折中就提到采用西方律师制度、陪审制度和法学教育制度，尽管遭到以湖广总督张之洞为首的礼教派的反对，清廷被迫废止了《大清刑事、民事诉讼法草

① 何勤华：《中国近代法理学的诞生与成长》，载《中国法学》2005 年第 3 期，第 4 页。

案》，但采纳了法学教育改革的意见。当然，清末的法制改革有一定进步意义，但这场改革聘请的顾问都是甲午战争担任日本内阁重要职务的人员，不可避免地种下了祸根。日本多年来侵华野心未死，为后来霸占中国奠定了基础。

法学教育最初兴办在新设立的国文馆内，当时美国最早的传教士丁韪良（1827—1916）任国际法教师，讲授美国学者惠顿编写的《万国公法》，该课程为第七学年的必修课。1895年天津海关道台盛宣怀奏请清廷批准中国第一座近代意义的大学——天津中西学堂，1903年更名为北洋大学堂，设立新的学制与课程体系，并以美国哈佛大学和耶鲁大学为模式，分法律、采矿冶金、土木工程和机械四科。[1] 继天津之后，1896年建立的上海南洋公学，1898年建立的京师大学堂，都设立了法科教育。随后，中国各地都相继建立了新式学堂，有的正式命名为法政学堂，如1901年建立的东吴大学，1903年建立的震旦大学，1908年建立的沪江大学，1910年建立的金陵大学，1911年建立的朝阳大学，1912年建立的北京法政学堂，1912年建立的民国大学，1913年建立的武昌中华大学，1917年建立的复旦大学，1919年建立的燕京大学都设立了本科的法律系或专科的法学教育。至1909年时，全国共设法政学堂47所，共计学生12282人，占当时学堂总数的37%和学生总数的52%。[2] 可见，当时法学教育已初见规模，并具有如下特点：（1）法学教育基本上是仿效日本，实行单独的法政学堂与综合性大学法律系同时存在的格局；（2）法学教育不是单纯的学历教育，而是在职文官的法律培训；（3）课程和教材主要仿效日本，只讲两门中国法，即"大清律例"与"大清会典"；（4）法学教育培养的法科学生质量较其他的学科要高，因此通过考试出国留学的，法科学生占80%以上，不仅有出国留学的，而且也有一定数量的留学回国的法科人才，其中早期有名的，如吴经熊教授，这样一来就形成了良性循环，辛亥革命中的革命党人多数是法科学生。当然，其中影响最大的无疑是早期归国，后任民国初年的部长伍廷芳以及梁启超、宋教仁，还有张继、陈天

---

① 参见何勤华：《中国近代法律教育与中国近代法学》，载《法学》2003年第12期。

② 参见李龙：《中国法学教育的改革与未来》，系1997年国家教委教改项目《面向21世纪法学类专业课程结构、共同核心课及主要教学成果内容改革的研究与实践》的成果之一，该项目曾获国家级教学优秀成果奖一等奖，李龙系主持人，参见《李龙文集》，武汉大学出版社2006年版，第639页。

华、汪兆铭、胡汉民、张知本。据说，在中华革命党内，法科出身的占 80% 以上，大多出身政治学与法学两科。

第三节　清代末年的法学家

一、沈家本的法学思想

沈家本（1840—1913），字子淳，号寄簃，浙江吴兴人，进士出身。曾任天津知府、大理院正卿、法部右侍郎等职。1902 年清政府任命沈家本为修法大臣。由于他长期从事司法工作，从而熟悉中国古代法律制度，并能认真总结分析；同时他又是比较全面了解西方资本主义法律制度，并全面改革中国封建社会旧律的资产阶级改良主义者，于是沈家本便成为"中国法系全在他手里承前启后，并且又是媒介东西方几大法系成为眷属的一个冰人"①。

沈家本著有《读律校勘记》5 卷，《文字狱》1 卷，等等。另外，后人辑有《沈寄簃先生遗书》甲编 22 种，乙编 13 种。沈家本的著作是其法学思想的结晶，也是他长期从事法律实践的经验总结。他的法律思想具有明显的现实性，并直接为修改法律服务。正如他自己所说："议法者欲明乎事理之当然，而究其精意之所在，法学之讲求乌可缓乎。"② 其对法理学之具体贡献有：

1. 论证了法律的概念及其与国家、政治的关系

对法律之概念，沈家本继承法学之观念，如"法者，天下之程式也，万事之仪表也"。但他又有所发展，明确指出了"法"与"官"、"法"与国家政治的相互关系，特别重视"法"与国家政治的密切关系，认为"法度立"才能"朝政明"，明确指出："世未有无法之国而能长治久安者也。"

2. 揭示了犯罪根源，论证了"治标"与"治本"的关系

沈家本认为，政治是根本，明确指出："刑者，政之辅也。"③ 这一观点在当

---

① 杨鸿烈：《中国法律发展史》（下）；转引自张晋藩：《中国法律史论》，法律出版社 1982 年版，第 193 页。

② 《寄簃文存》六之《新译法规大全序》。

③ 沈家本：《刑制总考四》。

时实属首创，在那个时代能有这样的观点，应该说是个重大进步。事实上，古今中外，法律历来就是为政治服务的。

3. 提出了"法须统一"的著名论断

沈家本认为，国家的法律必须统一，其主要包括三个方面：一是立法宗旨必须统一，强调"法乃国家惩戒之具，非私人报复之端"，就是说法律是维护统治者打击反叛者之工具，而非"泄忿之方"。二是法律必须统一，要正确处理好新律与旧律的关系。三是适用法律必须统一，不能因人而异，指出适用法律不能因对象的身份不同而有所区别。就是说，他已提到法律面前人人平等这个概念。

4. 沿袭了"德主刑辅"这一传统观点，强调道德在治理国家中的特殊作用

沈家本重视道德教化的作用，并举出了不少我国封建社会实行"德主刑辅"具有实际效果的例子。当然，法律与道德有密切的关系，它们互相配合、互相作用，共同为统治阶级服务。

5. 强调执法在人

沈家本强调人在执法中的重要作用，既要求执法者专于法律，又要求执法者深刻理解法律。沈家本反复讲述了"法贵得人""用法在人"的道理。他明确指出："法之善者，仍在用法之人"，"有法而不循法，法虽善与无法等"。[1]

二、伍廷芳的法学思想

伍廷芳（1842—1922），字文爵，号秩庸，广东新会人。1861 年毕业于香港圣保罗书院，1874 年留学于英国林肯法学院，是中国第一个归国的留英法学博士，取得大律师资格证，被香港聘为法官兼立法局议员。1882 年充当直隶总督兼北洋大臣李鸿章的幕僚，1886 年清政府派伍廷芳出使美国、西班牙和秘鲁等国。1902 年，伍廷芳同沈家本一道出任修订法律大臣，后又任职外务部右侍郎、刑部左侍郎等职。

辛亥革命后，伍廷芳赞成共和政体，组织共和统一会。1912 年在孙中山大

---

① 沈家本：《刑制总考四》。

总统阁下担任司法部长。后来北洋军阀篡夺政权，于 1916 年任段祺瑞政府外交总长。1917 年任孙中山护法军政府外交总长。1921 年任广州军政府外长兼财政总长。北伐战争时，曾代行总统职权。1922 年 6 月在支持孙中山反击陈炯明叛乱中，逝世于广州。伍廷芳崇尚法律，重于实践，其主要法律思想有：

1. 主张变法图强，积极拥护民主共和国

伍廷芳年轻时，身为清政府官僚，痛感清王朝政府腐败、民族危机，公开提出"上下一心，变法图强"，他一度作为变法修订法律大臣与沈家本一起在清末法制改革中起到了积极作用，曾制定了好几部在当时来说算是进步的法律。

2. 投身革命，拥护与投身民主共和，为制定新法起了作用

辛亥革命期间，伍廷芳从维护清王朝统治的改良主义立场，转变到支持孙中山领导的资产阶级民主革命。1911 年后，他电促清皇帝退位，在担任南北议和全权代表时，坚持废除帝制，以建立共和政府为前提。后来袁世凯篡夺政权时，伍廷芳坚决反对袁世凯复辟帝制，他身为外交总长，横眉冷对北洋军阀，坚决拒绝副署解散国会的命令。他在孙中山临时政府时期，先后主持或协助颁布了几道进步的法令，得到民众的支持。

3. 倡导和贯彻法律面前人人平等

伍廷芳反复强调："以律例眼中所视全国之人，无分上下高低，尽属平等。国家法律，上下人须一律恪遵，位极长官，亦难枉法。犯法者无论上下，一同治罪，此之谓平等也。"[①] 就是说，伍廷芳已明显贯彻了"法律面前，人人平等"原则。同时，他弘扬了自由理念，将自由与守法连在一起，说："人能守法，斯能自由。"

4. 主张司法独立与文明审判

伍廷芳认为，司法独立是现代文明的重要标志，他说："文明强国，尊崇法律，推重司法神圣，不得或贬其权，更不准行政者越俎违章，稍作民权之侵犯，

---

① 伍廷芳：《刍议》第 57 页；转引自张晋藩：《中国法律史论》，法律出版社 1982 年版，第 303 页。

上下守法，四民安谧，此治国之第一要图也。"①

5. 倡导婚姻自由，反对包办婚姻

在封建社会，婚姻均由父母包办，造成了不少悲剧。伍廷芳倡导婚姻自由，坚决反对父母包办儿女的婚姻。为此，他主张修改有关婚姻立法，先后多次与礼教派论争。虽然这在封建制度下难以成功，但伍廷芳的进步思想还是对后世产生了影响，并将婚姻自由写进民国时期有关立法之中。

按照我国学界对历史的分期，自 1840 年英国用大炮打开中国的大门起，便开启了中国近代史的进程。正是在这个历史时期，中国人民为了救亡图存，掀起了反帝反封建的序幕。法学界特别是法理学界，也出现了空前的辩论与争斗。这场辩论与争斗直接关系到中国法学向何处去的大问题。在这场斗争中，涉及两个重大问题：一是如何认识和对待中华法治文明的优秀遗产问题；二是如何认识和对待西方法治国中的某些有利因素。

在对待中华法治文明的优秀遗产问题上，也有两种观点：一是不分青红皂白，一律加以肯定，如坚持"祖宗之法不可变"的顽固立场，拒不接受外来法学；二是分清古代法学的精华与糟粕，从而取其精华，去其糟粕。坚持第一种观点的顽固派，坚持中华法系的全部，拒不适时而变，最后导致中华法系的消亡。坚持第二种观点的，尽管是极少数，但后来在斗争中亦有为数不多的闪光之处而留下了光辉的业绩。而最终的结局，则使西方法学观点占了上风。尽管其中也有属于人类法治文明的进步因素，但总的来说，反映资产阶级利益的法学思想占了统治地位。这在当时有一定进步意义，但西方法学的虚伪性、欺骗性日益暴露，根本不适合中国国情，更不符合中国人民反帝反封建的民族民主革命这一历史潮流。

但是，我们先辈们反帝反封建的可歌可泣的事迹，是值得我们大力赞扬和继承发扬的。他们提出的某些观点，特别是法理学中治国理念的观点和论述是值得

① 伍廷芳：《刍议》第 105 页；转引自张晋藩：《中国法律史论》，法律出版社 1982 年版，第 306 页。

我们合理借鉴的，如他们提出的"共治"理念。他们的爱国主义精神和朴素的法治思想，以及太平天国的革命精神，更是值得大加赞扬的。有些观点在形式上至少有一定借鉴意义，如"中体西用"，如果去掉其内容仅就其形式而言，强调法理学要从中国实际出发，与中国国情相结合，也有一定的参考价值。又如有些学者，强调法学要从中国实际出发，并提出"反对抑商""重视农商"等政策，这在当时也有进步意义。但必须指出，中国近代史上法理学的曲折与争斗，是历史发展的必然，是人类社会进步的必经过程。我们要做的，是总结其经验与教训，为今而用，为全面实现依法治国而努力奋斗！

必须指出，我国近代史上，先进的中国人为了拯救中华民族，提出过很多有价值的先进思路，作出了永载史册的革命行动，造就了不少英雄人物，诸如太平天国的领导者们、戊戌变法的积极参与者们以及辛亥革命的英烈们，他们的业绩标榜千古！尽管他们也存在一些这样或那样的不足，但他们对中国法理学发展的贡献是永存的。其中，他们的一些治国理念及其光辉著作，都是中华法治文明的精华，值得我们认真总结和借鉴，是推进全面依法治国很好的本土资源。

第三编

中国现代史上的法理学

第八章　民国前期（1912—1927 年）的法理学

第一节　中华民国临时政府阶段的法理学

一、中华民国临时约法中蕴含的法理学思想

1911 年辛亥革命的胜利，赶走了中国历史上最后一个皇帝，建立了中国历史上第一个资产阶级政府，通过了《中华民国临时约法》，至少蕴含了如下法理学思想：（1）确立"三权分立"的基本原则，明文规定："中华民国之立法权，以参议院行之"；行政权由临时大总统行使，"临时大总统代表临时政府，总揽政务，公布法律"；司法权属于法院，"法院依法律审判民事诉讼及刑事诉讼"；法官独立审判。（2）确立了人民主权原则，规定"中华民国之主权，属于国民全体"。（3）规定了公民的权利义务，"中华民国人民，一律平等，无种族、阶级、宗教之区别"，并在第 7 条中规定了人民七项自由权。约法共分 7 章 56 条，这是中国历史上唯一的资产阶级性质的宪法，无疑具有重大的历史意义。

二、中华民国临时政府颁布了一系列体现西方法理学思想的法律

孙中山先生根据国史、民情以及人权理论，提出了"天赋人权，胥属平等"的民权思想，先后颁布了《大总统令内务部禁止买卖人口文》《通令开放疍户惰民等许其一体享有公权私权文》《保护人民财产令》等法律文件。这些文件都体现了现代法理学思想。

中华民国临时政府为期很短，仅仅三个月就被袁世凯篡夺了革命的胜利果实，开始了为期十余年的北洋军阀统治。

第二节　北洋政府阶段的法理学

北洋政府阶段是中国军阀混战、人民遭难的年代，它经历了张勋复辟、袁世凯称帝等丑陋闹剧。同时，也经历了"五四"运动、中国共产党成立、国共第一次合作、国民党的改组和闻名的北伐战争，其中闪耀着中国法理学的光辉。其中，"五四"运动和"中国共产党的成立"无疑是具有历史意义的伟大事件，使马克思主义开始在中国传播，马克思主义法理学从此开始有了中国的接受者并日益增多，尤其是马克思主义法学著作也逐渐翻译成中文。1924 年国民党改组后的第一次全国代表大会，体现的中国法理学思想有：（1）确立了以"联俄、联共、扶助农工"三大政策的新三民主义。毛泽东对此做过评价："这种三大政策的三民主义，革命的三民主义，新三民主义，真三民主义，是新民主主义的三民主义，是旧三民主义的发展，是孙中山先生的大功劳。"① 这是当时中国法理学的重要思想来源。（2）孙中山提出的"耕者有其田"的口号，为大会所肯定，这也是中国法理学的重要理论依据。（3）在大会通过的宣言中明确指出："近世各国所谓民权制度，往往为资产阶级所专有，适成为压迫平民之工具。若国民党之民权主义，则为一般平民所共有，非少数者所得而私也。"② 毛泽东对这一思想基本予以了肯定，并加以评价："除了谁领导谁这一个问题以外，当作一般的政治纲领来说，这里所说的民权主义，是和我们所说的人民民主主义或新民主主义相符合的。"③ 这个政治纲领是可以借鉴的，是现代中国法理学的重要本土资源。

改组后的国民党的中央执行委员和候补中央委员中，有李大钊、毛泽东、林伯渠等多名中共党员，正是第一次国共合作，成功地进行了北伐战争，消灭了持续 10 多年的北洋军阀的统治。可是，正在大革命节节胜利的途中，蒋介石突然背叛革命，发动了惨绝人寰的"4·12"反革命政变，使大革命归于失败，中国

---

① 《毛泽东选集》（第二卷），人民出版社 1991 年版，第 692～693 页。

② 《孙中山选集》（下），人民出版社 2011 年版，第 615～616 页。

③ 《毛泽东选集》（第四卷），人民出版社 1991 年版，第 1477～1478 页。

进入南京国民政府统治时期。

第三节　现代史上的法学教育

北洋政府时期，法学更是热门专业，并出现了与政法部门、司法系统有直接联系的格局，所谓南东吴，主要培养律师；北朝阳主要培养法官，这两所大学的法律学生可以免试取得法官、律师资格。同时，又出现了以北京大学和武汉大学为代表的，以重点培养现代法律工作者为主的局面，当时法学教材大多出于这两所大学的教授之手。同时，北洋政府对法学专业的课程体系进行了改革与调整，强化了政府对法学专业的控制。民国初期，法学教育发展迅速，法学一度成为显学，黄炎培先生深有感触，他说："教育事业，凡百废弛，而独有一日千里，足令人瞿然惊者，厥唯法政专门教育。"[1] 据统计，1912—1925 年，政法院校学生占全国大学生总数 40%，但法学教育起点低，并且具有盲目性，还带有极大功利性，使法学"官学化"。

首先，北洋政府明确确认法学教育为职业教育，并加大在综合性大学中的比重。法科学生不仅数量多，办学条件也比较优越，如北京大学，"以法科为较完备，学生人数亦最多，具有独立的法科大学之资格"。[2] 其次，调整了课程结构，规定了专业与学制。法科大学设法律学、政治学和经济学三个专业，这一做法一直延续到中华人民共和国成立后的院系调整，学制一般为 4~6 年，这是对综合性大学中法学院之规定。最后，法学教育水平较低，1912 年北洋政府颁布的《法政专门学校规程》，对课程与师资的要求标准很低，法学教育过滥，一直在低水平运行，为此黄炎培先生曾提出过严肃的批评："一国之才学者，群趋于法政之一途，其皆优乎？"[3] 就是说，在北洋政府后期，法学已不是时髦专业，在综合性大学和国家教育部门中的地位大为降低。

---

① 《教育前途危险之现象》，载《东方杂志》1913 年第 9 卷。

② 朱有瓛：《中国近代学制史料》第三辑（下册），华东师范大学出版社 1989 年版，第 39 页。

③ 参看朱有瓛：《中国近代学制史料》第三辑（上册），华东师范大学出版社 1989 年版，第 653~654 页。

第四节 法 学 家

一、李大钊的法学思想

李大钊（1889—1927），字守常，河北乐亭人。中国最早的马克思主义者，中国共产党的创始人之一，留学日本，法科出身。回国后，历任北大教授、图书馆馆长、《晨钟报》主编和《新青年》杂志编辑。1920 年在北京组织共产主义小组；在党的"二大"任中共中央委员。在国共合作期间，协助孙中山先生确定"联俄、联共、扶助农工"三大政策；在改组国民党中发挥了重要作用。1924 年代表中国共产党参加共产国际第五次代表大会。积极宣传马克思主义，坚持马克思主义法学理论，其主要法学思想有：

1. 对法律本质的认识

李大钊对法律本质的认识有两个阶段：第一阶段是在"五四"运动前，他以反对封建主义，提倡平等自由为起点，形成了民主主义的法律思想，基本属于西方法学的范畴。接受马克思主义后，特别是在他撰写有关唯物史观文章后，明确了法律的阶级性和法律与经济基础的密切关系。正如李大钊指出："基础是经济的构造，即经济关系，马氏称之为物质的或人类的社会的存在。上层是法制、政治、宗教、艺术、哲学等，马氏称之为观念的形态，或人类的意识。"① 就是说，法律是上层建筑，是有阶级性的。

2. 坚定地传播马克思主义

李大钊作为新文化运动的领袖之一，当然是启蒙主义的推动者，更是马克思主义的传播者，他"抨击专制政治之灵魂"，向往"青春之国家"。他在接受唯物史观之后，指出劳苦大众的"真正的解放，不是央求人家……是要靠自己的力量……从那黑暗的牢狱中，打出一道光明来"②。他说："我们主张以人道主义改

---

① 《李大钊选集》，人民出版社 1959 年版，第 293 页。
② 《李大钊选集》，人民出版社 1959 年版，第 226 页。

造人类精神，同时以社会主义改造经济组织。"① 同时，他依据唯物史观，把"个性解放"同"大同团结"内在地统一起来，为发展壮大革命队伍提供坚实的理论支撑。

3. 十分关心农民问题

李大钊所撰《青年与农村》一文问世后，产生了广泛的影响，曾被美国学者称赞为"可以被看作是一种拓荒者的尝试"②。事实正是这样，李大钊后来在《土地与农民》一文中写道："中国的浩大的农民群众，如果能够组织起来，参加国民革命，中国国民革命的成功就不远了。"③ 同时，李大钊将人权问题与工人、农民的解放直接联系起来。

4. 大力培养革命接班人，积极帮助青年提高对马克思主义的认识

1918 年，毛泽东在北京认识了李大钊，作为北大图书馆馆长的李大钊，安排毛泽东在北大图书馆做助理员，并称赞毛泽东是"湖南学生青年的杰出领袖"，还帮助他发表文章，将《共产党宣言》等马克思主义著作借给他看。1924 年，他们同时被选为国民党中央委员，共同为宣传"联俄、联共、扶助农工"三大政策做了大量工作。此前，他还资助青年赴法勤工俭学。

李大钊在"五四"运动前后，经常撰文批判北洋军阀的黑暗统治，唤起民众在"五四"运动中积极反对"巴黎和会"的合约；反对日本侵占山东，主张捍卫国家主权，惩办卖国贼。要求人民用法律武器保卫国家，反对西方列强的强盗行为。

当然，更重要的是他宣传马克思主义，并与中国实际相结合，为当时中国共产党的成立做了大量工作，是一位坚定的马克思主义者和老一辈无产阶级革命家。

二、陈独秀的法学思想

陈独秀（1880—1942），安徽怀宁人，字仲甫，早年留学日本，北京大学教

---

① 《李大钊选集》，人民出版社 1959 年版，第 194 页。

② ［美］莫里斯·迈斯纳：《李大钊与中国马克思主义的起源》，中央党史出版社 1989 年版，第 98 页。

③ 《李大钊选集》，人民出版社 1959 年版，第 520 页。

授。1915 年主编《新青年》，1916 年与李大钊创办《每周评论》。在中国共产党一大中被选为总书记。提倡新文化，宣传马克思主义，是"五四"运动的名人。同时，陈独秀是右倾机会主义的总代表，1927 年在"八七"会议上，被撤销总书记职务，1929 年被开除党籍，1942 年死于四川江津。

陈独秀的法律思想与他的政治立场和态度有直接联系，大致可分为三个阶段：

第一阶段是 1919 年以前，他是民主主义的法律思想者，推崇西方的民主法治，特别强调"法律之前，人人平等"思想。他鼓吹说："西洋所谓法治国者，其最大精神，乃为法律之前，人人平等，绝无尊卑贵贱之殊。"①推崇资产阶级自由观、国家观和追求个人自由，反对封建专制，主张宪政，等等。当时的陈独秀还是带有爱国和民主的政治色彩的，但将民主看成是救国的工具，这在当时的历史条件下显然是行不通的。

第二阶段是 1919 年"五四"运动后，陈独秀已接受马克思主义，并传播马克思主义理论。他首先揭露资产阶级民主的实质，指出这种民主"只能代表资产阶级意志"，"往往拿全民意来反对社会主义！说社会主义是非民主的，所以不行"。资产阶级民主"都是欺骗世人把持政权的诡计"②。在这一历史阶段，陈独秀的法学思想，基本上是马克思主义的，其具体观点下文再论。

第三阶段是 1927 年大革命失败后，特别是他被开除党籍后，在思想上已堕落成为托洛斯基主义。后来，他又在 1938 年批判托派的极左倾向，但他却反对中国共产党一系列重要观点和主张，最后于 1942 年病逝于四川江津。陈独秀的悲剧就在于他没有从根本上认识中国革命分两步走的必要性和必然性，更没有认识到中国革命的特殊性，当然，其法律思想从根本上讲是错误的。

然而，在 1919—1927 年这个历史阶段，陈独秀的一些法学观点还是符合马克思主义的，具体来说包括：（1）坚持法律的阶级性，他认为"一切法律和学说，大概都从已成的事实产生出来的"③，法律的存废具有明显的阶级性，他说，

---

① 《陈独秀文集》（第一卷），人民出版社 2013 年版，第 179 页。
② 《陈独秀文章选编》（中册），生活·读书·新知三联书店 1984 年版，第 67 页。
③ 《陈独秀文章选编》（上册），生活·读书·新知三联书店 1984 年版，第 433 页。

法律的"存废是自然跟着一阶级一党派能够造成国家的权力而变化的"①。（2）主张法律革新。他认为只有经过革命，废除旧法，制定新法，才能符合人民利益，他说，要废止旧法，制定出保护工农权利的各种律例。②（3）主张"主权在民""保障人权""劳工神圣"。这些都是陈独秀的一贯主张。（4）大力宣扬社会主义宪法，他说："我们不是不要宪法，是要在社会上造成自然需要新宪法底实质。"③ 陈独秀的法律思想既是对资产阶级法律思想的否定和扬弃，又是马克思主义法律思想中国化的早期成果。令人痛心的是，这位马克思主义的早期传播者，却经不起历史的检验，最终堕落成托派分子。但他作为"五四"运动的名人，还是客观存在的。

三、杨度的法理思想

杨度（1874—1932），字皙子，号虎公，湖南湘潭人。早年留学日本，拥护戊戌变法，主张君主立宪，有一套改良主义理论，曾受到革命派的严厉批判。曾著有《中国宪政大纲》与《实施宪政程序》两文。清末民初，杨度一度反对共和与革命。清末参与沈家本主持的修律工作，也参加过民初的复辟活动。因其君主立宪理论在中国碰壁后，一度苦闷彷徨，后长期与共产党人接触，受李大钊影响极深，世界观与法理学思想有了根本转变，1929 年在白色恐怖的环境中，毅然申请加入中国共产党，获批准后，作为秘密党员为人民做了不少有益的工作。其法理学思想大多不正确，其中也有某些有益于人民的观点。

1910 年杨度在解释《大清新刑律》的宗旨时，曾作了这样的说明：中国在法律上要消除家族上的各种特权，主张国家与人民之间是直接的权利义务关系，国家对人民要有"教之之法"和"养之之法"；国家要给人民以"营业、居住、言论之自由"，人民"对国家担负责任"。这种观点，在当时有一定进步性，曾受到保守势力的批驳。

在 1919 年"五四运动"中，杨度的"君主立宪"观点有所改变，并在 1929

---

① 《陈独秀文章选编》（中册），生活·读书·新知三联书店 1984 年版，第 12 页。
② 《陈独秀文章选编》（上册），生活·读书·新知三联书店 1984 年版，第 433 页。
③ 《陈独秀文章选编》（中册），生活·读书·新知三联书店 1984 年版，第 1 页。

年的白色恐怖历史背景下，主张申请参加中国共产党，获批后在土地革命时期为人民作了些有益的工作，特别是放弃了"君主立宪"观点，接受了共产主义思想。

杨度在入党后，在思想上加深了对封建特权的认知和批判，拥护土地革命，拥护反帝反封建的民主革命，认为在中国走"君主立宪"是行不通的，清王朝的覆灭和袁世凯复辟的失败就是明证。

杨度在宪政编查馆任提调时，在搜集宪政资料方面做了不少工作，对中国文史资料的丰富有一定成效。

对于杨度思想的转变，周恩来总理曾作了说明，加深了人们对杨度的认识。

四、廖仲恺的法学思想

廖仲恺（1877—1925），原名恩煦，又名夷白，字仲恺，广东惠阳县人。早年在美国当华工，青年时留学日本，法科出身。他是中国资产阶级民主革命著名政治活动家、法学家，国民党左派代表人物，孙中山的战友。其法学思想主要有：

1. 赞同和传播"民权主义"，提倡"全民政治"

廖仲恺认为三大民权即创制、复决、罢免是"政治上之防腐剂矣"。① 在他看来，"国民有了这三种民权，民国的主权才算是实在回复到原本国民的身上，中国政治上的毛病，虽不敢说是完全救治好，也就差不多要好八九分了"②。他翻译《全民政治》一书的目的就在于此。

2. 关注民生

廖仲恺对民生问题极为注重，探讨了不少问题，把交通不发达看作是"中国民穷财尽最普通的原因"之一。③ 因此，他提出，"要救中国，要建设中国，非从交通着手不可"。他说："在一般的政治问题，无论横的主张、竖的主张，都可以模模糊糊混得过去。但是这交通改良，无论什么政治家，无论哪种政论家，要

---

① 《廖仲恺集》，中华书局 1963 年版，第 31 页。
② 《廖仲恺集》，中华书局 1963 年版，第 8 页。
③ 《廖仲恺集》，中华书局 1963 年版，第 28 页。

是对于国家人民，还有点诚心，替他们打算打算，是断不能抹煞的。"① 另外，他还研讨了货币改革、合作化运动等与民生的关系。

3. 积极筹划和参与国民党改组后一大的召开

廖仲恺说："以前本党之一再失败，而国家之乱源不能廓清，其故在于认识目标之不清。现在我们已有了宣言，目标算是已定。"② "宣言即政纲，是革命的性质。实行打倒一切军阀官僚，铲除一些发展之障碍，嗣后无论如何，必须以此宣言为奋斗前进之标准努力前进！"③ 他在一大会议后还积极宣传"一大"宣言的意义与组织实施。

4. 主张废除治外法权

廖仲恺说："租界制度于 20 世纪之今日，尚任其存在于中国，实为中华民族之耻辱"，主张租界"应由中国收回管理"，"外国人在中国领土内应服从中华民国之法律"。④

5. 赞同列宁的某些观点

廖仲恺赞扬列宁"是打破帝国主义的实行家"，"他所做的事业都是为被压迫民族奋斗、为无产阶级奋斗"。⑤

6. 支持工人罢工和农民运动

1925 年省港大罢工，廖仲恺作为罢工委员会顾问，积极发出专款作为工人生活费用。同时，他认识到农民是中国革命的主要力量，指出："故我国国民革命之成功与否，全在乎农民之了解革命与否一问题。"⑥ 又说："如果农民想获得解放，必须同工人齐心合力奋斗。"⑦

廖仲恺一生是革命的一生，是追随孙中山革命的一生。1925 年 8 月 20 日，廖仲恺被国民党右派暗杀，1935 年 9 月移葬于南京孙中山陵侧。

---

① 《廖仲恺集》，中华书局 1963 年版，第 29 页。
② 《中国国民党第一次全国代表大会会议录》第 16 页。
③ 《中国国民党第一次全国代表大会会议录》第 44 页。
④ 《廖仲恺集》，中华书局 1963 年版，第 174 页。
⑤ 《廖仲恺集》，中华书局 1963 年版，第 123~124 页。
⑥ 《廖仲恺集》，中华书局 1963 年版，第 169 页。
⑦ 廖梦醒：《回忆我亲爱的父亲——廖仲恺》，载《中国工人（北京）》1957 年第 16 期，第 26 页。

第九章 民国后期（1927—1949 年）的法理学

第一节 南京国民政府时期的法理学

1927 年 4 月 18 日，蒋介石在"4·12 大屠杀"的基础上于南京成立国民政府，并于 1928 年 12 月在名义上统一全国。这个反人民的独裁政权，其占统治地位的法学无疑是体现地主阶级和官僚资产阶级的本质和利益的。然而，它却打着民主、自由的幌子，允许不同的法学思想存在。事实上，在这个历史时期，确实存在三种不同的法理学：一种是一党专政的党国一致的法理学，一种是西方的资产阶级法理学，一种是马克思主义的法理学。

第一类法理学属于宣扬一党专政的党国一致（或党国一体）的法理学，在当时占统治地位，这种法理学直接与实践结合，即将党国一体的法理学理论在法律上直接体现出来，如以 1928 年 10 月国民党中央常委会通过的《中国国民党训政纲领》为理想依据和指导的 1931 年 6 月由国民议会通过并由国民政府正式颁布施行的《训政时期约法》就明文规定："训政时期，由国民党全国代表大会代表国民大会行使中央统治权。"就是说他们已公开将党国一体的体制法律化了。特别是在有的刑事法律中，其法西斯专政性质更为明显，如《戡乱时期危害国家紧急治罪条例》，直接将矛头指向进步人士、爱国人士和共产党人。上述法律在当时的法理学中也有明显的反映。

第二类法理学就是传播与鼓吹西方资产阶级的法理学。应该说西方法学中，有些内容是继承了人类法治文明的，但就其本质而言，是体现资产阶级意志和利益的，维护的是资产阶级的社会秩序。特别是随着西方世界由自由资本主义向垄断资本主义过渡，其反动性、虚伪性和欺骗性日益暴露。以其人权理论为例，正如马克思所指出："'人权'不是天赋的，而是历史地产生的。"① 是资产阶级学者用自由平等掩盖了生产领域中的奴役与剥削，是用形式上的平等，掩盖了实际上的不平等，是用法律形式权利掩盖了法外特权。当然，资产阶级法理学，经过分析、批判，也可以合理借鉴其中有用的东西，如关于部门法理学的某些观点，如无罪推定原则、疑罪从无理论，特别是民事法律的法理学，有不少理论是可以借鉴的。就是法理学的一般问题，如法律的适用范围、法律的形式分类等，都是可以借鉴的重要资源。在这个时期，介绍与阐释法理学的著作，据不完全统计就达数十本之多。

第三类法理学，就是马克思主义法理学。正如毛泽东所指出的，十月革命一声炮响，给中国传来了马克思主义。这里也有三种情况：一是中国共产党的领导人，如李大钊、陈独秀，他们在传播与弘扬马克思主义革命精神的同时，也传播了马克思主义法理学。他们都是留学归国的著名人士，对于法的本质、作用，关于人权、自由、民主，都能用马克思主义学说分析与阐明，更何况他们本来就是学政法的。二是著名学者，如李达、陈望道等，如李达自己翻译了日本人写的《法理学大纲》，又以马克思主义为指导写了一本《法理学大纲》，还亲自在大学里讲授了法理学。三是有部分人自己既是无产阶级革命家，又是马克思主义法理学的传播者，如董必武、杨秀峰等。尤其是董必武既领导了黄麻起义，又用法律武器在法庭上救了好几名农民运动的领导者；他还代表中国在《联合国宪章》上签名。

这三类法理学代表了三种理论，体现了三种主义。第一类即一党专政的党国一体的法理学，体现法西斯主义的独裁统治。第二类法理学即资产阶级法理学，体现资本主义。第三类法理学即马克思主义法理学，体现社会主义。在当时，第一类法理学占统治地位，但遭到全国人民反对。第二类法理学在民族资产阶级和知识分子中有广泛基础。第三类法理学受到广大人民的支持和拥护。

应该说还有一类主持正义的法学家，如梅汝璈代表中国人民作为东京审判的法官，在法庭上力排众议，争取多数法官赞同，判处七名日本战犯以绞刑，大长中国人民志气，大灭日本法西斯的威风。

---

① 《马克思恩格斯全集》（第二卷），人民出版社 1957 年版，第 146 页。

第二节　法学教育概况

　　1927 年南京政府成立后，逐渐恢复了对法学教育的重视，大致经历了四个阶段。按何勤华教授的划分，即法学教育经历了 1927—1932 年的缓慢起步，到 1932—1936 年的压缩控制，再到 1937—1945 年的战时发展，最后到 1946—1949 年的短暂复兴。笔者略有不同看法，笔者认为 1936—1943 年是国共合作、全国人民爱国主义高涨、法学教育较好的时期。先从学生数量上看，清末法科毕业生只有 4000 人，1911—1927 年，平均每年 1000 人，共约 16000 人，而 1928—1943 年，中国国内外法科毕业生总数约为 30000 人，[1] 其数量大大超过以前。再从科研成果上看，这一时期仅法理学的学术专著与教材就有不少，其中主要有：1928 年上海法学书社出版的王传璧的《法理学史概论》、1931 年出版的王琛的《法理学讲义》以及 20 世纪 30 年代出版的王宠惠的《法理学》、1934 年由朝阳大学王俊撰写的《法理学》和 1937 年出版的巴得生著的《比较法理学发展》，1936 年中山大学出版社出版的沈祥龙的《法理学讲义》以及好几本出版时间不详的法理学专著和译著，如李达翻译的和他本人撰稿的《法理学大纲》与《西方法理学大纲》等，共计 20 余种。[2] 更重要的是，在这段期间由于爱国主义的高涨，以及马克思主义法学的传播，培养并深造出一批马克思主义法学家，如董必武、谢觉哉、杨秀峰、张志让、周鲠生、何思正、蔡权衡、陈体强、钱端升、倪征燠、韩德培、王铁崖、王世杰等。

　　当然，南京国民政府的法学教育是全盘西化，法学教育的理论体系是"六法全书"，在本质上属于剥削阶级范畴，与人民利益是格格不入的。但当时，正值抗日战争时期及其前后，法学教育自然会受时局影响，其培养的法科人才，大多有民族气节，有不少法学家公开抗日，甚至抗战胜利，直接参与审判日本战犯和东京审判，他们在法庭上表现的爱国精神和对战争罪犯的批判为我国立下了重大功勋，受到了人民的爱戴，如当年担任东京审判的中国法官梅汝璈、检察官倪征

---

　　[1]　王中：《中国近代法学教育探微》，载《政法高教研究》1997 年第 3 期。
　　[2]　参见《中国法律图书总目》，中国政法大学出版社 1991 年版。

煖，他们的法学家形象，至今还受到各国人民特别是中国人民的尊敬。毫无疑问，国民政府的法学教育是失败的，这里讲的只是个别的，何况他们有的还直接接受过中国共产党的教育或者说是由中国共产党直接培养的。

中国近代法学教育中留学回国人员起到了重要作用，在他们的教授生涯中，外语特别是英语与日语占有显赫地位，著名法学家蔡枢衡称之为"超形式主义"。在当时，如果不懂外语，很难成为法学中的著名教授。其中，留日归来的法科学生成为教授与重要官员的最多，如当时引领辛亥革命的人中 75%～80% 留学日本，尤其是早稻田大学的法科生居多。因此，中国近代法学教育从沈家本主持的清末法制改革开始到国民党南京政府时期形成的"六法全书"，从杨度宣扬的"君主立宪"到梁启超鼓吹的"天赋人权"，始终都贯穿了效仿日本这条主线，可见日本企图霸占中国由来已久矣。

南京国民政府的法学教育还有一个特点，就是出版了一些法学教育的专著，如朝阳大学著名法学教育家、教务长孙晓楼的《法学教育》一书影响很大，其中有一个参照中外的"新课程表"为各校所采用。为了加强法学教育，我国还专门聘请了美国哈佛大学法学院曾任 30 年院长的庞德为教育部与司法行政部的法律顾问。他专门为教育部就法学教育作了一个报告——《中国法学教育的问题及其变革的路向》，提出了在当时有一定价值的意见，并对法学一些核心课程及教学方法谈了一些看法。当然，庞德是社会法学家的代表，他的观点对中国法学教育的发展不可能起关键作用，但对当时的中国法学教育也是一种促进。毫无疑问，庞德的法学教育思想不可能改变国民政府法学教育反人民的大方向，也不可能从总体上推动中国近代的法学教育。可以这样说，国民党的法制教育总体上是失败的，至于在抗日战争中，法学家起了重要作用，特别是在审判日本战犯的东京审判中起了特殊作用的法学家，那不是国民党法学教育的结果，而是国共两党合作，特别是中国共产党的重大影响所带来的，也是中华民族爱国主义情怀的表现。

第三节　法　学　家

在南京国民政府统治时期，也出现了一些有名的法学家，这里介绍几位影响较大的法学家。

一、王世杰的法学思想

王世杰（1891—1981），字雪艇，湖北崇阳人，法国巴黎大学法学博士，1920 年起，先后任北京大学教授，武汉大学校长，国民政府中央研究院院长和国民党及其政府重要官员，著有《比较宪法》一书，影响较大，指出了宪法的特点与重要作用，同时，在法理学上也有贡献，他明确指出，中国古代法律与道德的界限不清，法律与习惯的界限不清，它们既有区别又相互联系、相互作用。同时，他还专门写了一篇法理学论文《法律与命令》论证与辨析了"分析法学"的基本观点。他受西方法学思想影响较深，因此，其法学观点大多是向往西方。在教育上，王世杰对创办武汉大学是有贡献的，也是有感情的，因此，他要求死后在其墓碑上所有官衔皆不书写，只写"国立武汉大学校长"即可。逝世后，其后人曾将其所有书画均无私捐献给武汉大学。

二、吴经熊的法学思想

吴经熊（1899—1986），国民政府时期比较著名的法理学家，他在 1922 年所写的《法律的基本概念》一文，在当时对法理学的创立起到了较大的作用。特别是 1933 年出版的《法律哲学研究》和《法律的三度论》，在法学界影响较大。他是江苏鄞县人，美国密歇根大学博士，中华民国宪法起草人之一，曾任东吴大学法学院院长。

三、梅汝璈的法学思想

梅汝璈（1904—1973），字亚轩，江西南昌人，留学美国，先后就读于斯坦福大学和芝加哥大学，获法学博士学位。在清华大学读本科期间，面对"科学救国""教育救国"的思潮，提出了"政治救国"的主张。抗战胜利后，梅汝璈作为审判日本战犯的远东军事法庭（东京审判）的法官，高举正义旗帜，弘扬法律的权威，不仅惩办了日本战犯的滔天罪行，为中国人民争了口气，而且维护了世界和平，为人类正义事业作出了贡献。其主要法学思想有：

1. 为中国人民争得审判日本战争罪犯的法官席位

东京审判由亚洲参战并取得胜利的国家，各派出一名法官组成。开庭前一天，进行预演。当庭长韦伯宣布各国法官的席位"美、英、中、苏、法……"时，只见梅先生立即脱下黑色法袍，大声说"我抗议"，并拒绝登台彩排，说中国人民在抗战中付出了巨大的牺牲，被法西斯杀害了数千万人，使无数人民流离失所，强烈要求按联合国签字顺序排列法官的席位，这样中国法官就排在了第二位。梅先生为中国人民争得了应有的席位，为中国人民在抗战中的艰苦卓绝斗争赢得了应有的法律尊重。

2. 坚持日本战争罪犯应对犯罪行为负法律责任，确定了"恶法非法"的法律原则

在审判过程中，日本战犯拒不认罪，说他们是遵照本国法律去参加战争的，而服从命令是军人的天职，因此，他们认为自己的行为不构成犯罪。梅汝璈等法官严厉批判了这种"恶法亦法"的分析法观点，明确指出：军国主义颁布的法律是违背人道的，杀害他国人民，犯了反人道罪、战争罪，他们颁布的法律是恶法，"恶法非法"，战争罪犯应对其罪行负责。梅汝璈这一正义举动，引起了自然法学派的复兴，在法理学说史上是一个巨大的贡献。

3. 坚持维护正义、打击邪恶的原则，弘扬法治精神

梅汝璈坚持判处罪大恶极的战争罪犯死刑，经过他们的努力，争取到多数法官的支持，终于 7 名战犯被判处绞刑，其他多名战犯被判处无期徒刑、有期徒刑，使日本战争罪犯受到了应有的惩罚。

梅汝璈从事法学教育多年，先后受聘为复旦大学、武汉大学、南开大学等大学的法学教授，著有《现代法学》《法律哲学概论》《远东国际军事法庭》《中国人民走向宪治》等，还撰写了《中国与法治》等论文。

当然，在南京国民政府时期，还有不少知名的法学家如法理学家王传璧、王宠惠、王培先以及国际法学家周鲠生。而民法学家李祖荫对法学的含义有独到的见解，并对中外关于法的定义作了详细的比较研究。

四、周鲠生的法学思想

周鲠生（1889—1971），曾用名周览，湖南长沙人，著名国际法学家。

1906—1911 年留学日本，同盟会成员。1913 年后，又先后留学英国和法国，获法国巴黎大学法学博士学位。1921 年回国后，历任北京大学、武汉大学、中南大学教授及系主任，1936 年任武汉大学教务长。1939 年任联合国组织会议中国代表团顾问，1945 年任武汉大学校长，中华人民共和国成立后继续担任武汉大学校长，1950 年任外交部顾问，1956 年加入中国共产党。著有《国际法》《近代欧洲外交史》《不平等条约十讲》等。其国际法理论思想丰富，主要有：

1. 《国际法》是周鲠生的代表作，也是中国国际法学的标志性成果

《国际法》于 1976 年由商务印书馆出版，分上下两册，是全国统编教材出版前我国使用范围最广的教材，也是迄今为止引用率最高的国际法著作。该书是周鲠生毕生从事国际法教育、研究和实践的科学总结，也合理借鉴了苏联和其他国家的法律思想，系统地阐述了国际法的基础理论。更重要的是，其紧密地结合了中国的外交活动和国际法实践，是我国第一部具有中国特色的国际法著作，具有重大的学术价值和现实意义。

2. 提出"协调论"，科学论证了国内法与国际法的关系

在国际法的理论与实践中，如何认识和处理国际法与国内法的关系是个重要的问题，历来存在三种观点：第一种是一元论，主张国内法优先。他们认为国际法与国内法同属一个法律体系，是一个法律体系中的两种表现，具有统一性。其代表人物受黑格尔"国家至上"理论的影响，耶利内克·佐恩等实证法学家提出国内法优先说，他们认为国家主权是绝对的，是至高无上的，国际法的效力来自国内的宪法，来自国家强制力的保障。第二种观点，则主张国际法优先。他们认为国际法决定国际关系与国际秩序，同时，国际法优于国内法是人类发展的需要。自然法学派作为国际法重要内容和目标，必须统一于人权与人类福利。还认为，国内法的效力来源于国际法，因为国际法是最基本的法律规范。第三种观点，就是"协调论"，周鲠生就是主要的代表。他认为，国际法与国内法是互相联系的，因为国家在制定国内法时，应该参照国际法；同时，在各国缔结条约与协定时，也要参考各国国内法的情况。因此，周鲠生说："可以断言，国际法和国内法按其实质来看，不应该有谁优先的问题，也不应该彼此对立。从

法律和政策一致性的观点说，只要国家自己认真履行国际义务，国际法和国内法的关系总是可以自然调整的。"①

3. 对领土争端产生的原因提出了具体观点

周鲠生说："引发领土争端的原因是多方面的，既可以是周边界限的位置或走向不明确，也可以是双方对边界条约中有关边界的规定有不同的解释，或者由于边境被侵占、边界线被单方面移动等。"② 解决领土争端的方式，就是两种：一是双方谈判，签订边界条约；二是提交仲裁或通过国际司法程序。

4. 对国家继承问题的看法

中华人民共和国成立后，面临着国际法中一个重要问题，即国家继承问题。国家继承主要包括两个方面：一是条约方面的权利和义务；二是条约以外的权利与义务。政府继承与国家继承不同，它是指由于革命或政变导致的政权更迭，旧政府在国际法上的权利义务由新政府所取代的法律关系。中华人民共和国成立后，在政府继承方面，分条约、国家财产和国家债务三方面内容，均采取合情、合理、合国际法的做法。周鲠生先生在条约方面提出了有价值的意见："任何旧条约在未有经过中国政府表示承认以前，外国政府不能据以提出要求来对抗中华人民共和国。"③

周鲠生从 1950 年起担任中华人民共和国外交部顾问，对中国的外交政策与外交活动提出了不少有价值的意见。在国家法理论方面，也作出了重大贡献。正如王铁崖所评论的那样："周鲠生先生国际法的教学与研究有两个突出的特点：第一是理论联系实际；第二个特点是理论探讨深入"，"周鲠生先生的卓越贡献是对国际法的学术研究"，"推动了国际法在中国的发展"。④

五、杨鸿烈的法理思想

杨鸿烈（1903—1977），著名的中国古代法理学者，又名炳堃，别名宪武，云南晋县人。早年留学日本，获东京大学法学博士，在大学任教多年。主要著作

---

① 周鲠生：《国际法》（上册），商务印书馆 1976 年版，第 20 页。
② 周鲠生：《国际法》（下册），商务印书馆 1976 年版，第 427 页。
③ 周鲠生：《国际法》（上册），商务印书馆 1976 年版，第 157 页。
④ 王铁崖等：《周鲠生国际法论文选》，海天出版社 1999 年版，第 1~5 页。

有《中国法律思想史》《中国法律发达史》《中国法律在东亚诸国的影响》等。现仅就中国政法大学出版社出版的《中国法律思想史》一书作如下简要介绍：

1.《中国法律思想史》一书出版情况

该书于 1930 年由上海商务印书馆初版，1933 年再版，1967 年由台湾商务印书馆再版，1988 年第三版，1989 年上海书店策划"民国丛书"时，又将该书再版。20 世纪末，中国政法大学出版社又将该书列入"二十世纪中华法学文丛"重新出版。该书与王世杰、钱端升合著的《比较宪法》以及瞿同祖的《中国法律与中国社会》，都受到两岸学者历久常新的关注，可见其影响在法学界是何等之大。该书共五章，二十余万字，对研究中国法理学思想史有重大的参考价值。

2. 对儒墨道法诸家作了详细的介绍与评述

其实，这也是《中国法律思想史》中的精华，尽管其中因历史和理论基础的局限，有些观点值得再深入研究，但在叙述观点上，即介绍诸子百家的法学思想方面还是独到的。如杨先生对儒家的创始人孔丘的"法治"思想的评价："孔子虽不破坏法治，却不满足法治。"[1] 杨先生认为，当时影响最大的还是法家，他在结论中用黑体字标明后指出："支配春秋、战国以至秦统一时法律内容全体的根本原理是法家的学说。"[2] 当然，杨鸿烈先生对先秦时期诸子百家的法学理论缺乏历史唯物主义的分析，对法家与儒家的评价都不太准确。我们认为，其对诸子百家中，特别是儒法两家中关于治国理念的评价并不准确。历史表明，我国古代的治国理念是中华法治文明的重要部分，如法家的"以法治国""以人为本""法不阿贵"，儒家的"和为贵""和而不同"等思想，是维系统一的多民族国家经久不衰的精神支柱，是新时代全面依法治国合理借鉴的重要本土资源，具有重要的价值。

3. 对中国古代法理学中的基本问题作了系统的梳理与评价

对法律平等、法律公布、肉刑存废、族诛连坐、赦罪当否等问题，杨先生都作了详细的历史考察并作了分析。尽管其中有很多论证需要再深入探讨，甚至还有一些违背唯物史观的看法，但大部分看法还是正确的，对正确认识中国古代法

---

[1]　杨鸿烈：《中国法律思想史》，中国政法大学出版社 2004 年版，第 32 页。

[2]　杨鸿烈：《中国法律思想史》，中国政法大学出版社 2004 年版，第 87 页。

理学中的一些基本问题有参考价值。值得一提的是，他对清末的礼法之争、中西之争等法学理论问题也作了陈述和评价，这是难能可贵的。当然，由于杨先生是研究中国法制史的学者，对法理学中的一些基本问题尚需深入。他把"法律平等""法律公布""肉刑存废""赦罪"等问题列为刑法问题，无疑是对法理学知之甚浅，对法理学的研究范围理解太窄。尽管存在这样或那样的不足，但《中国法律思想史》毕竟是一本有学术价值的法理学著作；更何况该书还是在中华人民共和国成立前写的，当时的历史局限性决定了该书还有深入挖掘的必要。遗憾的是，杨先生在 1977 年与世长辞，但历史不会忘记杨先生对中国古代法理学研究的重大贡献。如果说 1905 年梁启超的《中国法理学发达史论》开启了从理论上研究中国法理学的先河、1925 年王振先所著的由商务印书馆出版的《中国古代法理学》则是系统研究中国古代法理学的专著的话，那么 1930 年由商务印书馆出版、1933 年再版的杨鸿烈先生的《中国法律思想史》严格来说也是一本中国古代法理学著作，其初步奠定了法理学的学科体系。张国华先生于 20 世纪末所著并由北京大学出版社出版的《中国法律思想史新编》则是比较系统研究中国古代法理学的专著。当然，严格地讲，法理思想史与中国古代法理学应该是有所区别的，但从实际来看，中国法律思想史就是中国古代法理学，至少在目前还没有分清两者的区别。

第四编

当代中国法理学的革命

第十章　新民主主义革命时期
革命根据地的法理学

第一节　革命根据地的形成与发展

1927 年，毛泽东在湖南发动秋收起义后，中国共产党开辟了新民主主义革命时期的第一个革命根据地——井冈山根据地，随后又先后在全国建立了十几个革命根据地，成立了各级工农民主政府。1931 年 11 月，在江西瑞金召开了第一次全国苏维埃代表大会，正式宣告中华苏维埃共和国临时中央政府成立，选举毛泽东为中央执行委员会和人民委员会主席。

1937 年"七七事变"后，国共实行第二次合作。同年 9 月，按照国共合作的相关决定和双方签订的相关协定，红军改编为国民革命军第八路军和整编新军第四军，开赴前线，相继开辟了十八个抗日根据地，成立了各级抗日民主政府。1939 年 1 月，召开了陕甘宁边区第一届参议会，通过了经中共中央政治局批准的《陕甘宁边区抗战时期施政纲领》。

解放战争时期，革命根据地由小到大，并相继解放了若干大城市。1948 年 8 月，华北临时代表大会召开，通过了华北局提出并经中共中央批准的《华北人民政府施政纲领》，选举董必武同志为华北人民政府主席。

三个时期的革命根据地的形成与发展，充分证实了"农村包围城市、武装夺取政权"这一中国革命道路理论的伟大胜利，为中华人民共和国的成立奠定了坚实的基础。在这里，有中国革命理论的正确指导，有马克思主义中国化的光辉产物，即毛泽东思想的正确指引，生动地体现了毛泽东思想影响下的中国法理学的重要作用，具体体现在如下几个方面：国体理论、政体理论、宪法理论、人权理论、土改理论以及婚姻理论。

第二节　革命根据地时期的几个法理学理论

一、关于国体的理论

"国体"理论历来是法理学和宪法学的基本理论，受到理论界，特别是法学界的广泛关注，并引起了广泛的讨论；但是意见不一，没有形成共识，最后是毛泽东依据马克思主义法学理论，对"国体"作出了科学的解释。他在《新民主主义论》一文中指出："这个国体问题，从前清末年起，闹了几十年还没有闹清楚。其实，它只是指的一个问题，就是社会各阶级在国家中的地位。"① 在革命根据地，实行的是工农民主专政，具体说，就是以工人阶级领导的以工农联盟为基础，各革命阶级联合专政。当时，国家的名称虽然按苏联模式叫"中华苏维埃共和国"，但阶级本质是无产阶级领导的各革命阶级的联合专政。这里有个问题就是如何看待民族资产阶级在国家中的地位，这是中国革命的特点。毛泽东在这个时期，专门写了《中国社会各阶级的分析》一文，指出各个阶级在工农民主共和国的地位。民族资产阶级与官僚买办阶级即大资产阶级不同，它有软弱性一面，也有革命性一面，既要团结、支持其革命性的一面，又要克服其软弱性的一面，在多数情况下，是将其视为革命阶级。

在抗日战争时期，随着第二次国共合作的建立，革命根据地的性质由工农民主共和国改为人民共和国，即由无产阶级领导的工农民主专政转变为无产阶级领导（通过中国共产党）的各革命阶级的联合专政。随着抗战的胜利，在解放战争时期，革命政权的性质则是工人阶级领导的以工农联盟为基础的人民民主专政。

二、关于政体的理论

毛泽东同志对"政体"同样作了科学的解释："至于还有所谓'政体'问题，那是指的政权构成的形式问题，指的一定的社会阶级取何种形式去组织那反

---

① 《毛泽东选集》（第二卷），人民出版社 1991 年版，第 676 页。

对敌人保护自己的政权机关。"① 因此，我们一般都把政权理解为政权的组织形式。在土地革命时期，革命根据地政权组织是苏维埃代表大会。"苏维埃"是对俄语的翻译，其含义就是代表会议的意思。当时，在江西瑞金不仅建立了中华苏维埃共和国，还在革命根据地召开了各级苏维埃代表会议，建立了各级农工代表苏维埃政府。抗日战争时期，抗日民主政权的组织形式，就是按照中共批准的《陕甘宁边区抗战时期施政纲领》，依据中共提出的"三三制"原则选举参议会和陕甘宁边区人民政府。在解放战争时期，由各级人民代表会议组成人民政府。

政体问题是法理学与宪法研究的重要问题。我国现阶段的政体，就是全国人民代表大会和各级人民代表大会，它是我国的权力机关，是国家的根本政治制度。还有两个基本政治制度，这就是中国共产党领导的多党合作与政治协商制度、中华人民共和国民族区域自治制度。它们组成具有中国特色的政权组织形式，是符合中国国情，有利于国家统一、民族团结、共商国是的政治制度。

以唯物史观为基础，革命根据地政体形式历经三个阶段的演变，发挥着不同的作用。在土地革命时期的工农兵代表苏维埃代表大会制度，促进了民主革命的发展，并奠定了我国人民代表大会的基础；抗日战争时期的参议会制度是人民代表大会在特定历史条件下的变通形式，促进了抗战的胜利；解放战争时期的地方各级人民代表会议是向人民代表大会制度的过渡形式。这三种政权组织形式，都与当时革命根据地的政权性质相适应，生动地彰显了新民主主义革命的政治，有力地促进了革命根据地的发展，为建立人民当家作主的政权奠定了坚实的基础。

三、关于人权的问题

中国共产党历来重视人权问题，早在 1921 年中共一大通过的决议中，就旗帜鲜明地表明了尊重与保障人权的主张，在李大钊、陈独秀的论著中也经常讲到人权问题。尤其是，在革命根据地的建立与发展过程中，毛泽东还专节论述了人权问题。如他 1940 年 12 月为中共中央起草的指示《论政策》中，在"关于人民

---

① 《毛泽东选集》（第二卷），人民出版社 1991 年版，第 677 页。

权利"的专节里指出："应规定一切不反对抗日的地主资本家和工人农民有同等的人权、财权、选举权和言论、集会、结社、思想、信仰的自由权。"① 这就是说，在革命根据地早就确认了人权的普遍性。

更重要的是，革命根据地不仅在理论上、政策上确定人权的普遍性，而且在法律上也对人权作了明确的规定，如 1931 年《中华苏维埃共和国宪法大纲》、1940 年《山东省人权保障条例》、1942 年《陕甘宁边区保障人权财权条例》、1946 年《陕甘宁边区宪法原则》、1948 年《豫皖苏边区行政公署关于切实保障人权给各级政府的训令》等。

中华人民共和国成立后，将人权具体规定在"公民的基本权利和义务"之中。改革开放后，特别是 20 世纪 80 年代末，我国广泛开展人权的理论研究，2004 年在《宪法修正案》中正式将人权宪法化，明确规定"尊重与保障人权"，走出了一条中国特色的人权发展道路，并与世界人民一道构造"人类命运共同体"，实现人的全面发展。

四、关于土地的问题

正如毛泽东指出的那样：中国革命的重要问题，是农民的问题，而农民问题的核心是土地问题。千百年来，在封建社会实行的是封建地主土地所有制，因此，民主革命必须解决土地问题。第二次革命战争时期实际上就是土地革命时期，就是要废除封建地主土地所有制。

在土地革命时期，曾颁布了几个土地改革法规。一般都规定没收地主土地，分配给农民，所有权归国有，农民有使用权。但中央苏区规定土地分配给农民，先是农民有使用权，后来改为农民土地所有制。据方志敏在其会议录《赣东北苏维埃创立的历史》中说："分配土地，原来权利归苏维埃所有，现改为权利归农民所有。"事实上，不仅在赣东北，而且在中央苏区所有地方，土地改革后土地使用权归农民，所有权归苏维埃。1931 年 2 月，改变了这个原则，将土地所有权直接归农民。中共苏区中央局在第 9 号通告《土地问题与反富农策略》中指出："必须使广大农民在革命中取得了他们唯一热望的土地所有权，才能加强他们对

① 《毛泽东选集》（第二卷），人民出版社 1991 年版，第 768 页。

土地革命和争取全国苏维埃胜利的热烈情绪，才能使土地革命更加深入。"① 此后，各级苏维埃政府都以法律形式确立了农民的土地私有权。

在抗日战争时期，革命根据地，多数称之为边区政府，都制定了土地法规。主要在所有权方面，有两种规定：一是公有土地所有制，二是私人土地所有制。公有土地所有权归边区政府；私人土地所有权受法律保护，当然也有减租减息的规定。1947 年中共中央颁布了《中国土地法大纲》，公开宣布废除封建土地所有制，废除半封建性的土地剥削并实行"耕者有其田"的土地制度。就是废除一切地主土地所有权，实行农民土地所有权。农民不仅有其土地使用权，而且有土地所有权，国家承认其有对土地可以自由经营、买卖及在特定条件下出租的权利。

中华人民共和国成立后，参照苏联经验和中国的实际情况，规定城市及其郊区的土地所有权以及森林、河道等的所有权，农村土地归集体所有。改革开放以来，除国有土地由《宪法》直接规定外，对农村集体所有的土地实行联产承包到户。对农户承包的土地实行"三权分置"，使农村土地焕发出新的活力，获得了农民的广泛拥护。

第三节　法学家与法律家

一、马锡五的法学思想与审判方式

马锡五（1899—1962），本名马文章，字锡五，陕西保安（现为志丹县）人。1930 年参加刘志丹领导的红色游击队，1935 年任陕西省粮食部部长。1940 年任陇东区专员。1943 年从事司法工作，兼任边区高等法院陇东分庭庭长，1946 年马锡五被选为边区高等法院院长。中华人民共和国成立后，1954 年当选为全国人民代表，被选为最高人民法院副院长。其法学思想与审判方式，可以概括为以下几点：

1. 弘扬法理，顺应人情，正确判决婚姻上诉案

---

① 参见中国社会科学院经济研究所中国现代经济史组：《第一、二次国内革命战争时期土地斗争史料选编》，人民出版社 1981 年版，第 493 页。

马锡五审判方式之所以出名，根本原因在于他判案时是在弄清事实的基础上，弘扬法理，顺应人情，依法判决各类案件。这里试举一例，案情如下：1928年，封捧儿经父同意，与张金才儿子张柏儿订婚。1942年，双方长大成人，准备结婚。可是女方父亲封彦贵却要求解除婚约，先后多次接受他人高额聘礼。而订婚男女双方均表示反对买卖婚姻，男方父亲张金才获悉后，纠集20余人闯入封家将封捧儿抢回家中，与其儿子结婚。封彦贵将此事告到该县法院，经判决，张金才被判有期徒刑6个月，张柏儿与封捧儿的婚姻无效。双方当事人都对判决不服，群众也表达了不满言辞。时任边区高等法院陇东分庭庭长的马锡五受理了此上诉案。经查明事实，作出下列判决：（1）张柏儿与封捧儿属于自由婚姻，合法有效；（2）张金才纠集诸人抢婚，违法违纪，但由于男女双方早已同意，酌情从轻，判处三年有期徒刑，但监外执行；（3）封彦贵进行买卖婚姻，实属违法，判处拘役三个月，又念其有所醒悟，予以监外执行。此案判决，不仅双方当事人均服刑，而且也教育了群众。此案确实达到了弘扬法理，顺应人情，提倡良好风尚的效果。

2. 审理方式多样，促进法制宣传教育

马锡五在审理案件中，其方式多种多样，如就地审判、巡回审判以及重视调解结案。特别是巡回审判，当时已作为一种审判制度，收到了良好效果。就地审判，影响也很大，法官走出法庭，到案发地点、当事人所在地或附近村庄进行审判，既便利调查取证和土地的勘验，保证了丈量迅速和准确，更重要的是便于法制宣传教育，有利于人民群众更好地遵纪守法。

3. 马锡五审判方式是法理学思想与法制实践相结合的有效方法

马锡五审判方式的最大优点，是将法理学思想与法制实践有效结合起来。如法理学强调法律面前人人平等，主张婚姻自由，要求保障人权，这些理论都在具体实践中，即审理案件中体现出来，使得一次合法的审判，既是一堂生动的法制教育，又是一堂深刻的道德教育，更是一次有效的政策宣传。

马锡五于1962年去世后，曾任最高人民法院院长的董必武和谢觉哉都写了长诗怀思马锡五同志，致敬其对革命根据地法制建设的贡献。当年，作为马锡五同志办理案件的当事人如封捧儿以及名叫"刘巧儿"的剧中人都写文以作悼念。

二、林伯渠的法学思想及法制实践

林伯渠（1885—1960），原名祖涵，字邃园，号伯渠，湖南临澧人。无产阶级革命家，早年参加同盟会，1921 年参加中国共产党。在国共第一次合作期间，协助孙中山制定"联俄、联共、扶助农工"三大政策。1927 年参加南昌起义，后去苏联留学；在中央革命根据地任经济部长与财政部长，参加过二万五千里红军长征。在抗日战争期间，任抗日民主政权陕甘宁边区人民政府主席，对革命根据地的法制建设有巨大贡献，中华人民共和国成立后任中国人民大学校长，对人大法学院作为中华人民共和国成立初期我国法学教育的摇篮起着关键作用。其法学思想和法制建设实践主要有：

1. 坚持抗日民主政权实行"三三制原则"，开创了地方政权实行民主的创举

根据第二次国共合作的商定，1937 年中华苏维埃中央政府西北办事处正式改名为"陕甘宁边区政府"，辖陕西省、甘肃省、宁夏省部分县，人口约 130 万。根据地这种"政权的性质，是民族统一战线的。这种政权，是一切赞成抗日又赞成民主的人们的政权，是几个革命阶级联合起来对于汉奸和反动派的民主专政"①。"三三制"就是该政权的组织原则。所谓"三三制"，就是在抗日民主政权中，共产党员、非党进步人士、中间人士各占三分之一。毛泽东、周恩来、朱德和林伯渠都是该政策的制定者。同时，林伯渠作为边区政府主席，是该政策执行的主要负责人。当时，他领导的边区政府，于 1941 年在陕甘宁边区成立各级选举委员会，并按"三三制"原则选出了边区的县、乡两级参议会议员 4 万余人，边区参议员 242 人，其中有落选的非党人士，政府还特聘 46 人。这是中国历史上第一次进行民主选举，是法理学中关于政治权利的具体实施，是中国法理学发展的一种特殊形式。林伯渠是这一法理原则的坚定执行者，在中国政权建设上是个伟大创举。

2. 为和平民主建国不懈努力

抗日战争胜利后，以林伯渠为主席的边区政府，为和平建国作了不懈努力。（1）积极支持国共双方签订和平协定，同时，在党中央的领导下，积极支持了边

---

① 《毛泽东选集》（第二卷），人民出版社 1991 年版，第 741 页。

区人民特别是解放军及时、有力地粉碎国民党背信弃义、违反协定而发动对解放区即当时边区的进攻。（2）更重要的是，林伯渠再次当选为边区政府主席。（3）边区议会通过了《陕甘宁边区宪法原则》，林伯渠带领边区人民坚决执行与贯彻宪法原则：人民有直接平等的选举权、"人民对各级政权有检查、告发和随时建议之权"、"各级代表对选举人负责"。同时还规定人民有免于经济上的贫困、受教育、男女平等和各项民主权利。大会贯彻和体现了民主原则。同时，大会还根据当时的和平协议，通过了《陕甘宁边区复员方案》，为民主和平建国作了不懈的努力。但国民党破坏"双十协定"，公然发动内战，最后在人民战争的汪洋大海中埋葬了蒋家王朝！

三、李鼎铭的法学思想及其"精兵简政"政策

李鼎铭（1881—1947），原名丰功，开明绅士，陕西米脂人。幼年时家境贫穷，寄居在舅父杜良奎家读书，曾在中学任教。在陕甘宁边区第二届参议会上提出"精兵简政"的提案，并在会上当选陕甘宁边区政府副主席，忠实履职，获得了人民的好评。毛泽东主席对李鼎铭提出的"精兵简政"作过这样的评价："'精兵简政'这一条意见，就是党外人士李鼎铭先生提出来的；他提得好，对人民有好处，我们就采用了。"[1]他去世时，毛泽东专致挽词，中共中央专发唁电。

1.提出"精兵简政"，从法理上巩固抗日民主政权

1941年，因国民党顽固派的封锁，陕甘宁边区进入了最困难时期。为了保障边区的供给，中共中央在陕甘宁边区实行两项重要政策，一是在边区开展大生产运动，鼓励部队、机关、学校生产自救；二是实行"精兵简政"，减轻人民负担。对于"精兵简政"，中共中央很重视，毛泽东同志在批语中指出："这个办法很好，恰恰是我们的机会主义、官僚主义、形式主义的对症药。"[2]这些重要举措，可以提高工作效率，也可以减轻人民负担，更可以促使政府工作人员和部队官兵树立坚定为人民服务的信念，更好地做好各项工作。精兵简政是一项复杂

---

[1]　《毛泽东选集》（第三卷），人民出版社1991年版，第1004页。
[2]　李维汉：《回忆与研究》（下册），中共党史出版社2013年版，第386页。

的工作，不可能一蹴而就，边区先后进行了三次"精兵简政"。第一次是 1941 年 11 月至 1942 年 6 月，共精简机构百余个，缩减人员 1598 人，占边区政府原有人数的 24%。第二次是 1942 年 6 月 30 日，根据工作需要，不少机关进行缩编，将富余人员充实到基层，有的被送去学习，有的被送到农村务农。第三次是 1943 年 3 月，重点是对区、乡干部进行轮训，这次"精兵简政"使区以上政府工作人员人数又减少了 23.5%。实践证明，"精兵简政"发挥了很大作用，不仅减少了人民负担，密切了党和政府与人民的联系，而且对于提高干部素质，巩固抗日民主政权发挥了积极作用。

2. 力推"三三制原则"

在执行中共中央提出的"三三制"政权原则时，李先生在实践中发挥过重要作用，并提出过"三三制精神"这一概念，其含义是照顾各方、顾全大局、自我批评和善于协商的精神，概括起来就是：精诚团结，民主合作。①

3. 带头减租减息，调动广大农民抗日积极性

李鼎铭先生是开明绅士，他主动带头减租。在抗日战争中，中共中央致电国民党五届三中全会，明确表示"停止没收地主土地之政策"，将"耕者有其田"土地政策改为"减租减息"。李鼎铭先生作为开明绅士带头减租减息，推动了党的土地政策的执行。减租按政策规定实行"二五减租"。减息，即减到借贷关系所许可的程度。同时，政府又要求农民交租交息，土地所有权与财产所有权仍然归原来的地主。减租减息政策，收到了很好的效果，调动了农民的抗日热情。

---

① 李刚：《李鼎铭"精兵简政"如此诞生》，载《中国报道》2009 年第 11 期，第 33 页。

第十一章 1949—1978 年党和国家对马克思主义法学中国化的奠基与探索

第一节 重大法律活动与探索实践

1949 年，中华人民共和国的成立，不仅开辟了中国历史的新纪元，使人民成为了国家的主人，而且掀开了法理学革命的序幕，奠定了中国特色社会主义法理学的基础。新中国法理学革命具体体现在：

一、废除国民党"六法全书"

正式废除国民党"六法全书"的历史文献，是中华人民共和国成立前夕，即 1949 年 2 月 22 日颁布的，全名为《中共中央关于废除国民党的六法全书与确定解放区的司法原则的指示》。事实上，早在抗日战争时期，毛泽东在《十大救国纲领》中，就明确提出了废除束缚人民爱国运动的旧法令，颁布革命的新法令的主张，特别是毛泽东在解放战争的后期，即 1949 年元月关于时局的声明中，代表中国共产党正式提出了八项关于和平谈判的条件，第一条和第二条就是"废除伪宪法""废除伪法统"，这里讲的法统，就是指国民党的"六法全书"，从此掀开了废除"六法全书"的序幕。从知识谱系角度观察，废除"六法全书"有一个过程，首先就要从废除伪法统开始，新华社当时在解释"法统"的含义时，认为包括三种含义，一是指所谓"合法的正统"，即"统治权力在法律上的来源"；二是指法律体系；三是指法律传统。① 最早执行中共中央关于废除"六法全书"

---

① 新华社"关于废除伪法统"答读者问，《人民日报》1949 年 2 月 16 日，第 1 版。

的指示的是华北人民政府，当时任主席的董必武同志，签署了《废除国民党的六法全书及其一切反动法律》的训令，即日生效，时间是 1949 年 3 月 13 日。当然，把"废除国民党的'六法全书'"法律化的，还是起临时宪法作用的 1949 年 10 月颁布的《中国人民政治协商会议共同纲领》第 17 条。《中共中央关于废除国民党的六法全书与确定解放区的司法原则的指示》内容丰富，主要包括：(1) 揭露了国民党"六法全书"的阶级本质。文献明确指出：国民党"六法全书"与一般资产阶级法律一样，以掩盖阶级本质的形式出现。国民党的全部法律只能是保护地主与买办官僚资产阶级反动统治的工具，镇压和束缚广大人民群众的武器。因此，"六法全书"绝不能是蒋管区和解放区均能适用的法律。又指出：不能因国民党"六法全书"有某些似是而非的所谓保护全体人民利益的条款，便把它看作只是一部分不合乎广大人民利益的法律，而应当把它看作是基本上不合乎广大人民利益的法律。(2) 在解放区应该以人民的新的法律为依据。在新的法律不完备的情况下，司法机关的办事原则，应该是：有纲领、法律、命令、条例、决议规定者，从纲领、法律、命令、条例、决议之规定；无纲领、法律、命令、条例、决议之规定者，从新民主主义的政策。

二、对国民党"六法全书"的批判

这大致分为两个阶段，一是对"六法全书"阶级本质的批判，即"本质论批判"阶段。中华人民共和国成立初期，开展了司法改革运动，当时的政务院公布了"关于政法工作的情况和当前的任务"，接着便开始对"六法全书"的集中批判，不仅在政法界，而且在教育界集中从理论上彻底揭露了"六法全书"的虚伪性与反动性。二是对"六法全书"深入批判，直接涉及一些旧法人员和一些向往旧法的法学家。

三、确立马克思主义法学在全国的指导地位

公开宣布"指导我们思想的理论基础是马克思列宁主义"，并用马克思主义法学回答了法理学必须阐明的问题。这些问题既是中国法理学的基本原理，也是老一辈无产阶级革命家对中国革命的重大贡献，并构成马克思主义法学中国化第一块里程碑。它们是：

1. 确立了中华人民共和国的国家性质

毛泽东同志在中华人民共和国成立前三个月，即 1949 年 6 月 30 日发表的《论人民民主专政》中，科学地揭示了中国近代以来历史发展的规律，明确地指出："自从一八四〇年鸦片战争失败那时起，先进的中国人，经过千辛万苦，向西方国家寻找真理。……帝国主义的侵略打破了中国人学西方的迷梦。很奇怪，为什么先生老是侵略学生呢？中国人向西方学得很不少，但是行不通，理想总是不能实现。多次奋斗，包括辛亥革命那样全国规模的运动，都失败了。国家的情况一天一天坏，环境迫使人们活不下去。怀疑产生了，增长了，发展了。第一次世界大战震动了全世界。俄国人举行了十月革命。……十月革命一声炮响，给我们送来了马克思列宁主义。……中国人民在中国共产党领导之下，在驱逐日本帝国主义之后，进行了三年的人民解放战争，取得了基本的胜利。"① 最后，得出结论："就是这样，西方资产阶级的文明，资产阶级的民主主义，资产阶级共和国的方案，在中国人民的心目中，一齐破了产。资产阶级的民主主义让位给工人阶级领导的人民民主主义，资产阶级共和国让位给人民共和国。"② 这就是宪法中所确认的"人民民主专政的社会主义国家"的由来。毛泽东最后宣称："总结我们的经验，集中到一点，就是工人阶级（经过共产党）领导的以工农联盟为基础的人民民主专政。这个专政必须和国际革命力量团结一致。这就是我们的公式，这就是我们的主要经验，这就是我们的主要纲领。"③

2. 确认了"宪法是国家根本大法"

1954 年 9 月，全国人民代表大会通过了《中华人民共和国宪法》这个治国安邦的总章程，为新中国依法治国奠定了立法基础，为新中国法理学革命实现以马克思主义为指导有了法律依据。毛泽东对 1954 年宪法的制定与执行，先后作了巨大努力，并对宪法有一段经典的论述："一个团体要有一个章程，一个国家也要有一个章程，宪法就是一个总章程，是根本大法。用宪法这样一个根本大法的形式，把人民民主和社会主义原则固定下来，使全国人民有一条清楚的轨道，

---

① 《毛泽东选集》（第四卷），人民出版社 1991 年版，第 1469、1470、1471 页。
② 《毛泽东选集》（第四卷），人民出版社 1991 年版，第 1471 页。
③ 《毛泽东选集》（第四卷），人民出版社 1991 年版，第 1480 页。

使全国人民感到有一条清楚的明确的和正确的道路可走。"① 毛泽东对 1954 年宪法先后有过多次讲话，提出了不少闪耀马克思主义光辉的著名观点，这些都是新中国法理学创立的重要理论根据。它与《论人民民主专政》一起共同成为新中国法理学的开山之作。

3. "有法可依，有法必依"是新中国法制建设的理论基础，也是中国民主法制的基本原则

这是老一辈无产阶级革命家、著名的新中国法理学奠基人、法学家董必武同志在中共第八届全国代表大会上发言中的核心思想。董老当时作为最高人民法院院长在八大上的发言题目是"依法办事是进一步加强法制的中心环节"。他认为，依法办事包括两个不可分割的方面：有法可依，有法必依。其一，"必须有法可依"，有法可依是基础，是前提。"这就促使我们要赶快把国家尚不完备的几种重要的法规制定出来。"其二，"有法必依。凡属已有明文规定的，必须确切地执行，按照规定办事；尤其一切司法机关，更应该严格地遵守，不许有任何违反"②。党的十一届三中全会公报中将其发展为"有法可依、有法必依、执法必严、违法必究"和"法律面前人人平等"的社会主义法治原则，直到现在一直都是中国特色社会主义法治的重要组成部分。

4. 关于法治与人治问题的大讨论

1957 年，在"百花齐放，百家争鸣"原则的指导下，我国在学术界，尤其在法学界开展了人治与法治的大讨论。一派主张法治，另一派主张人治。法治论者的理由很充分：第一，法治强调法律权威，要像宪法已经宣布的那样：中华人民共和国公民都享有宪法和法律规定的权利，同时具有遵守宪法和法律确定的义务，宪法和法律应成为人们行为的准则。第二，国家机关必须依法办事，人人在法律面前地位平等，权利义务平等。第三，反对法外特权，任何人不能凌驾于法律之上，更不能逍遥于法律之外。第四，反对以言代法、以权压法。主张法治的人并不是不要人治，而是认为，人治与法治不是绝对对立的，何况法治并不否认人的作用。认为个别人强调法治，实质上是否认共产党的领导作用的观点是不对

① 《毛泽东文集》（第六卷），人民出版社 1999 年版，第 328 页。

② 《董必武政治法律文集》，法律出版社 1986 年版，第 487~488 页。

的。由于众所周知的原因，法治论者没有被肯定；但当时的法治观点，特别是强调法律权威和法律面前人人平等的观点对新中国法理学的发展，在客观上起了推动作用。

5. 刑事立法的创新对中国法理学的促进

应该说，中华人民共和国成立初期我国刑事立法有了较快的发展，并出现了一些有助于法理学发展的立法活动与观点。其一，死缓的设立，有助于拯救一些人的生命，体现了法治的终极价值：尊重与保障人权。其二，管制的确立，为监外执行创造了条件，体现了共产党教育人、改造人方法的多样性。其三，中华人民共和国成立初期，我国刑事立法发展较快，如《惩治贪污条例》《惩治反革命条例》等，其中毛泽东同志反复强调刑法适用的"规格"，当时，苏联还在推行"犯罪构成"理论，我国的"规格论"与它类似。更重要的是，在刑法执行中，实行劳动改造罪犯政策，坚持"改造第一，劳动第二"的方针，实行"阶级斗争与革命人道主义相结合"政策，把一批有罪于人民的犯罪分子改造成新人，并特赦了一批罪犯，其中包括中国末代皇帝溥仪和一批国民党战争罪犯、日本战犯。所有这些法律举措，不仅反映了中国共产党的伟大胸怀，而且体现了中国法理学的人道主义光辉。

6. 在中华人民共和国成立至改革开放这一段时期，中国不仅实现了法理学上的革命，而且从理论与实践相结合上坚持了马克思主义法学理论，坚持了马克思主义法学的中国化

首先，我国老一辈无产阶级革命家坚持了马克思主义的法学理论，这与当时使用苏联的法学教材，聘请一些苏联法学专家讲座，举办马克思主义法学研究生班以及短期培训法学教师有一定关系。当时使用的法学教材是莫斯科中文版的法学教材，如由维辛斯基主编的法理学，当时的名称叫做《马克思列宁主义关于国家与法权的理论》和《马克思列宁主义关于国家与法权的历史》。应该肯定的是，这些教材在坚持国家与法权的马克思主义方向上是没有问题的，准确地说，它坚持了马克思主义关于法的产生、本质、作用和发展方向的理论，使学生们清楚地认识到马克思主义法学是法学历史上的伟大变革。正是这一批人，在党的领导下，近一个世纪以来坚持了马克思主义法学，创建了中国的法理学；正是这一批人，无论是在特殊时期，还是在改革开放 40 年来始终都坚持着马克思主义。

但应该指出，在肯定成绩的基础上，那一批教材和苏联专家也存在一些这样或那样的不足。特别是当时作为苏联的法学之父、长期担任苏联总检察长和外交部长的维辛斯基，确实存在一些极左思想，如当时他认定刑法中的间接故意也可以构成叛国罪或反革命罪，导致错抓了一些人。再就是在研究方法上，把国家与法律这两者混在一起也有不妥，国家问题属于政治学，法律问题属于法学。而且当时中国的政法院校过多地使用苏联教材，如《苏维埃国家法》《苏维埃刑法》《集体农庄法》等，也有些不妥。但总体来说，那些苏联教材的成绩大于缺点，特别是在坚持马克思主义法学这个根本问题上并没有偏差。

正由于当时坚持马克思主义法学理论，坚持马克思主义法学中国化这个大方向，才有了中华人民共和国成立后在加强民主与法制建设上取得的伟大成就。人们不会忘记 20 世纪 50 年代的社会秩序是那么稳定，政权是那么巩固，民主与法制建设也取得了不少成就。所有这些，当然首先应该归功于党的领导，归功于伟大的中国人民，当然，也应归功于当时法理学的革命，即创立了中国的社会主义法理学。

7. 加强法学教育，坚持马克思主义法学在法学界、法律界的指导地位

中华人民共和国成立伊始，就开始加强法学教育，对高等法学院校进行了调整，兴办了几所政法干部学校。对法学研究工作做了部署，重视政法学会的工作。1952 年时任政务院副总理的董必武同志先后对法学教育与法学研究会作了讲话："人民大学要培养政法教师，并要摸出政法教学的东西来。教育部要帮助政法委训练政法干部，要造些房子，要花些钱。以后教育部与政委要经常取得联系。"① 在谈及政法干校时，董必武指出："这些干部要有什么样水平呢？要求初步懂得马列主义、毛泽东思想的国家观、法律观，初步懂得国家法令政策，并懂得如何去组织执行。"② 这就是说，当时党和国家非常重视法学教育工作，并重视高等政法院校与地方政法干校的教学与建设，特别重视马克思主义法学在这些院校与干校的权威与指导地位。要求用马克思主义法学理论武装与教育教师和学生。毫无疑问，这为中国法理学革命的实现，为中国法理学的发展创造了重要条

---

① 《董必武政治法律文集》，法律出版社 1986 年版，第 159 页。
② 《董必武政治法律文集》，法律出版社 1986 年版，第 162 页。

件，对基本原理的普及与传播起了重要决定性的作用。这也是 20 世纪 50—60 年代毕业的学生的马克思主义法理学功底比较扎实的重要原因，大家都对法律是统治阶级意志并上升为国家意志，并决定于统治阶级的物质生活条件这一理论没有任何怀疑。

8. 重视法律与经济建设的重要作用

马克思主义法学是以唯物史观为理论基础的，既坚持法律是统治阶级意志上升为国家意志这一主观属性特征，更重视法律作为上升为国家意志的统治阶级意志是由统治阶级的物质生活条件决定的这一客观属性的根本特征。同时，又重视法律对经济的重要作用。董必武于 1954 年 3 月为《人民日报》写的社论指出："随着国民经济的迅速发展，这就要求我们必须进一步地加强政法工作"，"总的要求，是进一步健全人民民主制度，健全和运用人民民主法制，巩固人民民主专政，以保障经济建设和各种社会主义改造事业的顺利进行"。① 1955 年，董必武再次在党的全国代表大会会议上进一步强调了政法工作为经济建设服务。其实，这并不奇怪，这正是马克思主义法学作为上层建筑的重要组成部分，为经济服务是必然的，这也是马克思主义法理学的普遍原理。正因为如此重视法律对经济工作的重要作用，才为坚持马克思主义法理学奠定了牢固的理论基础，并为在中华人民共和国成立初期实现法理学革命提供了实践依据。

四、民主与法制建设一系列成就促进马克思主义法理学的发展

应该说，1949—1978 年民主法制的巨大成就，促进了马克思主义法理学的发展，主要有：

1. 法制建设取得了巨大成就

关于这个问题，董必武同志作了很好的总结，他说："一九五四年九月召开的我国第一届全国人民代表大会第一次会议，制定了中华人民共和国宪法。这部宪法是共同纲领的发展，是我们国家的根本法。……从此，走社会主义道路成为家喻户晓的行动指南。我国法制建设也由此进入了一个新的阶段。依据宪法，重

---

① 《董必武政治法律文集》，法律出版社 1986 年版，第 307 页。

新制定了一些有关国家机关和国家制度的各项重要法律、法令。"① "我国社会发生的巨大变化的生动事实，极清楚地说明了我们党领导的人民民主政权是最有效率的和最巩固的；我们人民民主政权是属于世界上最民主的社会主义的类型。"② "显而易见，我们能够彻底胜利……人民民主法制发挥的力量是重要因素之一。"③ 与此同时，毛泽东主席还直接过问了起草民法与刑法这两大基本法律的工作，虽然因众所周知的原因暂停而没有完成，但为后来制定刑法与民法作了有效的准备工作。

2. 社会主义建设取得了举世瞩目的成就

基本建成社会主义工业体系的框架，为改善人民生活、科学的发展奠定了物质基础，尤其是为军事事业、巩固国防作了准备，为后来 20 世纪 60 年代取得"两弹一星"的巨大成功创造了条件，也对保护社会主义祖国起了关键性作用。所有这些成就，当然首先归功于党和人民，与坚持马克思主义法学理论实现法理学的革命也有一定关系，因为法理学的进步与发展，促进了物质文明与精神文明的发展，为国家创造了良好的社会环境。特别是在 20 世纪 50—60 年代交替之际，我国遇到了三年自然灾害，正是因为法制的健全、社会的稳定和安全，才有效地保证了人民渡过困难，克服了各种阻力，特别是有效粉碎了国内外敌人的破坏，取得了抗美援朝战争的胜利，击破了国民党反攻大陆的种种阴谋以及取得反击印度侵犯我国边境的胜利。这些在不同领域的成就都促使了中国法理学的成长与壮大。

五、中国共产党第八次全国代表大会的科学论断引领中国法理学的发展

1956 年 9 月，中国共产党召开了第八次全国代表大会。这次大会是在中国社会发生了一系列重大变化的背景下召开的。当时，我国已提前完成了第一个五年计划，社会主义工业体系的框架已经建成，同时，基本上完成对生产资料私有制

---

① 《董必武政治法律文集》，法律出版社 1986 年版，第 477~478 页。
② 《董必武政治法律文集》，法律出版社 1986 年版，第 478 页。
③ 《董必武政治法律文集》，法律出版社 1986 年版，第 479 页。

的社会主义改造。在新形势下,大会以马克思列宁主义、毛泽东思想为指导,制定了党的路线、方针和政策,并对中国社会发展作出了科学论断。

大会正确分析了社会主义改造基本完成之后,中国阶级关系和国内主要矛盾的变化,确定把党的工作重点转向社会主义建设。大会明确提出,在社会主义改造基本完成之后,国内的主要矛盾已不再是工人阶级和资产阶级的矛盾,而是先进的生产关系与落后的生产力之间的矛盾,就是说,社会主义生产关系在当时已经建立起来,它和生产力的发展是相应的;同时,它又很不完善,这些不完善的地方又与生产力的发展是相矛盾的。国家的主要任务已经由解放生产力变为在新的生产关系下保护与发展生产力,全党要集中力量发展生产力。历史证明,这个判断是正确的。但是,由于众所周知的原因,八大的正确判断,在当时及在后来一段时期,并没有付诸实施。

在八大召开前,党和国家曾在多方面为此作了准备。1956 年 4 月,毛泽东在中央政治局作了《论十大关系》的主要讲话,为探索适合中国国情的社会主义建设道路提出了重要的思想原则,从思想上、理论上为八大召开作了准备。同年 8 月底,又在北京召开了八大预备会议。会后,特别是在 20 世纪 60 年代,毛泽东又提出了"四个现代化",并由周恩来总理在全国人民代表大会上正式提出。这些事件在党和国家历史上都产生过重要影响,并为后来的社会主义现代化建设奠定了理论根据。

党的八大提出的科学论断,对当时中国法理学的发展起到了指导作用。就是说中国的法理学必须同社会主义实践结合起来,既要科学总结和升华中国民主与法制的经验,更要以社会主义建设的实践推动中国法理学的发展。

六、中国外交战线的巨大胜利为中国法理学的发展创造了良好的国际环境

1949—1978 年,我国外交战线取得的巨大胜利,使我国朋友遍天下。除了得到当时社会主义阵营国家的承认外,还得到广大第三世界国家的赞扬,甚至连以美国为代表的西方国家也不得不认可。20 世纪 50 年代初,我国同印度倡议和平共处五项原则,不仅得到亚非拉广大新兴民族独立国家的赞同,而且成为国际法的重要原则。70 年代初,毛泽东同志提出了"三个世界划分"的理论,很快得

到了新兴国家的一致认可。特别是 1971 年 10 月，第 26 届联合国大会讨论了阿尔巴尼亚等 23 个国家的建议，通过了联合国第 2758 号决议，恢复了中华人民共和国在联合国的合法席位，并成为安理会五大常任理事国之一。紧接着于 1972 年 2 月 21 日，当时的美国总统尼克松访华，并在《中华人民共和国和美利坚合众国联合公报》中，美国政府接受了中国政府提出的建交三原则：（1）同台湾断绝外交关系；（2）撤出美国在台驻军和设施；（3）废除美蒋条约。随之，日本与中国建立外交关系，日本首相访华并对战争表示"深刻的反省"。接着，中国与美国建立外交关系。

总之，1949—1978 年不断取得外交战线的伟大胜利，这为中国法理学的发展创造了良好的国际环境，为加强国际交流与相互借鉴法学教育提供了有利条件。当然，这里必须坚持适合中国国情与"洋为中用"原则。

1949—1978 年与改革开放之后 40 年的历史是一个整体，没有 1949—1978 年对社会主义建设取得的成就和对社会主义进行的探索，就不可能有改革开放之后 40 年的科学总结和举世瞩目的成绩。如果没有 1949—1978 年老一辈无产阶级革命家和全国人民坚持马克思主义法学理论并培养一批法学人才，我们就不可能在法理学上有进步与创新。因此，我们在回顾改革开放之后 40 年来法治建设的繁荣时，不能忘记前人们付出的巨大努力，更不能忘记毛泽东、董必武、李达、谢觉哉等老一辈无产阶级革命家和法学界的前辈们为法理学作出的贡献。

第二节　法　学　教　育

1949 年中华人民共和国的成立，开辟了中国历史的新纪元，也开辟了中国法律教育的新纪元。按照马克思主义的基本原理，通过革命建立人民政权的前提和基础，就是打碎旧的国家机器，废除旧的反人民的法律制度，因此，在成立中华人民共和国前夕，毛泽东主席在 1949 年元月发表时局声明，公开宣称要"废除伪宪法""废除伪法统"；1949 年 2 月，中共中央发布了《关于废除国民党的六法全书与确定解放区的司法原则的指示》。当时，作为解放区的华北人民政府主席、老一辈无产阶级革命家、法学家的董必武同志，立即签署发布了《废除国民党的六法全书及其一切反动法律》的训令，并明确确立马克思主义法学理论为解放区法律和法学教育的指导思想，掀起了法律教育的革命序幕。随着中华人民共和国的成立，这场震撼世界的、声势浩大的法学教育革命在全国范围内产生了深远的影响，具体体现在：

第一，坚决执行和贯彻包括法学教育革命在内的整个法律革命的重要文献，即《中共中央关于废除国民党的六法全书与确定解放区的司法原则的指示》。该文件明确指出了"六法全书"的阶级本质：国民党的"六法全书"和一般的资产阶级法律一样，以掩盖阶级本质的形式出现……国民党的全部法律只能是保护地主与买办官僚资产阶级反动统治的工具，镇压和束缚广大人民群众的武器。因此，"六法全书"绝不能是蒋管区和解放区均能适用的法律。又指出："应该以人民的新的法律作依据，在人民的新的法律还没有系统地发布以前，应该以共产党政策以及人民政府与人民解放军所已发布的各种纲领、法律、条例、决议作依据。目前，在人民的法律还不完备的情况下，司法机关的办事原则，应该是：有纲领、法律、命令、条例、决议规定者，从纲领、法律、命令、条例、决议之规定；无纲领、法律、命令、条例、决议规定者，从新民主主义的政策。"①

第二，在起临时宪法作用的 1950 年 10 月颁布的《中国人民政治协商会议共同纲领》中，第 17 条明确宣布："废除国民党反动政府一切压迫人民的法律、法令和司法制度，制定保护人民的法律、法令，建立人民司法制度。"就是说，法律革命（包括法学教育革命在内）有了法律根据，使马克思主义法学在新中国的指导地位合法化了。

第三，对作为国民党法学教育指导思想的"六法全书"进行了系统批判，巩固了马克思主义法学在法学教育中的指导作用与权威地位，这种批判从 1950 年一直延续到 1957 年的反右斗争，在反对右派的漫画中，专门设有批判"六法全书"的画面。严格地讲，国民党的"六法全书"并不是国民党的独撰，而是日本从德国那里贩卖来的。早在清朝末年，中国就从日本引进了当时的"五法全书"。后来，在国民党法律的实践中，又增加为"六法"，即宪法、行政法规、民法、刑法、民事诉讼法与刑事诉讼法。其中又有将商法取代行政法规之转化

---

①　《中共中央关于废除国民党的六法全书与确定解放区的司法原则的指示》。

等，现在台湾的法律体系仍保留"六法全书"的框架。① 这是中华人民共和国成立初期法学教育革命的重头戏。只有批倒"六法全书"，才能实现法学教育的革命，才能确定马克思主义在法学教育中的权威地位和指导作用。过去，我们讲法学教育时在这方面的论述是不够的，现在应该加强对这一时期法学教育的肯定。

中华人民共和国成立初期的法学教育革命经过在思想政治上和法律上做了充分准备之后，便从 1952 年至 1953 年开始了法学教育的具体步骤。第一步是院系调整，即在全国范围内对高等学校法学院系进行了根本性的调整。将法学教育作为职业教育，并入国民教育系列。第二步是进行大规模院系合并，1952 年没有法学院的综合性大学有 11 所，并新建了北京政法学院、西南政法学院和华东政法学院，共有专职法学教师 450 人，在校法科学生 3830 人，占全国高校学生 2% 左右，1953 年再次调整，新设中南政法学院。因此，综合性大学有法律系的只剩 4 所，即中国人民大学、武汉大学、东北人民大学（即吉林大学前身）和西北大学。笔者就是院系调整后进武汉大学法律系的。当时武汉大学法律系的老师主要来自中山大学、湖南大学、江西大学和安徽大学。1954 年 4 月，教育部主持召开全国政法教育会议，又确定恢复北京大学和复旦大学法律系。至此，全国法学教师已达 802 人，在校学生共计 8245 人，并培养 371 名法科研究生。就是说，当时的法学教育已粗具规模。

应该说，从 1954 年至 1958 年，我国法学教育已走上正轨，笔者作为亲身经历者，深感当年法学教育氛围浓厚，学生学习勤奋。按教育部的规定，政法院校以培训政法干部为主，而综合性大学以培养法科人才为主。按照教育部制定的课程体系要求，采用苏联法学教育模式，明文规定："讲授课程有法令者根据法令，无法令者根据政策……如无具体材料可资根据参照，则以马列主义、毛泽东思想为指导原则，并以苏联法学教材及著述为讲授的主要参考资料。"② 同时，以中国人民大学法律系为引进苏联法学教育模式的基地，兴办法学各学科的研究生班，培养了一定数量的法学教师，承担了"工作母机"的职能，中国人民大学翻

---

① 参看李龙、刘连泰：《废除"六法全书"的回顾与反思》，载《河南省政法管理干部学院学报》2003 年第 5 期。

② 《中国教育年鉴（1949—1981 年）》，中国大百科全书出版社 1984 年版，第 266 页。

译的苏联法学教材得到普遍采用。笔者还记得，当年使用的教材，主要有：以维辛斯基为总主编的由苏联科学院法学所集体编著的《马克思列宁主义关于国家与法权的理论》《马克思列宁主义关于国家与法权的历史》《苏维埃国家法》《苏维埃刑法》《苏维埃民法原理》以及当年周甦生撰写的《国家法》。尽管后来有所变化，但大同小异，如《马克思列宁主义关于国家与法权的理论》后来演变为《国家与法的一般理论》等。在教学方法上，都以课堂讲授为主，课堂讨论为辅。当时法学教育的最大优点是坚持马克思主义法学的基本原理，尽管受到了维辛斯基"左"的法学思想的一些影响，但在总体上和方向上都坚持了马克思主义法学基本原理。就是说 20 世纪 50—60 年代的法学教育，是马克思主义的法学教育，其中也包含了毛泽东同志的重要法律思想和董必武同志的法学观点，如《论人民民主专政》《论十大关系》等著作中的观点。因此，20 世纪 50—60 年代法学教育培养的本科生和研究生（数量不多），都坚持马克思主义法学原理并能用马克思主义法学观点指导法制建设，他们当中绝大部分都为国家的民主与法制建设作出了贡献，现在还有一些健在的法学家被中国法学会授予了"全国杰出资深法学家"的称号。因此，我们对 1949—1978 年的法学教育要有正确的评价，应该说成绩是巨大的，最根本的是坚持了马克思主义法学观和中国共产党领导这个大方向，取得了维护社会稳定和长治久安以及人权保障的巨大成绩；在学术上，也取得了较大成就，出版了不少有价值的专著，成立了中国法学会这样的学术组织团体，举办了《法学》等法学杂志。更重要的是，在政法系统内进行了长达数十年的司法改革，在法院、检察院和公安系统，充满了由新中国法学院校培养出来的法科学生。

更令人鼓舞的是，开启了人治与法治这样重大法学课题的大讨论。中国法制建设的开拓者、老一辈无产阶级革命家、法学家董必武、谢觉哉等，是主张法治的倡导者，如董必武说，在新的政权或国家建立之后，"就要求按照新的法律规章制度办事"①。并提出"有法可依，有法必依"的著名主张。谢觉哉则说得更

---

① 《董必武政治法律文集》，法律出版社 1986 年版，第 41 页。

为直接："我们不要资产阶级法治，我们确要我们的法治。"① 当时法学教育培养出来的法科学生是积极主张法治的生力军，为 1954 年宪法的颁布起到了推动作用，为当时起草刑法和民法奠定了理论基础，为后来刑法的出台和《民法通则》的问世作了思想准备。

对 1949—1978 年的法学教育应有一个正确评价，其中最可贵的是坚持了马克思主义法学观在法学中的权威地位，坚持了党的领导是法学教育的根本保障。尽管也出现了一些波折，甚至走过一段弯路，但成绩是主要的。这一时期的法学教育不仅为当时人民政权的巩固和社会公平正义的维护，特别是为人权的保障提供了法科人才，也为中国民主法制的发展奠定了群众基础。从某种意义上讲，没有 1949—1978 年法学教育的成绩，就不可能出现改革开放后 40 年在法治建设上的辉煌。

第三节　著名法学家

一、董必武的法制思想及其贡献

董必武（1885—1975），湖北红安人。早年加入孙中山领导的同盟会，参加了辛亥革命，在斗争中接受了马克思列宁主义，是老一辈无产阶级革命家，也是著名的马克思主义法学家。历任中华苏维埃共和国最高法院院长、中华人民共和国政务院副总理、政法委员会主任以及中华人民共和国副主席、代主席。早年曾两次出国留学，具有深厚的马克思主义法学功底，曾于 1945 年联合国成立时作为中国代表在《联合国宪章》上签字。他对中国革命有巨大贡献，其中为法学界、法律界，特别是为法理学改革立下了不朽功勋，现概括如下：

1. 董必武是废除国民党"六法全书"的坚决执行者

《中共中央关于废除国民党的六法全书与确定解放区的司法原则的指示》于 1949 年 2 月发布后，时任华北人民政府主席的董必武立即遵照执行，并发布了

---

① 韩述之主编：《中国社会科学争鸣大系》（政治学·法学卷），上海人民出版社 1991 年版，第 234 页。

《废除国民党的六法全书及其一切反动法律》的训令，明文指出：国民党的法律是为了保护地主与买办官僚资产阶级的利益和镇压人民的反抗，而人民的法律则是人民意志的体现，并镇压地主与买办资产阶级的反抗，它与国民党的法律有本质的不同。董必武在中华人民共和国成立后主持司法改革，在深入批判国民党"六法全书"中起了主导作用，尤其在宣传坚持马克思主义法学在法学界、法律界的指导作用与权威地位起了关键作用。

2. 对法制（法治）一词作了科学解释

董必武说："人类自从进入文明社会后，说到文明，法制要算一项。简单地说，国家没有法制，就不能成为一个国家。"① 其实，"法制"一词在西方法学中与"法治"同义；而在我国，从"法制"到"法治"一字之差，却历经了 30 年的路程。在我国，自董老作出科学解释后，一种是从横向来解释，称之为"法律与制度的总称"，其实董必武在后来的讲话中也说到过这一点，即顾名思义。另一种，从纵向来理解或从法的运行来把握，即法制包括立法、执法、司法、护法和守法诸环节的统一。

3. 对依法办事作了科学的说明

董必武认为依法办事是人民民主与法制的中心环节，其包括两个不可分割的部分，即他反复强调的两个内容，一是有法可依，二是有法必依。董必武认为：（1）"有法可依"是法制的前提和基础。有法可依，就是需要科学立法，要遵循马克思主义哲学唯物主义，按照毛泽东的要求，大兴调查研究之风，从中国实际出发，立足中国国情，要使立法反映客观规律。董必武要求最高人民法院在 1955 年至 1956 年，从 14 个大中型城市高级人民法院所判决的 19200 个刑事案卷中，分别从罪名、刑种、量刑幅度几个方面总结两个调查材料，为当时起草刑法、刑事诉讼法有关法律提供了参考和客观依据。虽然，由于种种原因，刑法草案没有及时完成，但却为 1979 年刑法的起草创造了条件。（2）"有法必依"。董必武指出：有法可依是基础，有法必依则是关键，他强调，领导干部和司法人员必须做到有法必依，并提出 3 条原则：第一，法律明文规定后，必须确切执行；第二，对那些故意违反法律的人，不管地位多高、功劳多大，必须一律追究法

① 董必武：《论社会主义民主和法制》，人民出版社 1979 年版，第 154 页。

律责任；第三，对于那些不知道法律的人，不仅要教育他们懂得法律，而且要教育他们遵守法律。对于董必武关于"有法可依、有法必依"的要求与原则，邓小平同志把它发展为"有法可依、有法必依、执法必严、违法必究"的十六字社会主义法治方针。党的十八大将它完整表述为"科学立法、严格执法、公正司法、严格护法、全民守法"和"法律面前人人平等"的社会主义法治原则。

4. 司法工作必须为经济建设服务

1955 年，董必武同志在中国共产党全国代表大会上，就司法工作与经济建设的关系，作了重点发言。他首先指出，法制是经济基础之上的上层建筑的重要部分，它既决定于经济基础，又服务于经济基础。1954 年 1 月至 9 月，人民法院共审理了有关经济建设的案件达 15.8 万余件，有力地保障和促进了经济建设的发展。同时，他说："我们在具体的司法建设上，曾在铁路上建立了十一个铁路运输专门法院，两个水上运输专门法院，在最高人民法院设立了铁路、水上运输审判庭；在各省市法院中设立了一百二十二个经济建设保护庭或组。"① 就是说，无论在组织机构上，还是在具体的司法审判活动中，我们都注重了司法为经济建设服务，但这还不够，各级人民法院的领导还必须提高对经济建设的认识，把它作为自己的重要任务和使命。2016 年，全国人大通过了第十三个五年规划纲要，我们要明确这个规划已经成为法律，司法工作就要保障、服务和促进这个五年规划的完成。同时，还要在政府部门设立法律案，使司法工作有效地为经济建设服务。

5. 重视和加强法制教育工作

董老在中国共产党第二次全国宣传工作会议上的讲话中反复强调了法制教育工作，他明确指出："为什么培养群众的守法思想是重要问题呢？因为劳动人民在解放以前对一切反动的法律存在着极端仇视和不信任的心理，这在旧社会中是可以理解的。劳动人民已经取得了政权，就必须建立革命秩序，遵守按照自己的革命意志定下来的法律秩序。但是，这一点是不容易很快做到的。列宁曾经说过：'千百年来，国家都是压迫人民和掠夺人民的机关，它给我们的遗产，是群

---

① 《董必武选集》，人民出版社 1985 年版，第 384 页。

众对一切国家事务的极端仇恨和不信任的心理。克服这种心理，是个非常困难的任务，这一任务只有苏维埃政权才能胜任，然而就是苏维埃政权也须要经过长时间的和坚忍不拔的努力才能完成.'我想，列宁的这一段话对我们中国来说也是适用的。"又说："我们的人民民主专政的政权要想办法使人民从不信法、不守法变成为信法、守法，这虽然是比较困难的任务，但是我们必须完成这个任务。"①事实上，几十年来，特别是改革开放 40 年来，我们已进行了六个普法教育五年规划，在法制教育上已经取得了一定成效；但也存在一些问题，如"权利本位"的问题，就是说，有个别人讲权利，却忽视自己的义务。因此，法制教育要强调权利义务的一致性。

总之，董必武同志不仅是老一辈无产阶级革命家，为中国革命与建设贡献了一生；同时，他又是伟大的马克思主义法学家，为中国的法制教育，特别是法治建设作出了杰出贡献，我们在全面依法治国的过程中，一定要缅怀他的革命一生和法治一生。

二、李达的法理思想

李达（1890—1966），字永锡，号鹤鸣，两渡日本，就读于东京大学。因受俄国十月革命影响，自学马克思主义哲学。由于马克思和列宁均系法学出身，在他们著作特别是早期著作中，大多是论及法学的，其中如马克思的《黑格尔法哲学批判》《关于林木盗窃法的辩论》，列宁的《国家与革命》及其关于社会主义法制建设的理论吸引了李达，并使之成为马克思主义法学家。早在 1928 年，李达就翻译了日本学者穗积重远的著作《法理学大纲》，由商务印书馆出版，1931年又由上海编译社再版。李达在该书中，以马克思主义法学为武器，认真分析和评判了西方资产阶级的法学派别，既评析了西方法学流派的共同哲学基础和非历史主义的错误观点，也肯定了他们在反对封建专制中的作用，并认为资本主义国家在进入帝国主义阶段后，其反动性、虚伪性和欺骗性日益暴露并成为帝国主义的工具。1947 年，法学家李祖荫邀请李达再次回湖南大学任教，并担任法学院专任教师，主讲"西方法理学"，李达书写了系统的讲义，讲授三年后任湖南大

---

① 《董必武选集》，人民出版社 1985 年版，第 338~339 页。

学校长，后调任武汉大学校长。由武汉大学教授韩德培、张泉林等将李达的讲稿整理，于 1983 年正式出版。该书是中华人民共和国成立后，第一本用马克思主义法学理论系统阐明法理学的教科书。这对在中华人民共和国成立初期坚持马克思主义法学起了极为重要的作用，为改革开放以来推行依法治国的基本方略起了极为重要的奠基作用。

李达在中华人民共和国成立后，积极参加过《中国人民政治协商会议共同纲领》的起草工作，同时，担任政务院法制委员会和文化教育委员会的副主任委员，为中华人民共和国成立初期一些立法和教育工作起了很重要的作用。特别是 1954 年宪法颁布后，李达作了一系列论证、解释和宣传工作。他应邀写的《谈宪法》一文，以及主编的《中华人民共和国宪法讲话》一书，影响都很大，对宣传、普及宪法知识，特别是推动全国人民树立宪法观念，指导人们群众以宪法为行为准则和维护宪法尊严起了很大作用。他明确提出，宪法是经济基础之上的上层建筑，对维护与发展社会主义经济基础，对维护国家的长治久安起着重要的推动作用，是国家的根本大法。

李达作为武汉大学校长，坚持真理，维护武大校训：自强、弘毅、求是、拓新，教育学生忠于国家、忠于人民、忠于真理。所以，在他被"四人帮"迫害致死后，胡乔木同志特地致哀，并以四句话概括李达的一生："坚持真理，不屈不挠。身体力行，万世师表。"李达是新中国著名的哲学家，同时也是著名的法理学家，他不仅对法的基础理论作了马克思主义的论述，而且对部门法的基础理论也有贡献，具体说：

1. 李达是应用马克思主义法学研究法理学的第一人

李达是坚定的马克思主义者，是中国应用马克思主义法学研究法理学的先驱者和首创者。他在所著的《法理学大纲》中，科学地论述了法学与世界观的紧密关系，深刻地揭示了法理学的研究对象、任务和范围，指出了法理学的研究方法，使法理学成为一门真正的科学，成为法学中最基础的一般理论，丰富了马克思主义法学，也是法学史上的一场伟大的革命。他首先回答了"什么是法理学的研究对象"这个最基本的问题，按他的解释，就是法律发展的法则。这无疑是正确的，随着我国法理学的发展，在李达研究的基础上，法理学的研究对象被认定为：法和法律现象及其发展规律。就是说法理学既要研究法律发展的法则，还要研究法律本身和各种法律现象，这些法律现象主要包括：法律规范、法律关系、法律行为、法律责任和立法、执法、司法、护法、守法等。

至于法理学的任务，李达指出："首先要阐明世界法律发展的普遍原理，认识法律的发展与世界发展的关系，认识特定历史阶段上的法律与社会的关系；其次要应用那个普遍原理来认识中国的法律与特殊的中国社会的关系，由中国社会发展的特殊路线，展开与之相互适应而又能促进其发展的法律理论，作为改造法律充实法律的指导。"① 这段话写得比较隐晦，用现代的话来说就是研究法律要结合中国的现实，要使法律为改革、为实现中华民族伟大复兴、为人民的美好生活、为建设伟大的社会主义法治国家而不懈努力。

李达对法理学的重大贡献还在于对法学进行辩证分析，揭示法律与国家、法律的本质与现象、法律的形式与内容这三大法学基本范畴的相互关系。（1）法律与国家的关系。李达认为，法律与国家具有不可分离的联系，离开国家，法律就不能存在。"法律制度与国家形态，是一体的两面。国家是法律的形体，法律是国家的灵魂。"他又说："有国家必有法律，有法律必有国家。历史上没有无国家的法律，也没有无法律的国家。"② （2）法律的本质与现象的关系。他指出："法律现象，即是法律关系的表现形态。"③ 至于法的本质，"即是法律现象的各种形态所潜藏的根本关系"；"法律的本质，是结晶于法律的内容，包含于一定形式之中而表现（现象）出来的"。④ （3）"形式由内容产生，并受内容所规定"，"内容通过形式而发展"，⑤ 所以形式对内容，不仅有受动性，还有能动性。李达对法律科学分析的三点贡献，具有现实的指导意义。

2. 李达应用马克思主义研究宪法基础理论

1954 年，我国颁布了第一部宪法，这是我国法制史上具有里程碑意义的重大事件。李达当即发表了《谈宪法》一文，明确指出了宪法是具有标志性意义的

---

① 《李达全集》（第十五卷），人民出版社 2016 年版，第 170 页。
② 《李达全集》（第十五卷），人民出版社 2016 年版，第 171 页。
③ 《李达全集》（第十五卷），人民出版社 2016 年版，第 252 页。
④ 《李达全集》（第十五卷），人民出版社 2016 年版，第 263 页。
⑤ 《李达全集》（第十五卷），人民出版社 2016 年版，第 264 页。

法律文献，是统治阶级意志的集中表现，在我国，也是党的主张和人民意志的统一，是党领导人民建设社会主义国家的纲领性文件，是中国历史上的伟大创举。正如毛泽东主席所讲，宪法是治国安邦的总章程。同时，李达明确指出，宪法是经济基础之上的上层建筑，是为经济基础服务的。李达在《中华人民共和国宪法讲话》中，明确指出了宪法具有最高的法律效力，具有极大权威，在法律体系中是母法，是国家立法的基础，具有最高的法律地位，国家一切法律、法规都不能与它相抵触，否则就失去效力。同时，宪法的制定与修改都有严格的程序，要经过全国人民代表大会三分之二多数票才能通过，或全国人大常委会三分之二的多数票才能修改。李达反复强调宪法是全国人民的行为标准，人人都有执法、宣法、维护宪法的责任。

李达也是应用马克思主义法学论证社会学的第一人，因篇幅关系，就不多介绍了。

三、杨秀峰的法学思想

杨秀峰（1897—1983），原名碧峰，字秀林，河北滦州人。早年留学法国，巴黎大学毕业。1930 年，杨秀峰在法国加入中国共产党，长期在教育界、文化界工作，曾在河北商学院、北京高等师范学校、东北大学任教，被誉为"红色教授"。中华人民共和国成立后，任华北人民政府主席，国家教育部部长、全国政协副主席和中国法学会会长。其法律思想和法制实践主要有：

1. 重视法学教育

杨秀峰在担任国家教育部部长期间，关心马克思主义法学教育。1952 年在杨秀峰任高等教育部副部长、党组书记期间，召开了"全国政法教育会议"，恢复了北大、武大、复旦、东大（吉大前身）的法律系，加强法科教育，促使全国法学教师增至 802 人，并培养了 371 名法学研究生。同时，教育部文件明文规定："讲授课程有法令者根据法令，无法令者根据政策"①，要求法学教育以马列主义、毛泽东思想为指导原则。

---

① 教育部《法学院、法律系课程草案》（1951 年）；转引自冀祥德：《中国特色社会主义法学教育模式的基本特征》，载《河北法学》2011 年第 12 期。

2. 主持中国法学会工作，使中国法学从"幼稚"走向繁荣

1981 年，杨秀峰任中国法学会筹备委员会主任，主持恢复重建工作。1982
年，正式成立中国法学会，任中国法学会首任会长。同年 12 月，中国法学会召
开"学习宣传新宪法座谈会"，杨秀峰作了"我国社会主义法制建设的新阶段"
的主题报告，并组织中国法学会深入学习宪法、宣传宪法，掀起了宪法研究的高
潮。1983 年，出席"马克思逝世一百周年纪念大会"，号召中国法学会成员坚持
马克思主义法学，繁荣中国法学。同年 5 月，他出席了国务院学位委员会和北京
市人民政府在人民大会堂召开的"博士和硕士学位授予大会"。同年 8 月，到中
国法学会看望工作者，要求法学会工作人员和法学家在政治上与中央保持一致，
法学研究工作实事求是，从实际出发，从群众出发。学会所办刊物，要从实际出
发，要有群众观点，要以人民利益为重。

3. 积极参与 1982 年宪法的起草工作

杨秀峰作为宪法修改委员会成员，认真阅读宪法中外文献，积极提出建议。
1982 年宪法既是对 1954 年宪法的继承与发展，又是改革开放的纲领性文件。事
后，他带领中国法学会的法学家们努力学习、认真宣传，使 1982 年宪法成为一
部治国安邦的总章程，成为中国人民在新征程上的根本大法。

4. 主持最高人民法院工作，不断创新发展

从 1965 年起，杨秀峰同志担任了最高人民法院院长一职。在"文化大革命"
期间，他积极主动抓人民调解工作，不仅批判了《河北日报》关于人民调解工作
的报道和社论，而且向国务院建议在工矿企业也建立人民调解组织，把人民调解
工作搞得有声有色，成为西方访华代表团重点参观与学习的场地。同时，他在全
国第七次司法工作会议上，正式提出了"依靠群众、调查研究、就地解决、调解
为主"的民事审判工作方针。不久，杨秀峰受到了造反派的迫害。

5. 积极参与立法工作

1978 年，杨秀峰被选为全国人大常委会委员，并出任全国人大法制委员会
副主任，先后参与了宪法、刑法、刑事诉讼法、婚姻法和律师暂行条例的起草工
作。他积极发言，提出了不少有价值的观点，在他的发言《谈谈加强社会主义法
制的几个问题》中指出："一是立法要守法；二是立法要以马列主义、毛泽东思
想为指导，以宪法为依据，在总结经验的基础上，结合我国实际情况反复论证；

三是必须加强司法机关的干部力量，培养政法人才；四是建议尽快制定人民律师制度的法律，建立一支人民律师队伍。"① 同时，他还认真参与了《中外合资经营企业法》《全国人民代表大会和地方各级人民代表大会选举法》《中华人民共和国环境保护法》（试行）的起草工作。特别是他还积极参与了设置广东和福建两省经济特区的决定，并直接作了对《广东省经济特区条例》的说明等。

杨秀峰是老一辈无产阶级革命家，也是老一辈无产阶级教育家，还是中国老一辈著名法学家，他的一生是革命的一生，他终身奋斗的事业是不朽的事业，他作为中国法学会的首任会长，为中国法学所做的贡献是具有开创性的。

四、彭真的法理思想

彭真（1902—1997），山西曲沃人。中国老一辈无产阶级革命家，长期领导新中国政法工作，一度担任全国人民代表大会常务委员会委员长。其主要法理学思想和立法思想有：

1. 关于社会主义法律的本质

彭真明确地指出："我们的法律是党和国家的方针、政策的定型化。法律是党领导制定的，但是，必须经过全国人民代表大会或全国人大常委会审议通过。法律一经通过、颁布，每个公民都要服从。党员服从法律，就是服从党的领导，就是服从全国人民。党领导人民制定法律，也领导人民遵守法律。"② 这段话是对社会主义法律本质的深刻揭露，有深刻的理论价值。

2. 管理国家要靠法治

彭真在《在中央政治局扩大会议上的发言》中指出："管理国家，靠人治还是靠法制？一定要靠法制。宪法是这么规定的，党章也是这么规定的。这是总结建国以来几十年正反两方面的经验教训得出的结论。党内、党外、干部、群众，人人都必须守法，必须依法办事。这是使国家长治久安，比较能经得起各种风险的一项根本保证。十一亿人的大国，没有法制，'和尚打伞，无法无天'，各行其

---

① 中国法学会董必武法学思想研究会编：《杨秀峰》，2012 年编印，第 229 页。
② 《彭真文选》，人民出版社 1991 年版，第 389 页。

是，那怎么行？岂不要天下大乱？"①

3. 坚持"公民在法律面前人人平等"

彭真在《公民在法律面前人人平等》一文中说："共产党员的义务之一是模范地遵守国家的法律，违反了国法，就是违反了党纪，危害了党的利益，所以，中国共产党明确地规定：对于因违反国法而受刑事处分的共产党员，是要开除党籍的。共产党员在遵守宪法和法律方面，是不能有任何例外、任何特殊的，如果硬要说有的话，那就是他们必须以身作则，成为守法的模范，并且团结群众为宪法和各种法律的实施而斗争。"②

4. 法院要坚持独立审判，只服从法律

彭真指出："法院实行独立审判制，检察机关实行垂直领导制……我们是共产党领导的国家，要坚持党的领导。党领导我们制定法律，党也领导我们贯彻与执行法律，党的领导并不影响独立审判。""坚持党的领导，还要依靠人民群众，走群众路线，接受群众的监督。"③

5. 坚持人民代表大会制度

彭真在谈到人大常委会工作时说："人民通过他们选出的代表组成全国人大和地方各级人大，行使管理国家的权力。人民代表大会制度是我们国家的根本政治制度。全国人大是最高国家权力机关，全国人大常委会是它的常设机关，国务院是它的执行机关，是最高国家行政机关，它统一领导地方各级政府的工作。""各级人大是国家权力机关，都由民主选举产生，对人民负责，受人民监督。""一句话，即人民经过他们的代表行使管理国家事务、管理经济和文化事业、管理社会事务的权力。"④

6. 长期参与国家立法工作

彭真运用马克思主义法学理论和中国特色社会主义法治理论，积极参与国家各项立法工作，如宪法草案、宪法修正草案、刑法、刑事诉讼法、经济合同法等的讨论、修改和通过，为中国特色社会主义法律体系的形成作了大量工作。特别

---

① 《彭真文选》，人民出版社1991年版，第663~664页。
② 《彭真文选》，人民出版社1991年版，第258页。
③ 《彭真文选》，人民出版社1991年版，第271页。
④ 《彭真文选》，人民出版社1991年版，第607、608页。

是从法理的高度解决了不少问题，如关于民法草案的讨论，有人提出：民法是私法的代表，甚至是万法之母等怪论。彭真对此作了正确的回答："总之，只有从我国实际情况出发，按照社会主义法制原则，制定出我国的民法，才能行得通。如果说什么是民法的母亲的话，就法律体系本身来说是宪法，但归根到底，还是中国的实际是母亲，九百六十万平方公里的十亿人民是母亲。"① 就是说，在现代文明中，绝大多数国家都认为宪法是母法，民法必须根据宪法规定而制定。

7. 坚持辩护制度

彭真说："有的法院同志认为，实行辩护制太麻烦。这种思想是错误的。从全国发生的错判数字可以看出，我们过去的审判工作并不很高明，实行辩护制度有利于避免错案。""死刑复核制的主要目的是为了慎重，因死者不能复生，所以案件终审后，被告人不上诉也要再行复核，以免发生错案。"②

五、沈钧儒的法学思想

沈钧儒（1875—1963），字秉甫，号衡山，浙江嘉兴人。进士出身，中国民主同盟第二任主席，中华人民共和国最高人民法院第一任院长。早年留学日本，法科专业。1912 年加入同盟会，民国初年任浙江省教育厅厅长，反对袁世凯称帝。在孙中山护法军政府中任总检察长。1924 年国民党改组后，拥护"三大政策"，中华人民共和国成立后，先后担任全国人民代表大会副委员长等职务。周恩来对沈老给予很高评价："沈老是民主人士左派的旗帜，他为民主主义，为社会主义奋斗到老。"③

1. 坚持真理，坚持爱国立场，坚持抗日斗争

1936 年国民党政府以"莫须有"的罪名，将沈钧儒与爱国人士七人逮捕入狱。沈钧儒在答辩书中，义正词严地指出："以被告等爱国之行为而诬为害，以救亡之呼吁而指为宣传违反三民主义之主义，实属颠倒是非，混淆黑白，摧

---

① 《彭真文选》，人民出版社 1991 年版，第 422～423 页。
② 《彭真文选》，人民出版社 1991 年版，第 270 页。
③ 《沈钧儒纪念集》，生活・读书・新知三联书店 1984 年版，第 72 页。

残法律之尊严，妄断历史之功罪。"① 这就是历史上有名的"七君子事件"。

2. 组织"抗战救亡总会"

1937 年抗战爆发后，沈钧儒与各党派组织"抗战救亡总会"，并担任主席，同时，创办《全民抗战》三日刊。同年 10 月，沈钧儒领导的救国会，接受中国共产党领导。在抗战中，他介绍并支助了很多青年前往解放区。

3. 提出"抗日、民主、团结三者不可分"的主张

沈钧儒坚持"以团结支持抗战，以民主巩固团结是目前救国的途径"的观点，在当时有较大的影响。

4. 拥护"土地改革"

1947 年我国在解放区实行"土地改革"，沈老表示坚决拥护，认为民主革命必须铲除反动派的经济基础，彻底摧毁和消灭封建土地制度，实现"耕者有其田"的革命主张。

5. 坚持依据马克思主义法学理论办事

沈钧儒在担任中华人民共和国成立后第一任最高法院院长期间，坚决贯彻执行《中共中央关于废除国民党的六法全书与确定解放区的司法原则的指示》，积极组织法院系统批判"国民党六法全书"，坚持依据马克思主义法学理论和党的政策，在有纲领、法律、法令的条件下，按纲领、法律、法令的规定办事，在没有纲领、法律、法令依据时，则按马克思主义法学理论和党的政策办事。并大力组织司法人员批判国民党"六法全书"的反动性和虚伪性，组织司法人员学习马克思主义法学理论。

6. 坚决拥护中国共产党的领导

1949 年元旦，毛主席发表"关于时局的说明"与和平谈判的"八项条件"，沈钧儒表示坚决拥护，认为这是中国人民的伟大胜利，是中华民族的伟大壮举，并代表民主同盟发言。不久，他作为民盟代表出席中国人民政治协商会议，并积极参与《中国人民政治协商会议共同纲领》的起草工作，在会上表示坚决拥护中国共产党的领导，坚决拥护共同纲领。

---

① 《沈钧儒纪念集》，生活·读书·新知三联书店 1984 年版，第 81~82 页。

六、谢觉哉的法理思想

谢觉哉（1884—1971），当代中国政治家和法学家。湖南宁乡人，早年参加革命，中华人民共和国成立后，历任内务部长、最高人民法院院长，其法理学思想主要有下列几点：

1. 坚决废除国民党"六法全书"，坚持马克思主义法学理论为人民民主法制指导原则

在中华人民共和国成立前夕，中国共产党颁布了《中共中央关于废除国民党的六法全书与确定解放区的司法原则的指示》，当时作为华北人民政府司法部长的谢觉哉，协助董必武同志在华北首先贯彻中央指示，坚决废除国民党"六法全书"，坚决执行马克思主义法学作为人民法制的指导原则，起了很好的带头作用和示范作用。

2. 主张法治

在 20 世纪 50 年代，谢觉哉当时作为国家内务部长和最高人民法院院长公开提出："我们不要资产阶级法治，我们确要我们的法治。"[1] 接着又在《人民法院工作报告》中说："消除人民意志中从旧社会遗留下来的一切落后的和污浊的影响，代之以新民主主义的法治观念和道德观念。"[2] 在 20 世纪 50 年代那个时候，作为老一辈的无产阶级革命家之一的谢觉哉能公开喊出"我们确要我们的法治"的呼声，这是何等难能可贵啊！

3. 一贯坚持"依法办事"

谢觉哉明确指出："没有法制就谈不上什么民主。"早在 20 世纪 40—50 年代，谢觉哉作为司法战线上的领导干部公开论述民主与法制的关系，并强调两者密不可分，这也是极为进步的、科学的法理思想。

4. 重视法学教育

---

[1]　韩述之主编：《中国社会科学争鸣大系》（政治学·法学卷），上海人民出版社 1951 年版，第 234 页。

[2]　韩述之主编：《中国社会科学争鸣大系》（政治学·法学卷），上海人民出版社 1951 年版，第 234 页。

作为 20 世纪 50—60 年代的内务部长和最高人民法院院长，十分重视法学教育工作，重视司法系统干部的高素质要求，大力发展"大学法学教育"，从 1953 年院系调整起，立即恢复和加强了大学法学教育，除健全四个政法学院外，还恢复了北京大学、武汉大学、复旦大学和吉林大学的法学院系。

5. 明确指出在对待法治问题时的不良倾向及其严重后果

谢觉哉与当时负责西北地区政法工作的马锡五同志共同指示：缺乏法治精神，乱捕、乱押、乱打、乱杀及仇杀、报复杀人现象，曾经发生和发展。因此，需要整顿社会秩序，特别是防止各种违法现象的发生。作为国家政法工作的领导人之一，能注重和防止这些违反法治的犯罪行为，这在 1949 年前后是值得重视和表彰、推广的行为。

七、韩德培的法理思想

韩德培（1911—2009），江苏如皋县人，中国著名的国际法学家、法学教育家，早年就读于浙江大学，后转入中央大学法律系，毕业后留学加拿大，受邀去美国哈佛大学做研究工作。1945 年，董必武出席联合国筹备委员会时，韩德培与董老有书信来往。回国后韩德培任武汉大学校务委员会副秘书长，法学院院长兼法律系主任。其主要学术贡献是国际法，特别是国际私法，同时，他对法理学也有重大贡献。

1. 主张法治

韩德培为中国法治建设贡献了毕生精力，专门撰写了《我们所需要的法治》。他首先指出，法治有两种表现形式：一是形式法治，二是实质法治。《我们所需要的法治》写于 1946 年 11 月，原载于《观察》第 1 卷第 10 期。他指出："法治更需要民主政治，因为没有民主政治，法治就要落空，而人们之利益便无法保障。我们今日所需要的法治，不但在形式上要做到'齐天下之动'，而在实质上尤其要做到使政府官吏尊重人民之正当利益，不得任意加以侵害，不能'高下其手，予夺由心'。"①

---

① 《观察》第 1 卷第 10 期，1946 年 11 月 2 日。

2. 批判庞德的社会法学派观点

庞德是20世纪40年代后，在西方法学中影响很大的法学家，他在哈佛大学法学院做过20年院长，其社会法学派观点几乎统治了整个西方法理学界。韩德培在哈佛大学做研究工作时，曾撰文批判庞德的主要法理学观点，认为应该平等地看待权利，同时，也要注重权利与义务的一致性，不能只讲权利，不讲义务。

3. 否认凯尔森的纯粹法学

凯尔森作为分析法学派的第二代人物，认为基本规范具有最高性。韩德培认为，基本法律规范是凯尔森杜撰的，是唯心的、主观的，法律规范只有同实践相结合才有价值。

4. 韩德培重视人权的理论建设与制度建构

韩德培与李龙共同主编的《人权的理论与实践》① 大型学术专著，曾受到高度评价，被称为"经典"，1998年被当时的国家教委评为人文社会科学研究成果一等奖。该书集中了许多著名的人权理论研究者，如徐显明、公丕祥等教授共同编写。

5. 重视教育特别是法学教育

韩德培曾担任过武汉大学教务长，1954年又兼任中南地区高等学校招生办公室主任。他一向重视教育，强调因人施教，尤其是对法学教育深有研究，先后发表过《要为法学上的"争鸣"创造条件》《让法学更进一步繁荣》《要创造必要的条件加强法学研究工作》《我们的战略应该是：一手抓教育 一手抓法制》等论文，并亲自在武汉大学创办了当年亚洲第一个国际法研究所。

6. 提倡"运用法律手段管理经济"

早在1985年，韩德培就发表了《运用法律手段管理经济》的著名论文，他首先指出了管理经济的重要手段，即行政、经济、法律三种手段。接着对法律手段作了科学的解释，他说："所谓法律手段，就是指利用法律的规定和执行来调整国家的各种经济关系和经济活动的一种方式、办法和途径。"又说："法律手段

---

① 《人权的理论与实践》一书约170万字，由武汉大学出版社1995年出版，韩德培任总主编，李龙任执行总主编，获高等学校人文社会科学研究成果一等奖。

在规范性、连续性、稳定性以及强制性方面，都比行政手段更强一些。"① 这个观点在当时具有开创性意义。他不仅在理论上提出和论证了法律手段管理经济的重大作用，而且在实践中还这样做了，他为国家解决了不少经济合同纠纷，曾被国务院聘为法律顾问，并因此受到过国务院的重奖和湖北省的特别奖。

7. 为武汉大学法学院的发展作出了重大贡献

武汉大学法学院历来就是中国法学院的重点院校，现为教育部、财政部、国家发展改革委确定的"双一流"大学，其法学院也是拥有法学"双一流"建设学科的五所法学院系之一。韩德培创立了武汉大学国际法与环境法两个研究所，并使之成为中国的重点学科和研究基地，并率领国际法专业获得两次国家级教学优秀成果一等奖。2015 年，武汉大学国际法研究所被中央批准为首批国家高端智库建设试点单位，在全国法学界起了示范作用。

在中华人民共和国成立初期和社会主义革命与建设时期，的确有不少法学家在人民民主法制建设中发挥了重大作用。本节介绍的法学家仅仅是指法理学方面的著名专家，至于其他方面的法学家还有不少，如国际法学家周鲠生、陈体强、李浩培、倪征燠，法理学方面还有张友渔、潘念之、史良、陈守一等。正是这些法学家为全面依法治国做了大量的奠基工作，并在外交上取得了一系列成功，如确立和平共处五项原则、恢复中华人民共和国的联合国合法席位等。同时，在20 世纪 50 年代，我们国家也培养了不少法学家，仅法理学方面并已经去世的法学家就有沈宗灵、孙国华、卢云、张浩、张泉林等。

---

① 韩德培：《运用法律手段管理经济》，载《武汉大学学报（社会科学版）》1985 年第5 期。

第十二章 改革开放 40 年来法理学的 伟大成就与战略谋划

第一节 光辉实践

党的十一届三中全会是中国历史上具有里程碑意义的大会，不仅迎来了改革开放的新局面，而且迎来了包括法理学在内法治建设的春天。回顾这不平凡的40 年法理学的发展历程，既充满了令人鼓舞的欢欣，也包含了激烈的思想斗争。在叙述这段历史之前，首先要解决一个思想认识问题，即 1949—1978 年与改革开放后 40 年之间的有机联系：应该说两者是相互联系的有机统一，没有 1949—1978 年社会主义建设的成就和对社会主义建设的艰难探索和奠基之功，便没有改革开放后 40 年举世瞩目的成就和改革开放带来的历史性巨大变革。当然，没有 1949—1978 年民主法制建设的可喜成就、艰难的反复探索和不断的经验总结，便不可能有改革开放后 40 年法治建设历史性的成就，更不会有人民对生活的幸福感、获得感、安全感。正因为有 1949—1978 年全国人民的可贵探索，当然更有改革开放后 40 年的艰苦奋斗，才有可能使中国人民从站起来到富起来再到强起来这样的历史过程，才有可能使法理学通过革命发展到繁荣的今天。以下分四个阶段来叙述改革开放 40 年来的法理学发展历程。

一、中国法理学的恢复发展阶段（1978—1992 年）

在恢复法理学学科中，北京大学法律系起了带头作用。它们重新编写了法理学教材，调整了教材结构体系，把"国家理论"从法理学中分离出来，而成为政治学的重要研究对象，使法理学的研究对象仅限于法律现象，并增写了法学的一般原理，特别是将过去从单纯历史发展规律，即纵向的角度来阐释法的发展规律与作用，改为与横向结合来论证法律有关问题，将过去的《马克思列宁主义关于国家与法权的理论》改为《国家与法的一般理论》，再改为《法学基础理论》。在这一改革过程中，对法理学中的若干重要问题进行了必要的甚至充分的讨论。

（一）关于人治与法治的讨论

这是在讨论民主与法制关系时引起的，通过大约两年时间的讨论，法理学界几乎形成了共识：民主是法制的基础和前提，而法制是对民主的确认与保障。民主是基础，是动力，也是前提，没有民主就不可能有法制，民主是源，法制是流；法制是对民主的确认与保障，既规定民主的内容、民主的原则和民主的方法，更主要的是保障民主的实行。后来，又有人提出，民主与法制的关系应该是互为基础的、相互保障的；民主如果离开法制，必然导致无政府主义，法制如果离开民主，就会导致专制主义，甚至个人崇拜；二者必须结合才能带来社会的兴旺和长治久安。

由民主与法制讨论的深化而引起了法理学界对人治与法治的讨论，严格地说，这是 1957 年那次民主与法制讨论的继续。尽管多数人主张法治，但少数人仍然认为人治是必要的，他们认为：法律是靠人去执行的，没有人，法治也执行不下去。其实，这种看法是一种误解。因为，法治的执行与法治本身是两回事，不能混为一谈。问题的要害在于，要弄清人治与法治的科学内涵。多数人认为，法治是规则之治，对事不对人，可以杜绝私情，杜绝因人而异，便于实现法律面前人人平等这个法治根本原则。再说，法治是良法之治，能顺应时代潮流，符合多数人的利益。至于人治，我国古语说得好：人治者，"为政在人也，其人存则其政举，其人亡则其政息"。人治强调个人的绝对权威，而法治是民主之治，多数人之治，无疑优于一人之治，何况它还能"把公权力关进制度的笼子里"，它强调法律权威。法治者，法律的统治也，法治是人民意志的集中表现，反映人民的根本利益。应该说，这次讨论，即 20 世纪 80 年代初那次讨论，还是初步的，因为当时还有部分人认为"还是提民主法制好"，可以避免争论，避免不必要的误会与不幸。尽管这些人的这种观点后来得到改正，他们进而也成为法治的支持者与拥护者，但在当时他们还是对"法治"二字心有余悸。当然，这场争论到20 世纪 90 年代已经得到较好解决，大家都一致认为法治好，但问题又转移到

"哪一种法治好"？尽管只有极少数人认为，西方法治有优越之处，但在这个阶段中多数人还是同意法治比人治好。中国需要什么样的法治，始终是中国法理学必须回答的问题，也是中国法理学不可回避的问题，它将贯穿中国法理学发展的全过程，因为帝国主义还在，西方法治理论的影响还在。这个问题在一定时间内将不能规避与消逝，但我们相信，有马克思主义法学理论，中国有特色社会主义法治理论将不断发展而成为严整的科学体系，任何其他干扰都无济于事，都必然被中国人民拒之于外。当然，西方法学也有某些合理之处，我们通过分析、批判之后是可以借鉴的，"洋为中用"同样也适用中国法理学。当然，其中"三权鼎立""两党轮流执政""司法独立"等西方法学的本质东西是绝对不能照搬的，因为它们与社会主义本质和中国国情是格格不入的。

（二）关于法的阶级性与社会性的讨论

这个问题的讨论持续了三四年，最终取得了"共识"，但过程也是艰难的。因为这个问题涉及对法的本质的认识。有人提出：强调法是统治阶级意志的体现，是"唯意志论"。多数人认为这个观点是片面的，因为这一说法早就有了，如"神的意志""统治阶级的意志"等，不是马克思主义法学的创造。更重要的是马克思主义法学在指出法是统治阶级意志的同时，明确提出了"这种意志的内容是由统治阶级的物质生活条件决定"，既指出了法的主观性，又指出了法的客观性，也就是法的两重性，重视法的规律性。

接着，唯意志论者又提出法的本质是社会性。这种观点也不全面，否认法的阶级性是不符合事实的，就拿美国来说，美国政府是垄断资本家的政府，从总统到国务卿、国防部长等主要官员，都是来自大资本家。他们退出"巴黎协定"废除医疗法案，没有半点社会性。当然，法律是有社会性的。法律有两个职能：一是政治职能；二是公共职能，即社会职能，两者统一，不可或缺，而政治职能是在执行社会职能中实现的，何况其强调政治职能的内容是由统治阶级的物质生活条件决定的。因此，任何类型的法律在本质上都是其阶级性与社会性的有机统一。

与此相联系，又提出社会性的含义问题。一种说法是指法的职能，即法必须有公共服务的职能；另一种说法是代表全社会的利益。毫无疑问，法律必须服务公共利益，必须维护公共秩序。因为这样做首先对统治阶级有利，可以更好地维护其统治秩序，如果它做不到这一点，那么其统治地位就不存在。社会主义法律是广大人民意志的体现，代表绝大多数人的利益，不忘初心就是共产党人不忘为人民谋福利，为中华民族谋复兴。在社会主义条件下，"人民对美好生活的向往，就是我们的奋斗目标"，这就是社会主义法的本质所在，也是其社会性所在。但这种社会性在阶级社会里，与阶级性是联系在一起的，两者是有机统一的。这里讲的法的社会性，既包括其公共服务的职能，又包括它代表绝大多数人的利益，它与社会主义法的政治职能是紧密结合的，社会主义法就是法的阶级性与社会性最好的结合，不能只看一面，而忽视其另一面。当然，法的社会性是其存在的基础，正如恩格斯早就提出的那样："政治统治到处都是以执行某种社会职能为基础的，而且政治统治只有在它执行了它的这种社会职能时才能持续下去。"① 当然，在我国，社会主义法律的社会性强调社会的公平正义，强调法治国家、法治政府、法治社会一体建设，在深化全面依法治国的实践中实现法的社会性与社会作用。同时，也不能忘记国际上还有帝国主义的存在，但要求合作共赢，与全世界人民同心协力，构建人类命运共同体，共同实现人类的共同理想。在利益交融、安危与共的当今世界，共同建设好地球村，使法的社会性在世界范围内发扬光大。

（三）关于"权利本位"问题的讨论

20 世纪 80 年代，随着民主法治的恢复，人们对权利义务日感兴趣，有一些人提出了"权利本位"问题。他们认为，在日常生活中权利始终是重要的，尤其在法律关系中权利是根本的，权利是第一性的，是义务存在的前提和根据，法律规定义务只是为了保障权利的实现。这一观点当时确实影响了一些人，但人们通过认真思考，特别是通过法律实践，认为这一观点是不当的。如果再带有一些偏见，这一观点容易引起社会混乱。尽管这并不是提出"权利本位"的初衷，但社会效果是不好的。因此，绝大多数人对"权利本位"持反对观点，甚至有人提出了"义务重点论"。

当然，这仅是思想认识的问题，但及时加以否定是非常必要的。我们认为"权利本位"至少在四个方面存在失误甚至错误。第一，马克思、恩格斯明确说

① 《马克思恩格斯选集》（第三卷），人民出版社 1995 年版，第 523 页。

过 "世上没有无义务的权利，也没有无权利的义务" ①。就是说，"权利本位"
与马克思主义是不一致的。第二，"权利本位" 这句话本身来源于资产阶级，是
"自由资本主义时期" 的法律本位的原话，尽管在反对义务本位时有一定作用，
但反映了资本家追逐利益最大化的理念，是地道的利己主义体现。第三，人是社
会中的人，既可以依法享有权利，也应该依法承担义务，而且人是作为社会这个
群体中的一员，应该对国家、对社会有一定的义务和责任，更何况是在社会主义
国家。第四，在实践中，这一观点也带来了不良后果，甚至容易引起社会混乱。
如在防洪中，军人、干部为减少人民损失而日夜奋斗，可有些人却站在旁边说风
凉话，或坐在那里打麻将，只享权利不尽义务，影响很坏。因此，绝大多数人都
强调权利义务一致性。何况，权利与义务的统一，是法学理论和法律关系的核心
问题。我们讲提高法治思维，首先就是提高权利义务一致性的认识和行动，只讲
权利，强调 "权利本位"，是与社会主义要求不一致的。可是，直到现在还有极
个别人在宣扬 "权利本位"，这显然与新时代的要求是相背的。在深化全面依法
治国的实践中，我们必须宣扬权利义务一致性，为中华民族的伟大复兴而共同努
力。

随着马克思主义法理学在中国的广泛传播，特别是在法治建设中权威地位的
确立与深入引导下，党和国家在中国特色社会主义法治道路中不断取得新胜利。
这主要包括：第一，制定和执行了中华人民共和国新宪法，即 1982 年宪法。它
是 1954 年宪法的继承与发展，是治国安邦的总章程；它不仅是改革开放的总纲
领，也是法治建设的最高法律依据。它公开宣布："全国各族人民、一切国家机
关和武装力量、各政党和各社会团体、各企业事业组织，都必须以宪法为根本的
活动准则，并且负有维护宪法尊严，保证宪法实施的职责。" 同时，又根据《宪
法》颁布了《刑法》《刑事诉讼法》《民法通则》《合同法》等一系列重要法律，
为法治建设的恢复与发展提供了法律依据。第二，在政治体制上进行了一些改
革，如设立了省、县人大常委会，扩大全国人大常委会职权，特别是废除了领导
干部的终身制。第三，2018 年，全国人大通过了《宪法修正案》，把习近平新时
代中国特色社会主义思想确定为指导思想；同时明确规定中国共产党的领导是中

---

① 《马克思恩格斯全集》（第十七卷），人民出版社 1963 年版，第 476 页。

国特色社会主义的本质特征，这就筑牢了中华民族伟大复兴的共同思想基础。第四，党组织必须在宪法与法律范围内活动，党的执政方式开始向规范化、制度化、法治化方向转变。第五，坚持和完善人民代表大会制度这个根本政治制度，坚持和完善中国共产党领导的多党合作与政治协商制度和民族区域自治制度这两个基本政治制度，使我国的政治生态更加文明，社会主义民主形式进一步扩大，使选举民主、协商民主、自治民主、谈判民主深得人心。就是说，中国法理学促进了法治建设，而法治建设又丰富了中国法理学。

（四）关于中国法学会的恢复重建

中国法理学的恢复发展的一件重大喜事，就是中国法学会的恢复与重建。因为这直接关系到中国法理学的发展，直接影响到中国法学的恢复与发展。中国法学会源于中华人民共和国成立初期由新法学研究会和新政治学研究会成立的中国政治法律学会，并由董必武同志担任会长，后因众所周知的原因而暂停工作。1979 年恢复中国政法学会，1980 年由杨秀峰同志主持，更名为中国法律学会，并成立筹备委员会。1982 年 7 月 22 日，正式成立（恢复重建）中国法学会，由杨秀峰同志任会长，张友渔等人任副会长，彭真出席开幕式并致辞，杨秀峰主持大会并讲话。7 月 23 日，邓小平同志接见了大会代表并合影留念。笔者有幸出席了成立大会，并参与会见、合影，至今留下了难忘的印象。

中国法学会恢复与重建后，立即组织各个学科研究会，并选举产生总干事。同时，法学会召开了几次大型研讨会，如在 20 世纪 80 年代初期的"关于民主与法制的研讨会"，达成了"民主是法制的基础，法制是民主的保障"的共识；又如"法律的作用"的讨论，分析了"法律纯阶级斗争工具"的观点，认为法律纯阶级斗争工具是"左"的思想在法律领域的反映。法律作为上层建筑的重要部分，其主要作用是为与其相适应的经济基础服务，在当时主要是为改革服务，为引导和保障经济基础的发展产生作用。纯阶级斗争工具显然是错误的，但法律无疑是要为政治服务的，它也是维护国家安定团结与社会治安的重要武器，忘记这一点也是片面的。

在 20 世纪 80 年代中后期，即 1987 年，中国法学会特地组织了学界第一次评奖活动，通过评审，并奖励一批优秀论文，事后汇集出版，书名为《中国法学文萃》，影响很大。可是很遗憾，法学会没有确认 1987 年这次得奖活动，应予以更正。

（五）关于法理学研究会的成立

1985 年，在中国法学会的指导和组织下，法理学研究会正式成立（当时为法学基础理论研究会），一致选举北京大学的沈宗灵教授为总干事，中国人民大学孙国华教授、中国政法大学（当时为北京政法学院）张浩教授、西南政法大学（当时为西南政法学院）卢云教授等人为副会长。在会上，再次讨论了"法的阶级性与社会性问题"。1987 年，在珠海召开了法理学第一次年会和学术研讨会，当地有关报纸还大力报道了这次会议的内容。与会学者一致表示要为中国法理学的繁荣作出贡献，坚持马克思主义法学，既要批判资产阶级自由化，也要否定"纯阶级斗争工具论"。

二、中国法理学的有序发展阶段（1992—2002 年）

1992 年，中国共产党召开了具有历史意义的第十五届全国代表大会，其重大功绩就在于它通过了"关于经济体制改革的决议"，正式宣布中国实行社会主义市场经济。鉴于法治建设作为上层建筑的重要组成部分，自然随着经济体制的转变而有了新的变化与发展。

（一）揭示了法治与改革的内在联系

法理学首先在理论上揭示了法治与改革的内在联系，提出和论证了"市场经济实质上就是法治经济"这一科学论断。中国法学会组织会员写论文，从几个方面回应了这个重大课题。首先，市场经济是一种商品交换经济，第一步是要用法律确认其交换产品的产权，即合法的所有权，否则便不可能进行交易。第二步就是兴办市场，规定交易规则，民法中的合同法就是专门调整商品交易中的各种规则与程序的。第三步就是合理、合法解决商品交换后因种种原因而引发的各种纠纷，如质量问题、运输问题、安装问题等，这就需要通过司法程序或仲裁来解决。市场经济中的每一步，都有权利保护问题、知识产权的问题、人格权保护问题等。因此，作为基本法律的民法，便成为权利保障法。当然，还有更大的法律体系，即以宪法为核心的，包括民法、刑法、社会法等法律部门在内的庞大的法律体系。它们以维护社会公平正义，保障公民各项政治权利、财产权利和人身权利为价值取向，从而维护国家的长治久安，保障人权。这就是说，法治为市场经济开辟了广阔的道路，进一步促进了法学特别是法理学的发展。

（二）确定依法治国的方针

在 1997 年党的第十五次全国代表大会上，确定以"依法治国，建设社会主义法治国家"为治国理政的基本方略。这是中华民族的伟大创举，也是改革开放过程中的伟大创举。它不仅科学回答了市场经济建设中的重大问题，而且全面科学地回应了中国特色社会主义民主政治建设中的重大问题，促使党的十一届三中全会以来在实践中形成的中国特色社会主义道路更加顺应时代潮流、合乎民意、符合国情，进一步得到人民的拥护和国际上的赞许。那么，什么是依法治国呢？那就是：广大人民群众在党的领导下，依据宪法和法律规定，通过各种途径和形式，管理国家事务，管理经济文化事业，管理社会事务，要使这种民主与制度规范化、法律化，不因领导人改变而改变、不因领导人的看法与注意力的改变而改变。就是说，要强调法律的权威，突出以人民为中心，因为法律就是人民意志的体现，就是人民利益的集中表现，而其核心就是坚持党的领导。因此，党的十五大报告引导了中国法理学的进一步发展。

（三）坚持走社会主义法治道路

党的领导、社会主义制度、中国特色社会主义法治理论是社会主义法治道路的核心要义。必须立足中国国情，反对"全盘西化"，反对"三权分立"。在立法上要民主立法、科学立法、依法立法，反对"法律移植"，不能当西方法律的"搬运工"，不能全文照抄。当然，对其中某些合理因素，经过分析、批判，可以合理借鉴。在执法上，要严格做到"有法必依、执法必严、违法必究"，坚持法律面前人人平等。在司法上，要坚持依法独立行使审判权、检察权，反对行政机关、社会团体与组织以及个人的干涉。就是说，为了坚持和贯彻依法治国，必须将法理与实践相结合，把依法治国这一基本方略落实到立法、执法、司法、守法的各个环节，落实到各个基层，从而促进法理学向更高层次发展，使中国特色社会主义法治理论这一中国法理学的根本，在神州大地上生根和开花结果。

但重点是如何正确认识与对待"法律移植"问题。毫无疑问，法学的发展存在一个对中国古代本土资源与人类法治文明（包括西方法学在内）的继承和借鉴问题，但这种继承是有原则的，那就是"古为今用"与"洋为中用"，就是要经过分析继承和借鉴其中的精华，同时必须抛弃其糟粕，不能"全盘照搬"。因此，

"法律移植"对不同历史类型的法律来说是不可取的，我们绝不能当西方法学的"搬运工"。当然，对其中某些规范，特别是其中有利于社会发展、有利于提高人民生活的规范是可以继承和借鉴的，严格地说这不是继承中国古代法学与西方法学的问题，而是弘扬人类法治文明的问题。这里无疑要区分法学中的精华与糟粕；还要考察是否适合中国的国情。这一点法学界经过讨论后是比较明确的，特别是全国人大及其常委会在立法中是非常重视的。正因为如此，中国特色社会主义法治道路才会越走越宽广。

正因为中国法理学在改革开放以来不断取得的历史性成就，才使中国法学发展得越来越成熟。过去中国法学在国际上"取经"的较多，现在外国法学界来中国"取经"的也不少。正是在那个年代，我国与美国、欧盟、东南亚，当然也包括俄罗斯在内的苏联解体后的独联体国家交流频繁。中国人民大学在中国法学会的支持下先后召开了几次世界各国与地区的法学院院长研讨会。同时，在国际法哲学与社会哲学大会上，在世界刑法学会和世界反贪污大会上，不仅有中国法学代表，而且还有中国代表在大会上发言交流，还有中国代表担任副会长、常务理事和理事等职务。就是说，中国法学不仅在国际舞台上有一席之地，而且正如中国作为安理会常任理事国一样发挥着重要的作用。

（四）对世界人权事业作出了巨大贡献

中国共产党和中国人民历来重视人权问题，早在 1921 年就在《中国共产党纲领》中提到了人权问题，并在中国根据地颁布了保障人权的法令和措施。中华人民共和国成立后，在宪法的"公民的基本权利和义务"部分中充分确认了中国公民的政治权利和自由，规定了对公民财产权的保护。自 20 世纪 80 年代中后期以来，就公开掀起了研究和保障人权的理论与实践高潮。国家为此发表了人权保障白皮书，积极参加国际人权保护，并在人权理论上作出了巨大贡献：（1）强调生存权与发展权是基本人权，并得到世界各国特别是发展中国家的赞成与支持；（2）提出考察一个国家的人权状况必须与该国的政治、经济及文化传统相适应，反对西方国家以人权为借口干涉他国内政；（3）主张个体人权与集体人权相结合，突出了发展中国家的环境权、发展权与和平权；（4）积极参与国际人权活动，多次担任联合国人权委员会的理事和负责人；（5）多次召开"南南人权论坛"，力主发展中国家在人权问题上的发言权；（6）加强与各国的人权对话，宣传中国特色人权理论。

（五）有利促进了社会主义立法的发展

到世纪之交，我国立法体系的基本框架已经初步建立，特别是在社会立法、民事立法上有了长足的进步。通过法理学的深化，我国将立法重点转到民事、经济、社会立法上来，为中国特色社会主义法律体系的基本框架奠定了基础。立法的发展，又促进了我国对环境法、食品卫生法、劳动法和民法典的研究。从论文统计上看，有关民法的论文逐步增长，上升到法学论文总数的第二甚至第一的位置，并将经济法研究会从民法研究会中分离出来，还成立了环境法研究会、劳动法研究会、社会法研究会等，使中国法学的研究范围越来越广泛，特别是与立法机关的联系越来越密切。

三、中国法理学的深入发展阶段（2002—2012 年）

法理学的深入发展阶段，需要回应的实践问题越来越多、越来越重要。在依法治国的历史进程中，党的执政方式问题和法治化问题日益突出。在 2002 年召开的中国共产党第十六次全国代表大会回应了依法执政这个重大的理论与实践问题。法理学界认真学习与研究依法执政的有关问题：（1）依法执政的内容，即中国共产党依法领导立法、保证执法、支持司法、带头守法。（2）执法主体的问题，有两种意见：一种认为，依法执政的主体是中国共产党，担任政府领导职务的干部必须按照党的路线、方针和政策进行工作；另一种认为，依法执政的主体是担任政府领导职务的个人。很显然，第一种意见是正确的，因为"执政党"这个名词已经表明执政的主体是党而不是个人。事实上，任何违背执政党政策的个人，党可以通过合法的法定程序撤换其职务。这一点几乎是国际上的共识，何况是纪律严明的中国共产党，任何党员都必须服从党的决定。（3）依法执政的能力。这是在第十六届四中全会上明确提到的问题，要求每个党员特别是担任政府职务的党员，既要提高自己的政治水平，又要不断提高业务水平，要通过学习努力提高法治思维与法治方式的水平，同时要精通自己主管部门的业务知识。就是说，党派往政府的领导干部，要有领导能力、组织能力、沟通能力、业务能力，掌握现代科学知识、互联网知识和大数据运用能力。

在这一阶段，法理学另一个问题就是从理论与实践相结合上，认识和践行中国特色社会主义法律体系。科学的法律体系，不仅是法治的基础，而且是一个国家必须解决的问题。在苏联建立社会主义国家的初期，列宁就强调法制的统一，要求建立一个和谐的、协调的法律体系。我们国家对这一点非常重视。在十六大报告中就强调了建立社会主义法律体系问题，明确指出到 2010 年形成中国特色社会主义法律体系的历史任务。通过法学界与法律界，特别是全国人大及其常委会的努力，终于到 2010 年基本完成了法律体系的构建。这个法律体系共分七个部门，即宪法及宪法相关法、民商法、行政法、经济法、社会法、刑法、诉讼法和非诉讼程序法。在法律体系的构建中，有个问题引起了法学界的关注，特别是民法、宪法和法理学界的讨论。毫无疑问，在市场经济条件下，制定《民法总则》和民法编纂工作意义重大，是完善社会主义法律体系的必由之路，是充分发挥法律体系在依法治国中的特殊功能的重大举措。但是，任何问题都要有个界限。可是，有个别学者提出和沿用"民法是万法之母"观点，企图把民法提高到根本法的地位，与宪法平起平坐。这一观点显然有损法制统一，事实上，这一观点起源于古罗马法。当时的五大法学家之一的盖尤斯把罗马法分为两类：公法与私法，公法代表国家利益，私法代表个人利益，目的在于引导人民学习罗马法。这一点后来被另一个五大法学家之一的民法学家乌尔比安所沿用，并写进了著名的《国法大全》的组成部分《法学阶梯》这一著作中。但后来在欧洲古罗马法复兴期间，这一观点被欧洲法学界所误解，并确定法律体系为公法与私法，流传"民法是万法之母"这一个在当时是符合实际情况的法谚。可是，自法国法学家布丹出版《国家论六卷》一书和在资产阶级夺取政权相继颁布宪法后，公认宪法是根本法，是法律之母，具有最高法律效力，各国相继形成了以宪法为核心的法律体系，并在世界范围得到了公认。因此，在宪法业已成为法律之母或"法律的法律"（马克思语）的历史条件下，再宣扬民法是万法之母，民法与宪法并列，各自代表私法与公法等观点是不合时宜的。这有损国家法制统一，不应提倡，也不符合中国实际情况，更不符合"依宪治国"的理论。法律体系的问题极为重要，必须以宪法为核心，这是一个重要的法治原则，不能任意更改，更不能乱用。当然，我们绝没有贬低民法的意思，而是把民法置于以宪法为核心的法律体系之中，发挥其引导和促进市场经济和保障人身权利、人格权利、财产权利等权利的实现，起到"权利保障法""市场促进法"这一特殊作用。

在法理学深入发展的进程中，法学指导思想的斗争越来越明显地公开化，极少数资产阶级自由化的狂热者抛出了所谓"零八宪章"，毫不含糊赞扬"三权分立"思想，这是与中国国情完全对立的资产阶级原则。很显然，对"三权分立"进行科学的分析与否定，使之成为法理学和整个法学界乃至整个政治思想界的一个重要任务，也是马克思主义法理学应该弄清的问题。当然，在17—18世纪的初期，新兴资产阶级为了反对封建专制与神权政治，他们提出了"三权分立"思想，经过洛克、孟德斯鸠、卢梭以及汉密尔顿等人的宣扬和传播，很快成为资产阶级革命的重要武器，在推翻封建制度上起过进步作用，甚至在建立新的资产阶级政权初期调整其内部矛盾时也发挥过作用。但是，当资本主义政权巩固后，"三权分立"越来越不合时宜，成为资产阶级各集团及其政党相互勾心斗角的工具，他们相互倾轧，演出了一幕幕丑剧，造成社会分裂。就是说"三权分立"对社会进步已经明显起了阻碍作用。更重要的是，它已经是资产阶级欺骗人民的遮羞布——所谓的人民主权已经完全消失，人民仅存有每四年或五年一次的投票权利，投票之后，一切权力就归政府了。很显然，这种"三权分立"原则早已不适应中国共产党领导的多党合作与政治协商制度。它从根本上否定了人民当家作主的政权原则，否定了人民代表大会制度这个根本政治制度，否定了中国共产党领导的多党合作制度。这就是说，搞"三权分立"中国人民根本不会答应，中国法理学界必须反对"三权分立"。

法理学的深入发展对法学教育提出了更高的要求，促进了法学教育的发展，到21世纪初期已有300多家高等院校兴办了法学专业，一度出现法科毕业生"过剩"和"极缺"并存的情况，一是有些毕业生不愿意去西部地区工作，二是有些政法干部转到律师行业。于是，党和国家大力加强对高等政法院校的深入改革，并采取了一系列措施：（1）兴办"法律硕士专业学位"。这是合理借鉴外国培养法律人才的经验，并结合中国实际情况，立足中国国情采取的一项重要举措。在20世纪末开始试点，21世纪初逐步扩张，效果良好，"法硕"普遍受到欢迎，使我国"法学职业共同体"正式形成。以中国政法大学为例，2005年成立法律硕士学院，从1996年开始至2005年，共招收法律硕士研究生2261人。（2）实施了"卓越法律人才培养计划"，其培养目标是"适应多样化法律职业的要求，坚持厚基础、宽口径，强化法律职业伦理教育，强化对学生法律实务能力的培养，提高学生运用法学与其他学科解决实务的能力，促进法律职业教育与素质教育的衔接，培养高质量、高品德、高素质、高层次的法律人才"。为提倡高等政法院校与实践法律部门的联系，可以互派人员相互担任教师（这一措施后来演变成为"双千计划"，即各派一千人在全国范围内交流）。（3）相继在法学教育实施了"211 工程""985 工程""2011 计划"，并相继授予文科重点学科的建设计划，以及重点学科评估工作，从而大大提高了法学教育的质量，使一批改革开放以来培养的法科人才进入了国家的领导岗位，有的已担任国家领导人，其中包括国家主席、国务院总理、各部部长和最高人民法院院长、最高人民检察院检察长。可以毫不夸张地说，我国法学教育人才荟萃，法理学在其中起了重要作用。

四、中国法理学的繁荣发展阶段（2012 年至今）

2012 年中国共产党第十八次全国代表大会的胜利召开，开启了中国特色社会主义新时代，中国法学也随之步入繁荣发展的新阶段。

（一）全面推进依法治国

在十八大的报告中明确宣布"全面依法治国"，接着在十八届四中全会通过了《中共中央关于全面推进依法治国若干重大问题的决定》，五中全会又把全面依法治国作为党与国家的战略布局"四个全面"的重要部分，从而使"全面依法治国"不仅成为治国理政的基本方式，而且成为全党、全国、全军和全国人民共同为之奋斗的战略部署。这就为依法治国提供理论支撑的中国法理学提出了光荣而艰巨的政治任务和历史使命。

1. 全面依法治国的科学内涵

全面依法治国是一项伟大的系统工程，是政治体制的一项重大变革，我们应当把握"全面""推进""加快"这三个关键词的时代含义。其中，全面就是要面面俱到，而不能片面执行；要整体、系统、统一，而不要对立、分散和局部，要统筹考虑法治建设的内部要素与外部要素，使依法治国基本方略得到全面有效的推进，将依法治国推向更高、更深入的阶段。其基本内涵有：

第一，党的领导、人民当家作主是全面依法治国的总原则。"三者统一"是马克思主义中国化的重大成果，也是"中国方案"的基本经验，更是全面依法治国的总原则。第一，党的领导是中国特色社会主义最本质的特征，是全面依法治国最根本的特征。坚持党的领导是历史的选择，是人民的选择，是当代中国的现实选择，是实现人民当家作主和全面依法治国的必然要求。第二，依法执政是全面依法治国的总方针。习近平总书记明确指出："依法执政是依法治国的关键"①，"依法执政，既要求党依据宪法法律治国理政，也要求党依据党内法规管党治党"，"把依法治国基本方略同依法执政基本方式统一起来，把党总揽全局、协调各方同人大、政府、政协、审判机关、检察机关依法依章程履行职能、开展工作统一起来，把党领导人民制定和实施宪法法律同党坚持在宪法法律范围内活动统一起来"。② 第三，全面依法治国的总目标是建设中国特色社会主义法治体系，建设社会主义法治国家。具体说，就是"在中国共产党领导下，坚持中国特色社会主义制度，贯彻中国特色社会主义法治理论，形成完备的法律规范体系"③。坚持依法治国、依规治党、公正司法、全民守法，促进国家治理体系与治理能力现代化。第四，以人民为中心是全面依法治国的总要求。以人民为中心，为人民服务，这是党和国家的根本要求，是一切党政机关活动的出发点与归宿，是党的初心和国家的宗旨。人民，只有人民才是历史发展的动力，人民当家作主是国家的本质。因此，全面依法治国的一切活动，都要围绕以人民为中心这个根本理念与方向。第五，坚持中国特色社会主义法治道路，是全面依法治国的总方向。道路问题是方向问题，自十一届三中全会以来，在实践中形成的中国特色社会主义法治道路立足国情，顺应潮流、合乎民意，是绝对不能违背的，不仅要坚持与遵循，还要使其不断完善。第六，尊重与保障人权是全面依法治国的总价值。习近平总书记在给人权研究会三份贺信中已深刻揭示了中国特色人权发展道路，那就是贯彻以人民为中心的发展理念，以增进人民福祉，保障人民权益为出发点与落脚点，以尊重与保障人权为价值取向，并在此基础上，团结世界人民构建人类命运共同体。第七，控制公权力，把公权力关进制度的笼子里，反对腐

---

① 《中共中央关于全面推进依法治国若干重大问题的决定》，人民出版社 2014 年版，第33 页。

② 《中共中央关于全面推进依法治国若干重大问题的决定》，人民出版社 2014 年版，第5 页。

③ 《中共中央关于全面推进依法治国若干重大问题的决定》，人民出版社 2014 年版，第4 页。

败，建立廉洁政府，做到法定职权必可为，法无授权不可为，形成风清气正的良好政治生态。这七个方面是统一的整体，共同构成全面依法治国的科学内涵。

2. 全面依法治国的指导思想

习近平有关全面依法治国的观点是对马克思列宁主义、毛泽东思想、邓小平理论、"三个代表"重要思想、科学发展观的继承与发展，是马克思主义中国化最新成果，是中国特色社会主义理论体系的重要组成部分，是党和人民实践经验和集体智慧的结晶，是全党全国人民为实现中华民族伟大复兴而奋斗的行动指南，必须在全面依法治国的实践中长期坚持和不断发展。

习近平有关全面依法治国的观点内容丰富，博大精深，涉及法治中国的各个领域与方面，要求坚持依法治国、依法执政、依法行政共同推进，坚持法治国家、法治政府、法治社会一并建设，坚持依法治国与以德治国互相结合，依法治国和依规治党的有机统一，深化司法体制改革，提高全民族法制素质与道德素质。综合起来，具有如下基本特征：第一，传承与创新相结合，以创新为本；第二，基层探索与顶层设计相结合，以顶层设计为本；第三，治标与治本相结合，以治本为本；第四，依法治军与军民融合相结合，以军民融合为本；第五，"一国两制"与祖国统一相结合，以祖国统一为本；第六，国内法治与国际法治相结合，以构建人类命运共同体为本。当然，最根本的是加强党对全面依法治国的领导。要认真学习和贯彻习近平总书记在中央全面依法治国委员会上先后两次讲话中的十条金句。这是全面依法治国的根本遵循，必须长期坚持，不断丰富发展。

3. 全面依法治国与国家治理现代化的关系

国家治理现代化是现代文明的重要标志。国家治理与全面依法治国有极为紧密的相互关系，既相互依存，又相互促进。首先，全面依法治国是国家治理的重要形式和基本原则。纵观历史与现状，国家治理现代化的形式，即法学界常说的国家治理现代化的四个维度，即自治、共治、善治和法治，其中，法治是基本形式，并且是自治、共治和善治的基本原则。就是说，国家治理现代化必须以法治为基础与原则，离开法治便没有国家治理的必要与可能。其次，国家治理现代化是全面依法治国的必然要求与发展趋势。因为全面依法治国必须在实践中深化，必须随时代而演进，治国方式必须现代化，必须变过去的管理为治理。因为管理是一种上对下的关系，既不能互相监督，又不能相互帮助。在现代复杂和精密的相互关系中，治理者与群众必须平等相待，互敬互助，而不是简单的服从与被服从关系。法律面前人人平等正是法治的要旨，法治要求群众发挥更活泼的创造力，这些正是国家治理现代化必然带来的积极改变。

国家治理现代化有一个矛盾问题，那就是善治与治理的关系。在法学界有两种看法：一种认为，善治等于法治加良法；另一种认为，善治与法治是两个学科的相同学术话语。其实，法治在政治学中，其含义与善治几乎一致，善治与法治在法学中几乎就是同义词。因为善治的要素其实都包含在法治之中，如良法、公开、文明等。在全面依法治国中，不能再弄一个凌驾于法治之上的善治，这样就有违全面依法治国这个命题，有违党和国家的重大决策。因此，我们必须把善治与法治统一起来，把两者统一于依法治国的方式中。当然，两者也是有一定区别的，但那不是根本的，只是两个学科在学术话语中的区别而已，毫不影响我国实行全面依法治国这一历史进程。

4. 全面深化改革与全面依法治国的关系

改革与发展是当代中国两大时代主题，也是党和国家统一推进的"四个全面"战略布局的重要组成部分，两者关系十分密切。正如习近平总书记所评论的那样：犹如鸟之两翼、车之两轮，共同构成发展的基本方向和民族复兴的顶层设计，标志着中国人民治国理政进入了法治化的新境界。

我们知道，改革有两种性质的形式，一种是制度改革，指由一种社会制度向另一种社会制度的转变，如中国古代的商鞅变法、日本近代的明治维新；另一种是体制改革，指现有社会制度的自我完善，我国现行改革，就是体制改革，特别是指社会主义制度的自我完善。前一种意味着法律制度改革，即法律的立、改、废、释同时进行；后一种必须在宪法和法律范围内进行，要做到一切改革于法有据。如果法律没有明文规定，必须制定新法，先试点再全面执行。我国现行的全面深化改革就必须在全面依法治国的轨道上进行。如我国在各级人大设立监察委员会，就必须先制定监察法，然后再根据监察法的规定正式设立各级监察委员会。我们必须否定"良性违宪"的观点，必须维护宪法法律的权威。全面依法治国毫无疑问首先要尊重和服从宪法和法律，要严格坚持和推行法律合宪性审查。党的十九大正式宣布成立中央全面依法治国领导小组，加强对法治中国建设的统一领导。加强宪法实施监督，推进合宪性审查工作，维护宪法权威。推进科学立法、民主立法、依法立法，以良法促进社会发展，在全国范围树立党的事业至上、人民利益至上、宪法至上，法律面前人人平等的法治理念，保障全面深化改革的顺利进行。

（二）健全人民当家作主的制度体系

1. 加强人民当家作主的制度保障

我国《宪法》第 2 条明确规定：中华人民共和国的一切权力属于人民。这就是说，人民当家作主是社会主义的本质要求，是中华人民共和国的国体，人民代表大会制度则是我们国家的政体，即政权的组织形式。坚持党的领导、人民当家作主和依法治国的统一的根本政治制度安排，并且有四种民主形式，即选举民主、协商民主、自治民主和谈判民主，前两种是人民当家作主的主要形式和制度。完善选举民主，坚持和保障通过人民代表大会行使国家权力，发挥人大常委会在立法工作和监督工作中的特殊作用，健全人大常委会的组织和工作制度，依法行使宪法赋予的立法权、监督权、决定权和任命权，更好地发挥人民代表人民选、选好代表为人民的职责。

2. 发挥协商民主的重要作用

有事好商量，众人的事由众人商量，这是人民民主的真谛。共产党领导的多党合作与政治协商民主是中国特色社会主义民主的重要形式，要进一步加强与完善，要按照党的章程和中共中央《关于加强新时代人民政协的建设工作的若干意见》，实现政治协商民主的制度化、规范化、多样化，把协商民主贯穿于政治协商、民主监督、参政议政的全过程，完善协商民主的形式与过程，促进共识、促使团结，共同为实现中华民族的伟大复兴而奋斗。

当然，健全人民当家作主的制度体系，还包括巩固与发展爱国统一战线、深化国家机构的改革、深化依法治国的实践、建设法治政府等各项工作，在新时代新征程中作出新贡献。

（三）司法成为维护社会公平正义的最后一道防线

法治是正义之治，法学是正义之学，这是人类法治文明的共识，尤其是在我国实行全面依法治国的实践中，公平正义是党和国家追求的十分崇高的价值目标。因此，习近平总书记反复强调："努力让人民群众在每一个司法案件中都能感受到公平正义，决不能让不公正的审判伤害人民群众感情、损害人民群众利益。"司法必须追求公平正义，保护人民利益，使正义得以伸张，使法治得以张扬。

培根有句名言："一次不公正的审判，其恶果甚至超过十次犯罪。因为犯罪虽是无视法律——好比污染了水流，而不公正的审判则毁坏法律——好比污染了水源。"① 这句话很深刻，值得我们借鉴。可以肯定的是，中国司法制度必然借鉴人类优秀的法治文明而走向更高的法治境界。在全面依法治国的过程中，我们认真进行了司法体制改革，坚持以审判为中心的诉讼制度的改革；及时复查了一批案件，释放了一些证据不足案件的犯罪嫌疑人，平反了冤假错案，使正义得到伸张，使受冤者得以释放、得以抚慰，不仅使当事人获得了自由，而且弘扬了全社会公平正义。

公正司法是法治的重要组成部分，直接关系到人民生存与财产的安全，直接关系到社会公平正义，是法理学在全面依法治国实践中的重点，法理学界极为关注，认真调研。中共中央为此召开了十八届四中全会，对司法体制进行了改革，提出了 198 项改革措施，将中国特色社会主义司法制度推到了一个崭新的阶段。

（四）维护中央对港澳的全面管治权和保障特别行政区的高度自治权的有机结合，是实现"一国两制"的最佳方案

香港、澳门回归祖国，是中华民族伟大复兴的重大创举，为国际上解决历史遗留问题提供了典型的范例。二十多年了，不仅维护了香港的稳定与繁荣，而且促进了澳门的发展与进步，显示了"一国两制"方针的正确性。历史证明，实行中央对特别行政区的全面管治和保障特别行政区的高度自治有机结合，是实现"一国两制"的最佳方案，能确保"一国两制"方针不会变、不动摇，确保"一国两制"在实践中不变形、不走样。

法学界对"一国两制"完全拥护，除培养"一国两制"的法律人才外，还从理论上对"一国两制"方针，特别是中央对特别行政区的全面管治权和特别行政区的高度自治权作了深入的探讨。法学界一致认为，全面管治权是国家主权的重要标志和体现。国家主权是从 1886 年法国学者布丹在《国家论六卷》中提出

---

① 转引自《中共中央关于全面推进依法治国若干重大问题的决定》，人民出版社 2014年版，第 55 页。

的，后在世界范围内反复实践并在理论上得到提升。国家主权至高无上，不可侵犯、不可转让、不可分割；主权对内具有权威性，对外具有排他性，具体表现为：独立权、平等权、自卫权和管辖权。香港和澳门的回归，既是领土回归，更是主权回归，而不是什么"主权换治权"。因为中华人民共和国毫无疑问对香港与澳门具有主权，全面管治权就是行使主权的主要内容和具体表现，是中华人民共和国赋予的权力，是全国人民代表大会制定与通过的《香港特别行政区基本法》与《澳门特别行政区基本法》正式确认的权力，是特别行政区宪制原则的主要内容。事实上，为了保障全面管治权的形式，香港与澳门特别行政区做了大量准备工作：（1）确定了香港、澳门特别行政区的宪法基础。先后在《中华人民共和国宪法》《香港特别行政区基本法》《澳门特别行政区基本法》中作出了明确规定，如《宪法》第 21 条、第 62 条、第 67 条有关设立特别行政区、中央决定特别行政区的设立及其制度、确定全国人大常委会对法律的解释权的规定。同时，由全国人大制定的香港、澳门基本法具体对香港政府的组建与管理以及法律实施等问题作出明确规定。（2）任命特别行政区行政长官。行政长官必须对中央负责，并定期报告工作。行政长官由中央授权对特别行政区依法实行管辖。同时，组建了特别行政区的政权机关。（3）中央授权支持和指导特别行政区长官和政府依法执政，任命由行政长官提名的特别行政区高级官员、立法会主任、终审法院院长，并主持特别行政区行政长官与中央任命的官员宣誓就职，国家领导人员就贯彻特别行政区基本法有关情况对行政长官与其他官员予以指导。中央政府设立港澳办公室作为国务院处理港澳事务的办事机构，负责贯彻执行"一国两制"方针政策和中央有关指示，并承担与特别行政区工作有关的职责。（4）设立中央人民政府驻港（澳）特派员公署和香港、澳门驻军，促进与内地各领域的交流与合作，联系港（澳）社会有关人士以及处理涉台有关事务。（5）中央负责处理特别行政区有关的外交事务。（6）中央负责处理特别行政区的防务。（7）行使宪法赋予和特别行政区基本法确认的全国人大常委会的职务权，其中包括：第一，对港澳特别行政区立法机关通过的法律予以备案、审查；第二，对特别行政区基本法附件三所列的在特别行政区实行的全国性法律作出增减决定；第三，对特别行政区作出新的授权；第四，对港澳基本法作出解释；第五，对特别行政区政制发展问题作出决定；第六，对特别行政区终审法院的法官和高级法院的法官任命和免职进行备案等。

全面管治权是由中央政府行使的，它与特别行政区高度自治权的关系十分明确：特别行政区的高度自治权是中央授予的，中央与特别行政区的关系是中央与地方的上下级关系，这里不存在什么"剩余权力"，如果有，那也是中央所固有的，因为中华人民共和国是单一制国家；这里也不存在权力划分问题，特别行政区的一切权力都是中央授予的，授予多少就存在多少，在这个基础上特别行政区的高度自治权也是广泛的。这里以香港特别行政区为例：

第一，特别行政区保持原有资本主义制度和生活方式不变，法律基本不变。特别行政区依法保护私有财产权，保护自由港和单独关税区地位，保持财政独立和税收政策，自行制定经贸、金融和科教文卫政策。第二，根据香港基本法和全国人大常委会关于处理原有法律的决定，即普通法、衡平法、有关条例，依据立法和习惯，除与香港基本法相抵触或特别行政区立法机关作出修改的内容外，予以保留。第三，香港特别行政区根据《中华人民共和国宪法》与《香港特别行政区基本法》实行高度自治，充分行使管理权、立法权、独立司法权和终审权。第四，香港特别行政区长官是特别行政区的首长，代表香港特别行政区，既对中央政府负责、报告工作，又对香港特别行政区负责。第五，香港特别行政区立法会是该区的立法机关，可以根据基本法规定，制定民事、刑事、商事和诉讼程序等方面的法律。立法会制定的法律须报全国人大常委会备案。第六，香港特别行政区的审判机关，依法独立行使审判权，其设立的终审法院行使特别行政区的司法终审权，但对特别行政区内的国防和外交等国家行为无管辖权。

实践证明，实行中央对香港、澳门特别行政区的全面管治权与中央授权特别行政区的高度自治权的有机结合，是全面实现"一国两制"方针的最佳方案，是正确认识"一国两制"关系中"一国"是"本"的思想基础。只有维护中央的"全面管治权"，才能保障"一国"这个根本，同时，也只有实行中央的全面管治权和中央授予特别行政区高度自治权的有机结合，才能维护特区的稳定与繁荣。实践已经充分证明：实行两者有机结合，是保障"一国两制"的最佳方案。这个结论是整个法学界的共识。

（五）保护好人类赖以生存的地球家园，构建人类命运共同体

当今时代，利益交融，安危与共。一方面，世界多极化、经济全球化、社会信息化、文化多样化深入发展，全球治理体系和国际秩序变更加速推进，各国相互联系、依存日益加深，国际力量对比更趋平衡，和平发展大势不可逆转；另一方面，世界面临的不稳定因素日益突出，恐怖主义、贫富分化严重，地区冲突此起彼伏，人道主义危机严重，生态问题、气候变化等非传统安全威胁持续，人类面临严重挑战，任何人都不能置之度外，任何国家都不能逃离其中。世界人民必须同心协力，构建人类命运共同体。为此，习近平同志代表中国人民先后多次在联合国大会、联合国日内瓦总部及世界各国发表讲话，提出了构建人类命运共同体的伟大构想。这对中国法理学提出了重大命题，必须从法理学阐释构建人类命运共同体的伟大意义和法理基础。

1. 构建人类命运共同体体现人类的共同理想和共同利益

整个人类生活在同一个地球村，既有互相冲突的一面，又有共同利益的一面，构建人类命运共同体是当今世界的客观要求，也是人类的共同理想，这个重大命题早在 170 多年前的《共产党宣言》中已经预言："代替那存在着阶级和阶级对立的资产阶级旧社会的，将是这样一个联合体，在那里，每个人的自由发展是一切人的自由发展的条件。"[1]

2. 构建人类命运共同体将开辟世界人权事业的新纪元

自 1309 年意大利诗人但丁首次使用"人权"一词以来，历经了中世纪文艺复兴的人文主义人权观念、古典自然法学派、自然主义人权观（天赋人权论）、功利主义法律人权观、罗斯福的"自由主义"人权观和西方国家的新自由主义人权观，到马克思主义的发展主义人权观，已经走过了 7 个世纪，迎来了世界人权事业新纪元。这个新纪元的初步实践就是合作共赢的"一带一路"，它由下列基本因素构成：第一，以共商、共建、共赢、共享为原则的全球治理新局面；第二，以人民为中心的发展理念为指导的世界人权发展道路；第三，以"文化多样、文明融合"为基础的多彩世界；第四，以利益为基础的命运共同体。中国是人类命运共同体的倡导者，更是人类命运共同体的参与者，还是人类命运共同体的捍卫者。

3. 建设好、维护好"人类命运共同体"的实践基地"一带一路"

---

[1] 《马克思恩格斯选集》（第一卷），人民出版社 1995 年版，第 294 页。

近年来，"一带一路"在各方面都取得了巨大成功，已成为实践"人类命运共同体"的样板，要继续发展与完善。要由经济上的合作共赢发展为全球治理的典范，再发展为世界人权事业的必由之路，再结成牢固的命运共同体。这是中国法理学发展必须遵循的法则。

这个阶段还在继续，涉及法理学的问题必将更多，我们的使命光荣、责任重大，我们必须满怀信心在中国特色社会主义道路上继续为中国法理学的发展继续不懈努力！

第二节　法学教育

1978 年底，中共第十一届三中全会的召开，是中国历史上的伟大里程碑，把党和国家的工作重点，由以阶级斗争为纲转移到以生产建设为中心上来，同时也迎来了我国法学教育的春天，历经四个发展阶段，即恢复发展阶段、改革发展阶段、外延发展阶段和全面发展阶段。

一、恢复发展阶段（1979—1992 年）

这个阶段前期以恢复为主，后期以发展为重点。由于众所周知的原因，我国法学教育经受了挫折，到 20 世纪 70 年代中期，只剩下两所本科和一所专科院校有法学专业，即北京大学法律系、吉林大学法律系和由武汉大学与中南政法学院部分教师组建的湖北大学法律专修科，甚至还有一两年禁止招生。

邓小平及时觉察到法学教育的严重情况，便亲自抓全国科教工作，及时恢复了法学教育，北京大学法学系、吉林大学法学系、湖北大学法律系于 1977 年立即招生，开启了改革开放后 40 年法学教育的先河。当时全国法科共招大学本科 223 人。1978 年，西南政法学院、北京大学法律系、吉林大学法律系、郑州大学法律系与湖北大学法律系有法律专业本科生共 729 人。紧接着，又先后恢复了武汉大学、中国人民大学、南京大学、复旦大学、山东大学、中山大学法律系，并相继恢复了北京政法学院、华东政法学院、西北政法学院以及重建中南政法学院。至 1983 年左右，已先后有 20 余所高等法学院校和中央政法干部学校及各省的政法干部学校招生。可喜的是，北京大学法律系首先在教育内容上进行更新，将过去的"国家与法的理论"这个法学基础课程更名为"法学基础理论"。1982年，司法部组织一批法学教师编写了一整套法学教材，对当时法学教育的恢复起了推动作用。从 1984 年起，当时的国家教委又组织了一批综合性大学的知名教师，共同编写了一批高水平的法学教材，如《法学基础理论》《中国法制史》《中国法律思想史》《中国宪法学》《中国民法学》《中国刑法学》《中国民事诉讼法》《中国刑事诉讼法》《国际法》《国际私法》《外国法制史》《西方法律思想史》。同时，法学教育扩大到研究生教育与成人教育，培养了一批法科硕士生和少数的博士生。就是说，法学教育不仅恢复到 20 世纪 50—60 年代水平，而且还有所发展。这主要表现在：（1）教师数量有了较大增长；（2）不仅综合性大学、专门的政法院校有法学专业，而且在党校、师范类院校甚至个别医科、农科、工科院校也设有法学教育，法学教育基本成为国民教育的重要内容；（3）法学类又设立了诸如国际法专业、经济法专业，个别的还设有环境法专业、国际经济法专业，如果说 20 世纪 80 年代前期法学教育以恢复为主，而到了后期则以发展为主，当时这种深度与广度还是在恢复期内，总体上还是粗犷的，属于法学教育的幼年阶段。但总的方向是对的，那就是以马克思主义法学理论为指导，以中国法制建设实践为基础，从中国国情出发来恢复发展中国的法学教育。

二、改革发展阶段（1992—2002 年）

改革开放后 40 年来法学教育的第二个阶段，即 1992—2002 年，是有序发展阶段。随着我国改革开放的不断深化，特别是 1992 年中共十四大的召开和社会主义市场经济体制的确立与发展，鉴于市场经济实质上就是法制经济这一科学判断的提出和实践，我国法学有了较大的发展，而且重点是外延发展，这具体表现在：第一，全国开办法学专业的学校猛增，最多时高达 632 个，法科学生（包括本科与专科）已达 79590 人，硕士研究生 6123 人，博士研究生 684 人以及成教学生 10 万余人。第二，法学教育设立的专业则是五花八门，有的相互包含，如国际法与国际经济法；有的相互重复，如法学专业与国家专业；有的相互冲突，如行政法专业与环境法专业。第三，法学教材也极不统一，只能以自编教材予以应付。总之，法学教育的发展令人振奋，但这种远超预期的发展，致使 21 世纪初期法科人才过剩。面对上述情况，国家教育部及时组织成立了法学教育指导委员会，中国人民大学法学院院长曾宪义任主任，武汉大学法学院副院长李龙、北京大学法律系主任魏振瀛、中国政法大学副校长任副主任，在教育部的直接指导下对全国法学教育进行咨询、调研、建议，并尝试了某些改革。同时，按教育部要求设计了几个课题，其中与法学教育直接有关的就是以李龙为主持人包括周叶中、韩大元、张守文、公丕祥、徐亚文、汪习根等人在内的重大教改项目《面向21世纪法学类专业课程结构、共同核心课及主要教学成果内容改革的研究与实践》。该项目于2000年完成，并以《中国法学教育的改革与未来》为题，获准教育部批复，在全国范围内开始进行教育改革。该项目实现了三项重大成果：第一，在中山大学召开全国法学院院长会议，由教育部、司法部有关领导参加，对"专业"的表述达到"共识"，认为法学专业必须有一个完整的课程体系，于是一致同意将法学类原有的七个专业，即法学、国际法、经济法、国家经济法、环境法、行政法、公安合并为一个专业即法学专业，公安单另成为一个专业，在专业目录中另属一类。第二，法学专业设14门共同核心课程，即法理学、中国法律史、宪法与行政法、民法、商法、知识产权法、经济法、社会法、刑法、民事诉讼法、刑事诉讼法、国际公法、国际私法、国际经济法。后来，教学指导委员会又增加环境法与劳动法两门。第三，更新法学教育观念，坚持厚基础、宽口径，实施素质教育。法学教育的培养目标是为国家培养高素质的法科人才。从2000年起，在全国普遍执行。该项目最终获得高等学校人文社会科学研究成果一等奖。当然，在实践中，对核心课程作了一些修订，法学教育指导委员会第二届主任仍然是曾宪义，副主任范围有所扩大，委员数量有较大增加。

在这一阶段还有个重大进展，就是恢复重建了中国法学会，并在中国法学会指导下，成立各专业研究会，大多是1985年至1990年成立，后又有所增加，并办了《中国法学》《中外法学》《政法论坛》《法学家》《法学评论》《现代法学》《法商研究》《法律科学》等10余家法学杂志，对法学教育的发展起了重大作用。

与此同时，由教育部直接指导的法律硕士全国教育指导委员会正式成立，由当时最高法院院长肖扬担任主任委员，曾宪义教授任副主任委员，直接指导法律硕士的招生与培养工作。首先由几个有博士点的院校试点，然后在全国全面展开，已有 100 多个高等政法院系取得了办学资格，法律硕士直接服务法律实践部门，受到公检法三家的欢迎。

在上述举措的基础上，教育部进一步对法学教育进行改革，1999 年 6 月召开的第三次全国工作会议作出了《关于深化教育改革，全面推进素质教育的决定》，提出了"211 工程"与"985 工程"建设项目，法学教育有很大发展，最多时竟达到 306 家法学院校。组织法学院校探讨"中国法学教育改革实施工程研究"专题，由曾宪义主持，张文显、李龙、吴汉东、韩大元等人参加研讨，对法学教育深入改革，确立在法学专业下，再设立研究方向，再按方向增设一些课程。即在法学专业中第一、二学年，学习共同核心课程，第三、四学年，按专业方向学习课程。并确立法学教育为通识教育（主要强调素质教育）与专业教育（职业教育）相结合，办成具有中国特色的法学教育，从而使中国法学教育健康发展。从 2000 年 9 月开始，为了加强实践教学，先是北京大学 7 所高校后来发展到 40 多所高校政法院系设立"法律诊所课程"，提高了法科学生的实践能力。同时，还强调法学教育的国际化因素，并逐步使中国法学教育走向国际舞台，在世纪之交，召开了世界法学院院长大会，美国的耶鲁大学、哈佛大学，法国的巴黎大学，英国的牛津大学、剑桥大学和俄罗斯的莫斯科大学等法学院院长，多数都出席并做了大会发言。同时，中国法学教育指导委员会还先后同美国、欧盟等国家与国际组织举办法学教育的联席会议。当时的美国总统克林顿还专门为中美两国法学院院长联席会议发来贺电。就是说，中国的法学教育已走向了世界，赢得了声誉。

三、外延发展阶段（2002—2012 年）

改革开放后 40 年来法学教育的第三阶段，就是法治化发展阶段（2002—2012 年）。如果说前两个发展阶段，中国的法学教育发展还很不成熟，但劲头足，发展潜力大，那么第三个阶段则发展得比较成熟。到 2005 年底，法学本科专业和研究生人数达 30 万人，其中本科生 20 多万人，法学硕士 6 万多人，博士 6000 多人，还招收法律硕士生 2 万余人，法学教育呈现多渠道、多形式、多层次的格局，同时出现了一批由国家级出版社出版的法学教材与法学专著。在教学内容上，坚持马克思主义法学普遍原理与中国特色，强调马克思主义法学中国化，强调中国法治建设经验的总结与升华，提倡和加强对中国国情的研究，强调中国法治建设必须立足中国国情，明确提出反对全盘西化，反对"三权分立"等西方法学理论。在法学界开始清理一些不适合中国国情的法学观点，如"权利本位"、法律移植、司法独立等，坚持中国共产党对法学教育与法学研究的绝对领导。在这个原则问题上，教育部、中国法学会坚持了正确的理论，坚持了马克思主义法学理论在法学教育中的权威地位与指导作用。

在坚持大方向的基础上，法学教育并没有固步自封，而提倡贯彻"百花齐放"与"百家争鸣"方针，在马克思主义法学指导下，合理借鉴中国古代和西方国家的法治文明，立足中国国情，构建和形成具有中国特色的社会主义法学理念。整个法学教育系统集中力量研究与发展中国特色社会主义法学理论。在法学教育的发展中，还实施了"卓越法律人才培养计划"，它以提高中国法学教育的质量与水平为目的，其重大优点就是建立多元化的法学教育模式，打破"千人一面"的培养方式。通过几年的实践，收到一定效果，基本上确立法学教育是职业教育与素质教育的有机结合。这时还出版了一部分有价值的法学专著，教育部与中国法学会对此及时作了肯定，如对依法执政、文明执法、对物权法与刑法的研究，尤其是对经济法与环境法的研究，有了新的进步。对人权的研究不仅加强了制度建设，而且加强与提高了国际人权对话的水平，收到了较好的国际效果。与此同时，提出和实施了"精品课程"，加强法学教育中的国际化水平，强调法学课程中的双语教学。这时，出国留学归来的法学人才日益加多，再加上国内院校增多的情况，使法学由以往的朝阳专业，出现人才过剩、分配困难、就业较差的局面，尽管这种现象不符合中国法学人才短缺的实际情况，然而在客观上确实存在。经过国家采取一系列有效措施，这个局面得到了有效的解决，使法学教育走向了健康发展道路。

四、全面发展阶段（2012年至今）

在法学教育全面发展阶段，高等政法院校更加重视对学生动手能力的培养，大力加强实践环节，一是要求有固定的实习基地，增加学生实习时间；二是实施"双千计划"，即政法院校要与具体的政法部门，如法院、检察院、公安机关加强业务联系，各向对方派员工作1～2年，全国共交流两千人，故称"双千计划"；

三是提高学生的国际交往能力，要求学生提高外语水平，多开"双语课程"。同时，恢复法学博士生的评议工作，新增 8 个博士点，至此全国共有法学博士点约80 个。在此基础上高等政法院校又由国际评估进入"双一流"建设，结果有六家高校的法学院系被评上国际一流学科建设，即中国人民大学法学院、中国政法大学法学院、北京大学法学院、清华大学法学院、武汉大学法学院和中南财经大学法学学科（自定）。

需特别指出的是，中共中央于 2014 年召开十八届四中全会，专门专题就全面依法治国的司法管理体制、司法责任、诉讼原则等若干重大问题进行了认真的讨论并作出了《中共中央关于全面推进依法治国若干重大问题的决定》，提出190 多个问题并分到具体司法部门予以解决，其中主要包括两大方面：一个是以审判为中心的诉讼原则的改革，另一个是以责任制为中心的追究制度的建立。同时，讨论、研究和加强法学教育问题，在决定中指出："坚持用马克思主义法学思想和中国特色社会主义法治理论全方位占领高校、科研机构法学教育和法学研究阵地，加强法学基础理论研究，形成完善的中国特色社会主义法学理论体系、学科体系、课程体系，组织编写和全面采用国家统一的法学类专业核心教材，纳入司法考试必考范围。坚持立德、树人、德育为先导向，推动中国特色社会主义法治理论进教材进课堂进头脑，培养造就熟悉和坚持中国特色社会主义法治体系的法治人才及后备力量。建设通晓国际法律规则、善于处理涉外法律事务的涉外法治人才队伍。"

2017 年，习近平总书记视察中国政法大学，就法学教育发表重要讲话，号召全国法科学生，要做"德法兼修"的法治人才，为建设中国特色社会主义法治强国而贡献青春，为实现中华民族伟大复兴的中国梦而奋斗。

党的十九大的召开，开启了中国特色社会主义新时代，法学教育无疑要出现新局面，我们对中国的法制建设特别是对作为法治中国的思想基础的法学教学寄予厚望。回顾过去，成就辉煌，展望未来，前程远大！

党的十九大的召开，不仅开启了中国特色社会主义新时代，而且也开启了中国法学教育的新时代，无疑会带来中国法治建设与中国法学教育的新辉煌。作出这一展望，至少有四个理由：

第一，习近平关于新时代中国特色社会主义法治思想的指导。这是我们展望中国法学教育前程远大的思想基础和根本保证。因为习近平新时代中国特色社会主义思想是对马克思列宁主义、毛泽东思想、邓小平理论、"三个代表"重要思想、科学发展观的继承与发展，是马克思主义的最新成果，是党和人民实践与集体智慧的结晶，是中国特色社会主义理论体系的重要组成部分，是全党全国人民为实现中华民族伟大复兴而奋斗的行动指南，内容博大精深。而习近平关于法治的思想是其中的重要内容，特别是其关于全面依法治国的论述，关于法治与改革的辩证关系的论述，关于中国特色社会主义法治道路、法治理论、法治体系的论述则是我国法学教育的指导思想和根本内容，对于提升我国法学教育的国际地位，对建设中国特色社会主义法治语系、学科体系、课程体系将起到极大的促进和推动作用，如习近平关于法治思想的重要论断、警句，便可直接转化为中国法治话语体系中的基本原理与基本概念，成为学科体系中的理论渊源，成为课程体系中的重要支撑，使当代中国法学教育走向辉煌。

当今世界，中国智慧、中国方案和中国贡献，正在日益被世界各国人民所赞许，并成为他们的共同理想，尤其是中国法学教育以马克思主义法学为指导，基于深厚的中华法治文明的积淀，根植于中华民族"以人为本"的历史传统，坚持"以和为贵""有容乃大"的格局，追求"太平世界"的境界，胸怀"人类命运共同体"和"天下为公"的科学理念，追求"人的全面发展"的价值目标，彰显博大的天下情怀和人类的共同理想。就是说，中国法学教育的内容越来越深入人心，必将迅速发展和全面繁荣。

当前，在前进的道路上，还会遇到很多困难，必须从习近平有关法治的思想中去探求，从实践中去求真知，从规律中去发现，不断提升领导干部和全体人民的法治思维与法治方式水平。

第二，对中国法学教育和前途，要树立四个自信，即法治道路自信、法治理论自信、法治制度自信和法治文化自信。自信是前进的动力，更是夺取成功的基础。道路自信是方向问题，必须看清和坚信中国特色社会主义法治道路是在党的十一届三中全会以来在法治实践中逐步形成的，它顺应潮流、符合民意、立足国情、深受欢迎。这条道路由三个方面构成其核心要义，就是坚持党的领导、坚持中国特色社会主义制度、坚持中国特色社会主义法治理论，规定和确保了中国特色社会主义法治体系的制度属性和前进方向，而法学教育是社会主义法治体系的组成部分，从而使法学教育有明确的发展方向，使法学教育始终在中国特色社会主义的康庄大道上不断前进。

第三，我国有几十年特别是有改革开放 40 年来法学教育的经验，这些经验是宝贵的财富，总结这些经验并将其加以马克思主义分析，结合中国国情，上升为理论，将大有裨益，如对我国法学教育的性质，采用素质教育与职业教育相结合的模式，有效地推进了中国法学教育的发展。我国法学教育既不照搬西方的教育模式，也不单纯放在研究生教育阶段，而是在素质教育的基础上，并与职业教育结合，实践证明，效果是良好的。

第四，中国法学教育既合理借鉴了中国几千年法学教育的某些合理因素，贯彻"古为今用"和"洋为中用"的方针，也合理借鉴西方法学教育的某些合理因素，从而使中国法学教育独树一帜，及时培养合格的社会主义法律人才。

习近平总书记于 2017 年 5 月专门视察了中国政法大学，对我国的法学教育和法制建设作了重要指示，强调指出：没有正确的法治理论指引，就不可能有正确的法治实践。高校作为法治人才培养的第一阵地，要充分利用学科齐全、人才密集的优势，加强法治及其领域基础性问题的研究，对复杂的现实进行深入分析，作出科学结论，提炼规律认识，为完善中国特色社会主义法治体系，建设社会主义法治国家提供理论支撑。同时，提出了要大力培养德法兼修的法科人才。总书记不仅强调法学教育的重要性，而且指出发展法学教育的方法和措施。这是我国法学教育的强劲东风，我们必须响应号召，既要看到使命光荣、责任重大，更要满怀信心和希望，把法治教育推向一个崭新的阶段。伟大的新时代，必将迎来法学教育的新局面！

在十九大精神的鼓舞下，2018 年 1 月 30 日，国家教育部颁布了《普通高等学校本科专业类教学质量国家标准》。包括法学在内的全国本科专业目录共有 92 个，这是我国第一个高等教育教学质量标准，它对专业师资队伍的数量与结构、教师学科专业背景与水平、教师教学中的发展条件提出了定性与定量相结合的要求，并贯彻三个原则：第一，突出学生中心，注重激发学生的学习兴趣与潜能；第二，突出产出导向，主动对接经济社会发展需求，科学合理设定人才培养目标；第三，突出持续改进。强调学校质量保障体系，推动教育质量不断提升。

总之，有习近平新时代中国特色社会主义思想的指引，有党的教育方针定方向，我国一定会把法学教育推向三个"一流"（一流学校、一流学科、一流教师），使之为中国法治建设作出应有的贡献，为构建人类命运共同体而努力奋斗。法学教育前途光明，责任重大！

第三节　中国法理学发展的战略谋划

一、构建法学话语体系、学科体系和教材体系

学科话语体系实质上是一个学科的学术生命，直接关系该学科基础理论建设的成效，直接反映该学科的发展水平和发展趋向，而且直接影响该学科走向世界的程度。正如一个国家落后就要挨打一样，一个没有独立话语体系的学科，势必失去学术讲话的权利能力与行为能力，而最后导致失去生存的空间。因此，构建法学话语体系是当代中国法学界，特别是法理学界一个极为迫切的问题，直接关系到中国法学的未来。

党和国家一向重视中国法学话语体系的建设，老一辈无产阶级革命家与法学家对此作出了巨大努力，先后进行了多次构建法学话语体系的尝试。第一次是中华人民共和国成立前夕，即 1949 年元月，国民党政府面对"三大战役"的惨败，提出所谓"和谈"的要求。毛泽东主席代表中国共产党对"和谈"作了答复，并且提出八项条件，其中第二条是"废除伪宪法"，第三条是"废除伪法统"，按当时《解放日报》的解释：法统就是法律体系，或者叫"宪法与法律系统"。很显然，在法律体系或法律系统中，无疑包括法学话语体系在内。紧接着于 1949 年 2 月，颁布了《中共中央关于废除国民党的六法全书与确定解放区的司法原则的指示》，其中理所当然有构建法学话语体系的初步设想，因为司法原则中自然有新的法学话语体系的基本概念与判断。事实上，这在当时的华北人民政府已开始贯彻执行。马克思主义法学家董必武、谢觉哉、杨秀峰等人已经启动了构建马克思主义法学话语体系的工作，号召人民"用革命精神来学习马列主义、毛泽东思想的国家观、法律观"。① 接着，就是中华人民共和国的成立，抗美援朝、土

---

① 《董必武政治法律文集》，法律出版社 1986 年版，第 46 页。

地改革、"三反五反"等重大政治活动与政治运动，使党和国家没有时间与空间，来进行法学话语体系的构建工作，但一系列立法，特别是 1954 年宪法的制定与公布，为全面启动法学话语体系的构建做了很好的奠基工作。

现在，在中国特色社会主义法律体系，在蓬勃发展的当代法学的当代中国，特别是有科学的习近平新时代中国特色社会主义思想的新形势下，集中力量，构建中国特色社会主义法学话语体系已是主观客观条件具备，必将在深入全面依法治国的实践中形成法学话语体系。这个体系以习近平关于新时代中国特色社会主义法治体系，尤其是其中的基本理念、范畴、重要判断和论述为基础，经过认真的讨论，构建中国特色社会主义法治（学）话语体系的核心理念，再从中国法治实践中提炼一些基本范畴、概念，上升为中国特色社会主义法学话语的基本框架。在此基础上，合理继承借鉴中国古代法治文明的精华，即吸收本土资源中的法治文明。同时，有分析地、有目的地合理借鉴西方法治文明的精华，即吸收某些外来的法治资源和国际法治公认的、对人民有利的话语资源及国际惯例中某些合理因素。

构建中国法学话语体系是一个伟大的系统工程，需要全国人民，特别是法学界、法律界同志们的共同努力。我们相信，有党的领导，有习近平中国特色社会主义思想的指导，有全面依法治国的光辉实践，法学话语体系一定能建成。当然，这项伟大工程是艰巨的，必须从我做起、从现在做起，团结合作、共同奋斗。

至于法学学科体系与教材体系的建设工作，作为马克思主义理论与建设工程的一部分，已经从 2004 年启动了。10 多年来，国家成立教材局，并与中宣部、国家教育部抓紧进行这方面的工作。在已有成绩的基础上，又将十九大精神和一些重大法治理念、概念灌输其中，形成更新的马克思主义中国化的伟大成果，而进教材、进课堂、进学生的头脑之中，培养出厚基础、宽口径的高规格、高素质、高品位的治国之才。

二、筑牢实现中华民族伟大复兴的共同思想基础，促进中国法理学的发展

2018 年 3 月，全国人大通过与公布了第五个《宪法修正案》，以最高法律形式确认习近平新时代中国特色社会主义思想为国家的指导思想，推动宪法与时俱进，成为全国人民共同遵循，成为各项事业、各方面工作的行为准则。这是中国历史发展的必然要求，是全面依法治国的客观需要，也是宪法作为国家的最高法律地位、法律权威与法律效力的法治法则。

宪法具有最高法律地位，是由其本身的内容决定的。宪法是法律的法律，是国家的立法基础，是法律体系中的核心，是"母法"，其他法律法规都必须依照宪法制定。然而，在实践中却有少数人认为"民法是万法之母"，这是一种陈旧的观点，或者说是一种糊涂思想。宪法是国家根本法，是"母法"，其他法律必须以宪法为基础和根据。这是人类法治文明的共识，也是我国法制统一的需要，中国特色社会主义法律必须以宪法为核心，再不能说什么"宪法代表公法，民法代表私法，两者互不相干，是平行的两个系统"了。

宪法具有法律权威，这是法律、法制本身的要求。亚里士多德早就说过，法律应该在各方面具有至高无上的权威，宪法是法律体系中的核心，当然应该具有权威。宪法权威要求做到：宪法至尊、宪法至圣、宪法至信。就是说，一国之内人民必须维护宪法的尊严，保障宪法神圣不可侵犯，坚持宪法在法律体系中至高无上，做到人人内心树立对宪法的信仰。因为我国的宪法是国家根本大法，是治国理政的总章程，是全国人民意志的体现，是改革开放的总纲领，我们应该也必须以它作为行动准则，并逐步从内心加以信仰。

宪法具有最高法律效力，这是客观的必然要求，因为它是"母法"，其他法律都属于"子法"，"子法"理所当然服从"母法"，而不能有所抵触和违反，如果有，该"子法"立即失效，即该子法没有法律效力。这个原则在《立法法》中规定得很清楚。法律的生命在于实施，法律的权威也在于实施，而法律实施的根据是保障法律的效力。

鉴于宪法是实现中华民族伟大复兴的共同思想基础，它必然促进中国法学（当然包括中国法理学在内）的发展。因为宪法提供或确定了中国法学的指导思想，而习近平关于法学的思想内容丰富、博大精深，有力地引导和支持中国法学的发展，并从各方面为法学的发展创造条件，如制定政策、培养人才和提供物质保障等。

三、加强与改革法学教育，为国家培养德法兼修的法学人才

我国法学教育有数千年历史，从公元前 6 世纪的法学先驱邓析开办私塾从事法学教育至今，历经多次变更，特别是中华人民共和国成立以后对法学教育的改革，使法学教育为中国的法治建设提供了大量法律人才。

但是，中国的法学教育还存在一些问题，需要进一步加强与完善。首先得更新观念。我们国家一直将法学认定为社会科学，而且是实践性很强的社会科学。我认为这不太准确。仅从历史来看，法学首先是人文科学。理由有二：第一，历史上最早的大学，是意大利的波尼亚大学，其最初只有两个系，即法学系和医学系，后来增加神学系（后改为哲学系）。之所以设立这三个系，是因为它们解决的都是人的问题：法学解决人的行为问题，医学治疗人的健康问题，神学解决人的思想问题。当然，随着社会的发展，大学又增加了不少自然科学院系。这就是说，人们在历史上首先认定法学是人文科学，现在不少国家还是这样认识的。第二，法学虽然古老，但成为一个独立的学科是从哲学、政治学中分离出来的。法学的发展首先是解释学派和后来的人文主义法学派，直到奥斯丁的《法理学的研究范围》出版后，法理学才独立出来成为一个学科。因此，我们应该把法学定位为人文学科。事实上，法学是一门意识形态学科，它直接受到价值观、历史观和世界观的影响和支配。西方法学是为资产阶级服务的，如特朗普的法律和政策，都非常清楚地表明了这一点。中国法学的发展和谋划与繁荣，必须以习近平新时代中国特色社会主义思想为指导，必须立足中国国情，必须总结中国法治建设的经验。因此，我们必须对中国法学教育进一步改革，加强对中国特色社会主义法治理论的学习。

同时，我们也要明确认识中国法学的实践性，将法学理论与法治实践结合起来。这必须得克服这样一种倾向，即学校教育脱离实践比较突出，培养的学生缺少实践的能力。因此，应选派有经验的法官、检察官到学校任教，并将之作为法官、检察官晋升的条件之一，不能搞形式主义。在高等学校政法院系提升教师的学术科研水平时，也必须要求其有总结实践的论文，学校教师最好到法院兼职半年到一年。只有这样，才能把理论与实践教学统一起来。当然，还包括学生到实践部门实习至少半年，并加强高等学校政法院校与政法部门的联系，最好在省级

政法委设立专职管理此事。严格地讲，原有的五个政法院校应该归中央政法委直接管辖。至于高校毕业的法科学生应直接由省政法委统一安排，本科毕业生应充实到县一级法学所工作1~2年，然后再报考研究生。

中国法学教育责任重大，使命光荣，应为中国法学与法治的繁荣昌盛作出更大的贡献，为建设伟大社会主义法治国家而继续努力。

四、良法善治，在实践中全面推进依法治国

习近平总书记指出："法律是治国之重器，良法是善治之前提。"良法善治是全面依法治国的重要阶段，是法治中国的基本标志。近年来，我国法学界与政治学界曾对良法善治进行过热烈讨论。曾经有学者说，善治就是良法加法治；也有学者认为善治与法治是两个完全不同的概念。其实，这都是误解，因为法治（实质法治）必须是"良法之治"，离开良法，法治就失去基础与前提；法治是良法的必然要求，两者是不可分离的。因此，我国古代称之为"善法"，王安石说："立善法于天下，则天下治；立善法于一国，则一国治。"①

这里要弄清楚"良法"这个科学概念，我在20世纪末，专门写了一本《良法论》，提出过良法的标准，结合我国立法实践和参照世界各国立法，良法应具有如下几条标准：

（一）人民性

这是"良法"的首要标准，是"良法"的本质属性。它又包括下列要求：（1）坚持人民的主体地位。人民是依法治国的主体和力量源泉，人民代表大会是保障人民当家作主的根本政治制度，因此，必须坚持法治建设的人民主体地位。法律是为了人民、依靠人民、造福人民、保护人民，以保障人民的主体地位和以人民的根本利益为出发点与落脚点的。保证人民享有广泛的权利与自由，承担应有的义务与责任，维护社会公平正义，促进共同富裕。社会主义法治的实质就是立法为民、执法为民。正如马克思早就提出的那样："只有当法律是人民意志的自觉表现，因而是同人民的意志一起产生并由人民的意志所创立的时候，才会有确实的把握，正确而毫无成见地确定某种伦理关系的存在已不再符合其本质的

① 《王安石文集·周公》。

那些条件，做到既符合科学所达到的水平，又符合社会上已形成的观点。"①
（2）深入推进科学立法、民主立法、依法立法。坚持人民的主体地位，这是从人民性这一根本特点与标准上来论证良法内容的；而科学立法、民主立法和依法立法，这是从方法论上来论述人民性这一根本标准的，它要求立法时尊重客观规律，要遵循马克思所讲的，立法不是在发明法律，而仅仅是在表述法律。民主立法这里重点强调民主立法形式的多样性，如表决立法、协商立法、行政立法等。依法立法主要是强调法治的统一性，强调宪法是立法的基础，强调法律的协调性。（3）强调社会主义法律是党的正确主张与人民意志的统一。必须明确：我们是社会主义国家，党的领导是全面的，既要纵览全局，又要协商各方，法律必须也应该反映和体现党的主张。与此同时，又必须体现人民意志，就是说党的主张与人民意志是统一的，党的主张必然体现人民意志，人民也必然拥护党的领导与主张。党领导人民制定法律，党也领导人民遵守法律。总之，人民性是社会主义良法的根本标准。

（二）客观性

唯物史观表明：社会存在决定社会意识。以唯物史观为理论基础的观点认为，法律的内容变更和发展是由一定的经济基础所决定的，因此法律具有两重性：一是作为一定的阶级意志性，即主观性；二是作为一定经济基础的上层建筑的重要部分，即具有客观性。马克思早就告诫人们："这种意志的内容是由你们这个阶级的物质生活条件来决定的。"② 客观性是良法的基础性标准，是立法特别是社会主义立法的必然要求。如果背离这个标准，则会失去良法的本质。这里讲的客观性，就是说在立法时，必须遵循和适应客观规律，而不能主观臆造。这就需要在立法前做好下列工作：（1）认真进行调查研究，既可以组织"三结合"人员，即专门人员（同行业的专家）、法律专家和专门管理干部，有组织地专门调查，也可以开立法听证会，听取各方面的意见和建议。（2）认真分析和总结有关资料，包括调研资料和历史资料，做到去伪存真、取其精华、弃其糟粕。（3）比较借鉴中国古代的本土资源和世界各国的外来资源。关于立法的客观规律性问

---

① 《马克思恩格斯全集》（第一卷），人民出版社 1995 年版，第 349 页。
② 《马克思恩格斯全集》（第四十二卷），人民出版社 1979 年版，第 385 页。

题，习近平总书记在《中共中央关于全面推进依法治国若干重大问题的决定》中指出，全面推进依法治国必须"坚持从中国实际出发。中国特色社会主义道路、理论体系、制度是全面推进依法治国的根本遵循。必须从我国基本国情出发，同改革开放不断深化相适应，总结和运用党领导人民实行法治的成功经验，围绕社会主义法治建设重大理论和实践问题，推进法治理论创新，发展符合中国实际、具有中国特色、体现社会发展规律的社会主义法治理论，为依法治国提供理论指导和学理支撑"。

（三）时代性

良法与其所处的时代有密切关系。任何法律都处在一定的时间与空间之中，不同时代有不同的法律，因此，良法的标准之一，就是必须与其所处的时代相适应，必须顺应时代潮流，而不能逆时代潮流，这个标准也很重要。我们所处的时代是以和平发展为主流的时代，在国内，发展社会主义市场经济；在国际上，实行和平外交政策，团结世界人民，共同构建人类命运共同体。因此，我们的立法在国内必须加强市场在经济建设的决定作用和发挥政府在促进市场经济的重要作用。同时，我们的立法内容要促进和平外交活动和有利于团结世界人民构建人类命运共同体，在现阶段就是完善"一带一路"倡议过程中有利于国际贸易和促进全球治理的法律法规。良法的时代性，是良法的活力所在，如果没有时代性这个标准，良法就失去了存在的前提。正如马克思早就指出的那样："我们只能在我们时代的条件下进行认识，而且这些条件达到什么程度，我们便认识到什么程度。"①

（四）操作性

良法应该是可以操作的。一个不能操作的法律，当然就不可能成为法律，良法更应如此。原因在于，法律的生命在于实践、在于实施；法律的权威也在于实践、在于实施。良法只有通过实施，才能体现其作为良法的功能。为体现良法的实践性即操作性这一标准，必须注意：（1）良法的规范表达应该是全称的、肯定的、具体的判断。这一点，作为法律出身的马克思有过经典表述，他说："法律

---

① 《马克思恩格斯选集》（第三卷），人民出版社 1972 年版，第 562 页。

是肯定的、明确的、普遍的规范。"① （2）法律规范之间的相互矛盾，应采用后法优于前法、上位法优于下位法、根本法优于普通法、特别法优于一般法的原则予以解决。（3）法律规范文字要通俗易懂，符合汉语语法修辞的要求，学术术语要简明、确定、准确。（4）良法应便于执行。这一点很重要，否则将影响良法作用的发挥而失去其立法的意义。

良法是基础，善治是关键。善治是一项复杂的系统治理工程，既包括治理方式的多样化，如共治、自治、德治，而这些又必须以法治为基础；也包括治理种类的多样化，如源头治理、综合治理、公开治理；还包括治理层次多样化，如国家治理、社会治理；以及治理门类的多样化，如环境治理、秩序治理、文化治理等。当然，善治的主要内容是，扩大与完善社会主义民主与自由，实现法律面前人人平等，尊重与保障人权。

良法与善治必须结合起来。没有良法，便无所谓善治，而是恶法恶治。没有善治的良法，将不会发挥更好的作用。因此，良法与善治要实现有机统一。实际上就是知与行的统一。

良法善治是全面依法治国的新阶段，即高级阶段，而不是一种与法治平行的治国方式。党中央早就明确指出过，依法治国是治国理政的基本方式，因此，善治不是凌驾于依法治国之上的方式，而是依法治国深入推进的一个阶段，否则，就会影响全面依法治国在实践中的深入推进。

良法善治的价值取向，就是实现人民的美好生活，就是使人民享有安全感、获得感和幸福感，正如毛泽东在青年时期所预期的那样："法令者，代谋幸福之具也。""法令而善，其幸福吾民也必多，吾民方恐其不布此法令，或布而恐其不生效力，必竭全力以保障之，维持之，务使达到完善之目的而止。"② 因此，我们必须响应习近平总书记的号召，在全面依法治国进程中，推进良法善治，"为决胜全面建成小康社会、夺取新时代中国特色社会主义伟大胜利、实现中华民族

---

① 《马克思恩格斯全集》（第一卷），人民出版社 1995 年版，第 176 页。
② 《毛泽东早期文稿》（1912.6—1920.11），湖南出版社 1990 年版，第 1 页。

伟大复兴的中国梦、实现人民对美好生活的向往继续奋斗！"①

五、构建人类命运共同体，实现人的全面发展

在这利益交融、安危与共的当今世界，人类面临恐怖主义、自然灾害、局部战争、难民危机、社会分裂等重大挑战，任何国家都不能独立于外，任何个人都不能独善其身，这就要求生活在同一个地球的人民团结一致、共同对敌。就在这个紧要关头，习近平总书记提出了一个中国方案，既可以全面推进依法治国，又可以团结各国人民建设持久和平、普遍安全、共同繁荣、团结美丽的世界，这个彰显中国智慧的中国方案就是"构建人类命运共同体"。

事实上，早在 2015 年 9 月，习近平主席在纪念联合国成立 70 周年大会时，就发表了题为《携手构建合作共赢新伙伴，同心打造人类命运共同体》的著名演讲。2017 年元月，习近平主席又在瑞士日内瓦发表了题为《共同构建人类命运共同体》的主题演讲。以后又在多次外访时发表类似的讲话与演说，在世界各国引起了强烈反应，博得了世界人民的一致赞赏！同时，其先后多次将"构建人类命运共同体"写进了联合国决议及其所属各委员会的决议，赢得了国际人权法治的话语权，成为中国新时代全面依法治国的重要指导思想，有力地促进了人的全面发展。

"构建人类命运共同体"这一科学观点和重大论断的提出，不仅是法治史上、人权史上的伟大创举，其开创了人类聚集共同理想的先河，而且是我国全面推进依法治国的指导思想与价值目标。当然，它根源于中华五千年历史深厚的传统文化与法治文明，坚持的是"和为贵""有容乃大"的宽广胸怀，追求的是"太平世界""天下为公"的理想境界，讲究的是"和而不同"的哲理思想，实现的是"人的全面发展"的崇高理想。因此，这一伟大思想的提出，不仅为人类的发展指明了方向，同时也为中国法理学的发展规划提出了奋斗目标。

1. 全面依法治国与全球依法治理相适应

---

① 习近平：《决胜全面建成小康社会　夺取新时代中国特色社会主义伟大胜利——在中国共产党第十九次全国代表大会上的报告》，人民出版社 2017 年版，第 71 页。

　　构建人类命运共同体是个伟大的倡议，这个倡议的实施是个宏大的系统工程，必须有步骤、有计划地执行。就国际而言，首先就要进行全球依法治理。应该说，自从苏联解体、东欧剧变后，世界上只有一个超级大国即美国，它恣意破坏国际秩序，打着人权的旗号，粗暴干涉他国内政，先后发动了伊拉克战争、阿尔及利亚战争以及对南斯拉夫的战争，使国际秩序受到了严重破坏，急需依法治理。而"构建人类命运共同体"倡议的提出和"一带一路"实践表明："共商、共建、共赢、共享"是依法治理全球的最好形式。其中贯穿了一个重要原则，就是国家不分大小、贫富、强弱，在法律上、主权上一律平等。这是全球依法治理的最佳方案，受到了各国人民的一致赞成。我国正在深入实践推进依法治国，必须与国际法治互相配合、共同推进。中华人民共和国不仅是国际法治、全球依法治理的倡导者、参与者，而且要成为全球依法治理的模范执行者，并从理论上、思想上甚至物质上成为全球依法治理的支持者，进而推动全面依法治国与全球依法治理有机结合。

　　当然，构建人类命运共同体是一个长期的发展过程，不能也不可能一蹴而就。一般讲，应从国内做起，先构建中华民族命运共同体，再是区域人民共同体，然后是州际人类命运共同体，最后进入人类命运共同体。就是说，这需要一个较长的时间，不是一代人所能完成的，而是几代人，甚至十几代人才能最终完成的。这个过程必须从现在做起，"一带一路"就是这一伟大代际工程的开始和初步实践。

　　2. 中国特色人权发展道路与国际人权方向相结合

　　20 世纪中叶，随着联合国的成立以及《联合国宪章》的颁布，特别是 1948年《世界人权宣言》的颁布，人权问题已成为世界各国人民关注的焦点，尊重和保障人权都先后写进了各国的宪法。"三代人权论"正逐渐取代西方的"天赋人权论"，马克思主义关于人权的理论亦在全世界广泛传播。习近平主席在联合国大会和瑞士日内瓦的两次演说以及联合国的重要决议中对"构建人类命运共同体"伟大构想的确认，使人权问题更进一步成为全国人民关心的中心，即在和平与发展的国际潮流中，如何使各国的人权保障与国际人权发展方向有机结合起来。

在这伟大的历史潮流中，习近平所揭示并指出的中国特色人权发展道路，对各国发展本国人权与国际人权相结合有着重要的启示作用。中国特色人权发展道路的基本点就是：以唯物史观为理论基础，以中国国情为依据，以人民为中心，以发展为理念，以理论与实践相结合为原则的理论体系。以人民为中心的发展理念，无论是对国内人权，还是对国际人权都具有重大意义，发展是人类社会的永恒主题，人民既是人权的中心、更是人权的动力，人权就是人称其为人的应有权利。人权离开人民这个中心，就失去了其存在的前提和基础。在当今世界，消除贫困是"以人民为中心"的重要课题，是联合国提出的"十年计划"，是各国人民尊重与保障人权的现实目标。就是说：民生是人权的第一要务，中国既提出了生存权与发展权是根本人权，更实施了完全脱贫的具体计划以及 2020 年全部脱贫的宏伟目标。国际人权的发展规划，也制定了脱贫的具体目标，正因为如此，中国的人权状况，包括每年新增就业一千万人和全方位、全周期人民健康，特别是实现全部脱贫的壮举，是对国际人权的重大贡献，也为各国脱贫活动提供了有益的借鉴。

由此可见，习近平总书记关于"构建人类命运共同体"的伟大构想和正在实践这一伟大构想重要步骤的"一带一路"倡议，对中国特色人权发展道路与国际人权发展方向的有机结合具有重大意义。这既是中国人民的光荣和贡献，也是中国人民同世界各国人民一道实现人的全面发展所作的努力。当然，"构建人类命运共同体"这一伟大构想的提出，使中国法理学获得了更高层次的升华，使法学特别是法理学在人的全面发展的历史进程中发挥了更大的作用。

六、高度关注学科建设，增强中国特色社会主义法理学的自信与他信

学科建设，是中国特色社会主义法理学的生命，毫无疑问，通过近 70 年的建设，中国法理学有了长足的进步，从 20 世纪中叶法理学的革命，到 80 年代初的恢复重建，到 21 世纪的发展，再到党的十八大以来的全面依法治国，直至进入法治中国的新时代，中国法理学已进入人类法治文明的前列。但是，也必须看到，我们的法理学研究还比较薄弱：一是对重大的基础理论研究还不够深入，例

如对中国特色社会主义法治理论如何概括，怎样表达，怎么定义，至今尚未有一个公认的纲要。二是对中国特色社会主义法治实践及其经验的理论总结和提升不够，少了源头活水，法学理论体系缺乏生机活力和时代气息。三是对中华法治文明和法律思想挖掘不够，传承和创新乏力，致使我国法理学的民族性和中国味不浓。主导性概念和命题缺乏。四是对"法理"的基本范畴、人类法治文明的普遍法理、新时代法理缺乏系统研究，因而对法治实践和部门法学研究的法理支撑作用还不够科学有效，法理学作为"法理之学"的学术本质尚未充分彰显。五是法理学的研究队伍不够强大，尤其缺乏具有国际影响力和学术权威性的法理学大家。上述问题是中国法学会领导在 2018 年法理学年会上综合各方意见的基础上总结的，这显然符合实际情况。

面对上述问题，可见加强中国法理学学科建设势在必行，迫在眉睫。为此，我们必须遵照中共中央全面依法治国委员会第一次会议提出的"十个坚持"，下狠工夫，切实践行，订立规则，逐个落实。第一，我们必须加强法理学的理论建设与学术建设，增强法理学的科学性。就当前来看，组织队伍，制订计划，加强马克思主义法学经典的研究力度，加强马克思主义法学中国化、时代化、大众化的理论成果，特别是中国特色社会主义法制理论研究。第二，加强对法学体系和法理学基本范畴的研究。第三，加强对作为法律体系和法治体系精神内核的法理要素研究。第四，加强对中国古代法理学的研究，与各国法理学界共同"构建人类命运共同体"。第五，加强对部门法学的法理研究，夯实中国法理学的根基。第六，加强对西方法理学的跟踪研究。总之，要尽最大努力，推进中国法理学的升级转型，把"全面依法治国"推向更理想更高级的阶段，全面提升中国法理学的自信和他信。

参 考 文 献

1. 《马克思恩格斯全集》1~3 卷。

2. 《马克思恩格斯选集》1~4 卷。

3. 《毛泽东选集》第 1~4 卷，人民出版社 1991 年版。

4. 《毛泽东早期文稿》，湖南出版社 1990 年版。

5. 《邓小平文选》1~3 卷，人民出版社 1993、1994 年版。

6. 《江泽民文选》1~3 卷，人民出版社 2006 年版。

7. 《胡锦涛文选》1~3 卷，人民出版社 2016 年版。

8. 《习近平谈治国理政》第 2 卷，外文出版社 2017 年版。

9. 《习近平关于全国依法治国论述摘编》，中央文献出版社 2015 年版。

10. 习近平：《决胜全面建成小康社会　夺取新时代中国特色社会主义伟大胜利——在中国共产党第十九次全国代表大会上的报告》，人民出版社 2017 年版。

11. 《中共中央关于全面推进依法治国若干重大问题的决定》，人民出版社 2014 年版。

12. 《中国法律图书总目》，中国政法大学出版社 1991 年版。

13. 《中国大百科全书》（法学卷），中国大百科全书出版社 1984 年版。

14. 《文渊阁四库全书》，商务印书馆 2016 年版。

15. 杨伯峻译注：《春秋左传注》，中华书局 2016 年版。

16. 左丘明：《国语》，上海古籍出版社 1978 年版。

17. 缪文远等译注：《战国策》，中华书局 2012 年版。

18. 吕不韦：《吕氏春秋》，中华书局 2011 年版。

19. 吕不韦：《诸子集成》，中华书局 1954 年版。

20. 司马光编：《资治通鉴》，岳麓书社 1990 年点校版。

21. 《周礼·仪礼·礼记》，岳麓书社 1989 年点校版。

22. 阮元校刻：《十三经注疏》，中华书局 1980 年影印本。

23. 杨伯峻译注：《论语译注》，中华书局 1980 年版。

24. 杨伯峻译注：《孟子译注》，中华书局 1960 年版。

25. 方勇、李波译注：《荀子》，中华书局 2015 年版。

26. 房玄龄：《管子》，上海古籍出版社 2015 年版。

27. 石磊译：《商君书》，中华书局 2018 年版。

28. 方勇译注：《墨子》，中华书局 2015 年版。

29. 汤漳平、王朝华译注：《老子》，中华书局 2014 年版。

30. 方勇译注：《庄子》，中华书局 2015 年版。

31. 董仲舒：《春秋繁露》，上海古籍出版社 1989 年版。

32. 陈广忠译：《淮南子》（上、下），中华书局 2012 年版。

33. 桓宽：《盐铁论》，中华书局 2015 年版。

34. 长孙无忌等撰：《唐律疏议》，法律出版社 1999 年版。

35. 《历代刑法志》，群众出版社 1962 年版。

36. 王充：《论衡》，陈蒲清点校，岳麓书社 2006 年版。

37. 朱熹：《朱子语类》，中华书局 1994 年版。

38. 《白居易集》，岳麓书社 1992 年版。

39. 《欧阳修全集》，中华书局 2001 年版。

40. 《东坡全集》，北京燕山出版社 2009 年版。

41. 《王安石全集》，吉林人民出版社 1996 年版。

42. 《柳河东集》（上、下），上海古籍出版社 2008 年版。

43. 《宋本范文正公文集》1~4 册，国家图书馆出版社 2017 年版。

44. 《包拯集》，中华书局 1963 年版。

45. 《朱熹集》，四川教育出版社 1996 年版。

46. 《王阳明全集》，上海古籍出版社 2011 年版。

47. 《张太岳集》，上海古籍出版社 1984 年版。

48. 《海瑞集》，中华书局 1962 年版。

49. 黄宗羲：《明夷待访录》，岳麓书社 2011 年版。

50. 顾炎武：《日知录集释》，岳麓书社 1994 年版。

51. 《龚自珍全集》，上海人民出版社 1975 年版。

52. 《魏源全集》，岳麓书社 2004 年版。

53. 沈家本：《历代刑法考》（全四册），中华书局 1985 年版。

54. 《黄侃手批白文十三经》，上海古籍出版社 1983 年版。

55. 梁启超：《饮冰室文集》，中华书局 1989 年影印本。

56. 王韬：《弢园文录外编》，中华书局 1959 年版。

57. 范文澜：《中国通史》，人民出版社 1978 年版。

58. 张岂之主编：《中国思想史》，高等教育出版社 2015 年版。

59. 李泽厚：《中国古代思想史论》，人民出版社 1986 年版。

60. 张宪文：《中华民国史纲》，河南人民出版社 1985 年版。

61. 贾逸君：《中华民国史》，岳麓书社 2011 年版。

62. 李新、孙思白：《民国人物传》1~6 卷，中华书局 1978—1987 年版。

63. 李光灿、张国华：《中国法律思想通史》1~4 册，山西人民出版社 2000 年版。

64. 张晋藩主编：《中国法制通史》（十卷本），法律出版社 1999 年版。

65. 杨鹤皋：《中国法律思想通史》（上、下），湘潭大学出版社 2011 年版。

66. 《中国教育年鉴（1949—1981 年）》，中国大百科全书出版社 1984 年版。

67. 贾逸君：《中华民国史》，岳麓书社 2011 年版。

68. 张宪文主编：《中华民国史纲》，河南人民出版社 1985 年版。

69. 张觉译注：《商君书全译》，贵州人民出版社 1993 年版。

70. 睡虎地秦墓竹简整理小组：《睡虎地秦墓竹简》，文物出版社 1978 年版。

71. 吴兢：《贞观政要》，上海古籍出版社 1978 年版。

72. 蒋祖怡：《王充卷》，中州书画社 1983 年版。

73. 《李大钊选集》，人民出版社 1959 年版。

74. 《陈独秀文章选编》（上中下），三联书店 1984 年版。

75. 《廖仲恺集》，中华书局 1988 年版。

76. 邓中夏：《廖仲恺先生哀思录》，三民书局 1927 年版。

77. 《孙中山选集》（上下册），人民出版社 1956 年版。

78. 《董必武选集》，人民出版社 1985 年版。

79. 《董必武政治法律文集》，法律出版社 1986 年版。

80. 韩述之主编：《中国社会科学争鸣大系》（政治卷·法律卷），上海人民出版社 1991 年版。

81. 李达：《法理学大纲》，法律出版社 1983 年版。

82. 《彭真文选》，人民出版社 1991 年版。

83. 沈谱、沈人骅：《沈钧儒年谱》，群言出版社 2013 年版。

84. 韩延龙、常兆儒主编：《中国新民主主义革命时期根据地法制文献选编》（第四卷），中国社会科学出版社 1984 年版。

85. 钱穆：《先秦诸子系年》，商务印书馆 2015 年版。

86. 陶鸿庆：《读诸子札记》，中华书局 1959 年版。

87. 何勤华：《中国法学史》，法律出版社 2006 年版。

88. 栗劲：《秦律通论》，山东人民出版社 1985 年版。

89. 徐道邻：《中国法制史论集》，志文出版社 1975 年版。

90. 中国史学会主编：《太平天国》1~8 册，神州国光社 1952 年版。

91. 李龙主编：《法理学》，中国社会科学出版社 2003 年版。

92. 《李龙文集》1~2 卷，武汉大学出版社 2006 年版、2011 年版。

93. 李龙：《邓小平法制思想研究》，江西人民出版社 1998 年版。

94. 李龙：《新中国法制建设的回顾与反思》，中国社会科学出版社 2004 年版。

95. 李龙：《良法论》，武汉大学出版社 2005 年版。

96. 李龙：《人本法律观研究》，中国社会科学出版社 2006 年版。

97. 《韩德培文集》（上、下），武汉大学出版社 2007 年版。

98. 朱有瓛：《中国近代学制史料》，华东师范大学出版社 1989 年版。

99. 高华平、王齐洲、张三夕译：《韩非子》，中华书局 2015 年版。

100. 陈高佣：《公孙龙子、邓析子、尹文子今解》，商务印书馆 2017 年版。

101. 唐浩明：《杨度》（上中下），人民文学出版社 2002 年版。

102. 杨鸿烈：《中国法律思想史》，中国政法大学出版社 2000 年版。

103. 沈宗灵：《现代西方法理学》，北京大学出版社 1992 年版。

104. 苏力：《法治及其本土资源》，中国政法大学出版社 1996 年版。

105. 夏勇：《法治与 21 世纪》，社会科学文献出版社 2004 年版。

106. 卓泽渊：《法的价值论》，法律出版社 1999 年版。

107. 公丕祥：《法哲学与法制现代化》，南京大学出版社 1998 年版。

108. 郭道晖：《中国当代法学争鸣实录》，湖南人民出版社 1998 年版。

109. 陈弘毅：《法治、启蒙与现代法的精神》，中国政法大学出版社 1998 年版。

110. 范忠信：《中国法律传统的基本精神》，山东人民出版社 2001 年版。

111. 刘景范：《陕甘宁边区的政权建设》，甘肃人民出版社 1991 年版。

112. 张希坡：《革命根据地法制史研究与"史源学"举隅》，中国人民大学出版社 2011 年版。

113. 费孝通：《乡土中国·生育制度·乡土重建》，商务印书馆 2015 年版。

114. 瞿同祖：《中国法律与中国社会》，中华书局 2003 年版。

115. 杨鸿烈：《中国法律思想史》，中国政法大学出版社 2004 年版。

116. 吕世伦主编：《现代西方法学流派》，中国大百科全书出版社 2000 年版。

117. 邓正来主编：《布莱克维尔政治学百科全书》，中国政法大学出版社 1992 年版。

118. 周鲠生：《国际法》（上下册），商务印书馆 1976 年版。

119. 王铁崖等：《周鲠生国际法论文选》，海天出版社 1999 年版。

120. ［美］费正清、崔瑞德主编："剑桥中国史"（1～15 卷），中国社会科学出版社 1990—2006 年版。

121. ［古希腊］亚里士多德：《政治学》，吴寿彭译，商务印书馆 1981 年版。

122. ［英］韦恩·莫里森：《法理学：从古希腊到后现代》，李桂林、李清伟、侯健、郑云瑞译，武汉大学出版社 2003 年版。

123. ［美］E. 博登海默：《法理学：法律哲学与法律方法》，邓正来译，华夏出版社 1987 年版。

124. ［美］罗斯科·庞德：《法理学》（第一卷），余履雪译，法律出版社 2007 年版。

125. ［美］布坎南：《自由·市场与国家》，北京经济学院出版社 1988 年版。

126. ［美］罗斯科·庞德：《通过法律的社会控制》，沈宗灵译，商务印书馆 2010 年版。

127. ［美］理查德·波斯纳：《法律的经济分析》，蒋兆康、林毅夫译，中国大百科全书出版社 1997 年版。

128. ［美］理查德·波斯纳：《法理学问题》，苏力译，中国政法大学出版社 1994 年版。

129. ［德］伯恩·魏德士：《法理学》，丁小春、吴越译，法律出版社 2003 年版。

130. ［德］K. 茨威格特、H. 克茨：《比较法总论》，潘汉典、米健、高鸿钧、贺卫方译，法律出版社 2003 年版。

131. ［法］勒内·达维德：《当代主要法律体系》，上海译文出版社 1984 年版。

132. ［日］川岛武宜：《现代化与法》，中国政法大学出版社 1994 年版。

133. ［法］狄冀：《公法的变迁：法律与国家》，郑戈、冷静译，辽海出版社、春风文艺出版社 1999 年版。

134. ［奥］凯尔森：《法与国家的一般理论》，沈宗灵译，商务印书馆 2013 年版。

135. ［日］仁井田升：《唐令拾遗》，栗劲等译，长春出版社 1989 年版。

后　记

　　人生苦短，我已老矣，坎坷一生，几经磨难，终于迎来法治的春天！我经四十年的努力奋斗，为法治中国贡献甚微。本书是我最后一部著作，耗时整整一年，力图填补中国法理学发展史的空白，但能力有限，难达预期。敬请法学界批评指正！

　　今值本书出版之际，特别感谢我的几位博士生：李慧敏、刘青、朱程斌、彭霞、刘玄龙和韩向臣，是他们帮助我借阅书籍、搜集资料、打印文稿。

　　当然，我更要感谢我的夫人龙秀池女士。我过 70 岁后，身体常年不适，病痛不断，全靠夫人天天按摩，有时甚至一天要按摩三次。她本来是学数学的，对医学可说是半路出家，她让女儿购买全套中医学教材，每天听课自学，坚持做笔记，记满笔记的本子都有十多本，硬是学会了中医的基本常识。我的早年毕业的博士，有时有病痛了也来找她。我之所以坚持写完《中国法理学发展史》，离不开她的关照与看护，为此，对她特表示敬意和感谢！

李龙 83 岁于珞珈山